心理健康教育专业培训系列用书

心理咨询
理论与技术

主编　仲稳山

中国轻工业出版社

图书在版编目（CIP）数据

心理咨询理论与技术 / 仲稳山主编. — 北京：中国轻工业出版社，2024.5

心理健康教育专业培训系列用书

ISBN 978-7-5184-4763-3

Ⅰ. ①心… Ⅱ. ①仲… Ⅲ. ①心理咨询 Ⅳ. ①B849.1

中国国家版本馆CIP数据核字（2024）第013329号

责任编辑：崔丽娜　　责任终审：李建华　　设计制作：锋尚设计
文字编辑：李寅寅　　责任校对：朱燕春　　责任监印：张　可

出版发行：中国轻工业出版社（北京鲁谷东街5号，邮编：100040）
印　　刷：三河市国英印务有限公司
经　　销：各地新华书店
版　　次：2024年5月第1版第1次印刷
开　　本：787×1092　1/16　印张：13.25
字　　数：310千字
书　　号：ISBN 978-7-5184-4763-3　定价：49.80元
邮购电话：010-85119873
发行电话：010-85119832　010-85119912
网　　址：http://www.chlip.com.cn
Email：club@chlip.com.cn

231404J1X101ZBW

前　言

中华医学会健康管理学分会发布的《中国城镇居民心理健康白皮书》（2018年4月29日）指出，我国城镇居民中，73.6%的人处于心理亚健康状态，16.1%的人存在不同程度心理问题，而心理健康的人仅为10.3%。“丁香医生”发布的《2022国民健康洞察报告》（2022年3月29日）指出，91%的受访者自认为存在心理问题。由此可见，社会大众心理健康的整体水平亟须得到提高。

随着心理健康知识的日益普及，人们对高质量心理健康服务需求的愿望也变得越来越强烈。从接受心理帮助的群体来看，在校的大中小学生应该是心理咨询与辅导服务的主要对象，而要对大中小学生实施有效的心理干预和帮助，就也要对学生家庭的其他成员开展相关的心理辅导，因此，针对在校学生及其家庭成员的心理咨询与辅导工作就显得尤为重要。

国内的大中小学基本能够按照相关要求，在校内建立心理辅导室并配备心理健康教师。目前，许多学校正在开展全员参与的心理健康教育工作，不仅要求班主任、辅导员成为心理健康教育的行家里手，也要求所有的任课教师和管理人员熟悉心理健康教育的方法和内容，心理咨询与辅导的服务对象也已经从在校学生延伸至学生家庭的其他成员以及学生家庭所在的社区居民，形成了家、校、社共同开展心理健康教育的新局面。

针对心理健康教育工作发展的新态势，大中小学的全体教职员工应参加学校组织的在岗在职培训，掌握心理咨询与辅导的各种基本理论与基本技能，尽快胜任新态势下的岗位职责要求；而高校师范类专业学生，在校期间也应接受较为系统的心理咨询理论与技术的教育与培训，其毕业进入教师岗位后，才能够对施教对象发挥心理帮助作用。因此，无论是在岗在职的教师，还是在校在读的师范类专业学生都需要学习心理咨询的理论与技术。

在我国，当在校学生产生心理咨询的需求时，可以从学校的同学、朋友、任课教师、辅导员及心理健康教师那里获得心理帮助，也可以到精神卫生专科医院或综合医院心理科获得药物治疗或心理治疗，还可以到心理健康服务机构与心理咨询师协商开展心理咨询。

调查发现，去医院咨询心理问题已经成为学生和家长寻求心理咨询与治疗的首选途径，这造成了许多精神卫生医院门诊部和住院部人满为患的现象。在国家停止心理咨询师职业技能鉴定和职业资格证书有关工作之后，心理咨询与治疗领域的供求矛盾进一步加剧，大量金融资本瞄准这种供求不平衡的机遇，快速涌入心理健康服务行业，尤其是近几年，一大批心理健康服务机构如雨后春笋般涌现出来。

目前，心理咨询比以往任何时候都更加接近学生、家长和普通群众，并开始渗透到人们生活的方方面面。然而，资本的逐利性与执业门槛消失的结合，一方面满足了从业人员转行、就业的需求；另一方面却形成了劣币驱逐良币的恶果。面对这种态势，为了让心理咨询在科学创新的前提下坚持心理咨询的伦理和原则，有必要对心理咨询的理论与技术进行系统的发掘、整理和推广，促使一些心理咨询从业人员放弃伪劣的理论与技术，还心理咨询行业风清气正的良好环境。

鉴于以上思考，编者编写了本教材。本教材内容由上、下两篇组成。上篇共三章，从社会大众的视角，引导读者了解心理咨询的概况。下篇共四章，按照心理咨询实际操作的顺序，从心理咨询师的角度，为读者逐步展现心理咨询过程中所运用的相关理论和技术，同时，也将心理咨询师在具体咨询过程中可能遇到的困难和思考一并列出，引发读者进行深入的探讨。

本教材可作为心理健康教育专业、心理咨询专业、小学教育专业（心理健康教育方向）的教学用书，也可以作为心理咨询师、心理治疗师、心理健康教师、学校管理人员及班主任的培训教材，还可以供对心理咨询感兴趣的社会各界人士学习使用。

本教材在写作过程中，参考了许多学者的著作和论文，在此表示衷心的感谢！同时，由于编者水平有限，书中的一些观点可能会存在错误或偏差，恳请专家和读者批评指正！

仲稳山

2024年2月

目　录

上篇　心理咨询概况

下篇　心理咨询过程

上篇　心理咨询概况

第一章　心理咨询导论

心理咨询已经成为社会大众耳熟能详的行业术语，并对人们的工作、生活与学习产生了积极而深刻的影响。

第一节　心理咨询的价值

在我国，有人经常会产生这样的疑问，中国既然是四大文明古国之一，拥有几千年悠久的文化历史，为什么还要去研究、去运用这种带有西方文化色彩的心理咨询？

要回答这个问题，就必须了解目前我国人民所面临的社会生活的重大变化，与这些变化相关的人的适应与发展两大类生存主题，以及我国人民的心理健康状况。

一、现代社会生活的重大变化

早在2001年，华中师范大学的江光荣教授就提出了影响现代人精神生活的六种社会文化变迁因素，分别是：

（1）社会分工变得越来越细，人们某些心理机能可能被片面使用和发展，导致其他的心理机能变成了多余的累赘而被废弃。

（2）人口密度急剧增加，导致各类资源捉襟见肘，人际竞争激烈，人际摩擦与冲突概率也随之增加。

（3）家庭结构与功能变化加速，尤其家庭破裂与重组的比例上升，导致家庭的稳定性下降。

（4）教育畸形变化严重，教育评价越来越集中于对生产力的开发方面，从而忽视了受教育者个性的和谐发展，让基础教育和高等教育逐渐变成了谋生教育和求职教育。

（5）线上人际交往范围变广，而线下的直接交往减少，人与人之间的情感联系淡化，交往的内容也越来越非个人化，导致“熟悉的陌生人”现象。

（6）价值危机不断发生，价值嬗变速度加快，价值冲突与价值混乱导致心理困难。

除了以上变迁因素外，近年来，我国还出现了影响现代人精神生活的新的六种社会变迁因素，包括：

（1）离婚率居高不下，单身且不愿意结婚的人数逐年增多。

（2）人口出生率降低，老年人增多，社会老年化现象严重。

（3）房屋等不动产类交易率下降，居民房贷还款压力急剧上升；部分烂尾楼的出现，更是让购房者们焦虑不已。

（4）子女教育成本变高，家庭教育难度加大。

（5）就业岗位减少，岗位竞争加剧，求职的学历要求提升。

（6）环境污染、食品安全问题等使人们的健康与安全受到严重威胁。

以上12种因素是不以人的意志为转移的客观现实，它们所构成的各种压力源，如天罗地网，将身临其中的人们紧紧包裹而难以挣脱。

二、现代人的适应与发展

适应与发展是人类生存的两大类问题。人们为了生存，必然要针对正在发生的各种社会生活变化采取适应的策略，并发展自我，获得能够应对和把控在未来可能发生的新的社会生活变化的能力。

适应（adaptation）是一个应用非常广泛的概念，它源于拉丁文“adaptare”。最早在科学意义上使用“适应”概念的是生物学，是指生物的形态结构和生理机能与其赖以生存的一定环境条件相适合的现象。后来，社会学、文学、心理学才借用了这一概念。

心理学家皮亚杰（J. Piaget）认为，适应的本质是机体与环境的平衡，适应的形式有两种：同化和顺应。其中同化就是个体把环境因素纳入自己已有的图式或结构中，以加强和丰富主体的动作，而顺应则是主体改变自己的动作以适应客观环境的变化。人与环境的适应一般通过两种途径来实现：一种是环境改变，另一种则是人自身做出改变。心理适应是指人们为了使自己与变化了的外部环境达成新的平衡，积极、主动地进行自我调节，让自己的心理活动与行为方式符合环境变化和自身发展要求的过程。

发展（development）原是哲学术语，指事物由小到大、由简到繁、由低级到高级、由旧物质到新物质的运动变化过程。心理发展是指个体在整个生命历程中所发生的一系列积极的心理变化。从本质上来说，心理发展与心理适应是同一过程的两个方面，发展就是人对客观现实反映活动的扩大与改善的过程，是由低一级的适应水平向高一级的适应水平推进的过程。但是，在日常的生活、工作与学习中，受主客观因素的影响，许多人会产生适应障碍和发展受阻的问题。为了更好地适应社会、健康地发展自我，接受心理咨询已经成为人们选择的一个非常重要的途径。因此，可以认为心理咨询其实是社会变化发展的必然产物。

三、现代人的心理健康状况

历次精神疾病流行病学的调查结果显示，我国人口中心理问题与精神疾病的发生率一直呈上升趋势，且近年来已经呈现出加速的态势，这就从现实需求的层面，催生并促进了我国心理咨询行业的蓬勃发展。

2018年4月29日发布的《中国城镇居民心理健康白皮书》，由中华医学会健康管理学分会牵头，联合国家卫生健康委员会科学技术研究所等单位以及国内30余位专家和学者共同完成。白皮书指出，我国城镇居民中，心理健康的人为10.3%，73.6%的人处于心理亚健康状态，其中存在不同程度心理问题的人有16.1%。

2020年心理健康蓝皮书《中国国民心理健康发展报告（2019—2020）》显示：

（1）2020年青少年的抑郁检出率为24.6%，其中，轻度抑郁的检出率为17.2%，高出2009年0.4个百分点；重度抑郁为7.4%，与2009年保持一致。

（2）农村户口的抑郁检出率为16.5%，略高于城镇户口的检出率14%。

（3）不同学历的调查对象在抑郁检出率上也存在差异，如高中及以下群体的检出率为18.1%，中专/大专群体的检出率为16%，而大学本科及以上群体的抑郁高风险检出率为13.6%。

"丁香医生"2022年3月29日发布的《2022国民健康洞察报告》，基于对60420个居民样本在健康观念、健康行为、健康消费习惯等多维度的数据洞察，得出了91%的人自认为有心理问题的结论，在这些自认为有心理问题的受访者中，焦虑症和抑郁症是心理问题的重灾区。数据还显示，年龄越低的人，担心自己有心理疾病的比例越高，在众多自认为有心理问题的人中，"00后"和"90后"包揽前两名。而工作时间超过12小时的人担心有各种心理问题的比例也更高，可见高强度工作带来的心理压力对人们情绪影响较大，是人们高度"自我误判"的重要原因之一。报告指出，在各种健康困扰中，焦虑、抑郁等情绪困扰依然稳居第一。情感、职场、家庭等社会现实压力，持续地扰动人们紧绷的神经，有56%的人表示心理压力过大，曾担心过自己会猝死。

应时而生的心理咨询，可以帮助人们更清晰地认识自己与社会，为他们提供全新的人生经验和情感体验，逐渐改变其不合理的思维、情感和反应方式，并促进他们学会处理好各种关系，提高工作效率，改善生活品质，更好地发挥个人的内在潜力，实现自我的价值。

第二节　心理咨询的概念

心理咨询是心理咨询师对来访者提供心理帮助的过程，在这个过程中，来访者是求助者，心理咨询师是帮助者，那么，是否所有的来访者都可以成为心理咨询师的服务对象呢？事实并非如此，只有处于正常心理状态，且因为心理问题或心理困惑而向心理咨询师求助的来访者，才能够成为心理咨询师的服务对象。

一、心理正常与心理异常

1．心理状态的概念与分类

人的心理状态是心理活动的基本形式之一。它介于心理过程与个性心理特征之间，兼有两者的特点，构成一切心理活动展开的背景。个体某时刻的心理状态，就是个体在以前的心理状态基础上，将过去形成的个性特征与当前内外刺激引起的心理过程相结合的产物。

心理状态在不同的心理活动阶段和活动领域都有不同的表现形式，体现出复杂性和综合性的特点。按照常态、异常的分类标准，可以把人的心理状态划分为正常心理状态和异常心理状态两大类（图1–1），其中只有具备正常心理状态的来访者才是心理咨询师的服务对象。处于正常心理状态下的来访者可以是心理健康的，或者是有心理困惑的，也可以是存在一般心理问题或严重心理问题的，甚至可以是已经出现了神经症性心理问题的各类人员，他们都可以成为心理咨询师的服务对象，因为他们属于正常人。但是，心理咨询师一旦发现来访者的心理活动处于异常心理状态，如来访者出现了人格障碍、神经症及其他的精神病，则必须立即转诊，将其转至精神卫生专科医院、综合医院的精神科或心理科，在医疗环境下进行规范的药物治疗、物理治疗或心理治疗，因为这些来访者已经不属于正常人的范围，而是病人。

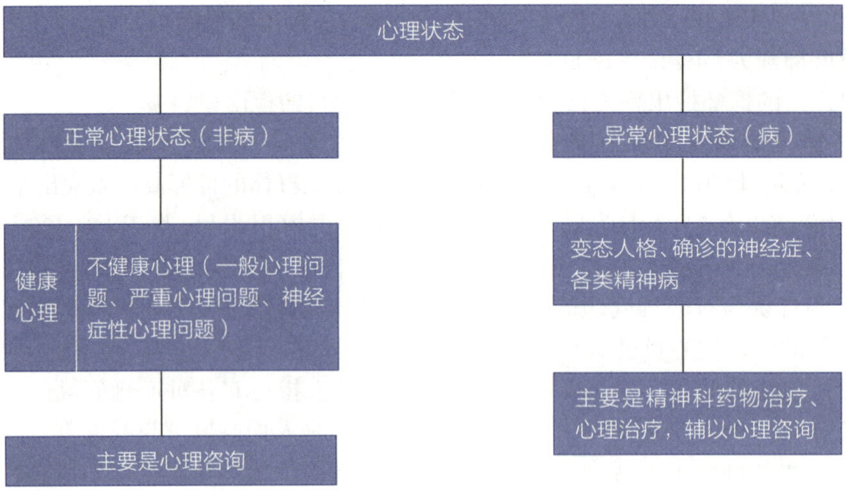

图 1-1　心理状态的分类

2. 心理状态正常与异常的判断

如何判断来访者是否具有正常心理状态？这是个比较复杂的问题，因为正常心理和异常心理之间并没有明确的界限。如，正常人在某个时期会有异常心理活动，而精神病人哪怕是在心理疾病最严重的时候，也可能存在正常心理活动。

近年来，国内外许多心理学家为了能够正确地区分正常心理和异常心理，研制出了不少用于心理健康状况测评的测验工具和量表，并运用现代化的仪器设备去处理测验获得的各类数据，使心理测量的理论和技术有了很大的进步。但是，由于人的心理活动极其复杂，简单的量表测得的结果只能是起辅助的参考作用，判断一个人的心理是否异常及异常的程度，必须结合心理咨询师的临床观察。

郭念峰教授（1986、1995）提出的“心理学三原则”为判断来访者心理状态是否正常提供了较为理想的评估标准：第一，了解来访者的主观世界与客观世界是否统一。如果来访者出现了幻觉或妄想，我们就可以说他的主观世界与客观世界失去了统一性。第二，了解来访者内在的心理活动是否协调一致。如果来访者出现知、情、意、行的不协调，则表示其心理可能存在异常，如强迫性神经症就是认知与意志行为的不协调。第三，了解来访者的人格是否保持相对的稳定性。如果来访者的人格发生显著变化，却不能够找到引起变化的原因，我们就可以推测，来访者的精神活动可能出现了异常。

二、心理咨询与心理治疗

在明确了心理咨询师的服务对象为正常心理而非异常心理的来访者后，有人可能会出现这样的疑问：既然心理咨询师面对的是正常人而不是精神病人，一些心理学论著在介绍心理咨询的理论和技术时，为什么还经常使用如“疗法”等与治疗相关的词汇？要回答这个问题，就必须厘清心理咨询与心理治疗的关系。

1. 心理咨询的定义

英文单词“counseling”从原词字面上无法看到“心理”的含义，作名词时，译为“咨询服务”；作动词时，译为“建议、劝告、商讨”。因此，词组“psychological counseling”才可以翻译成“心理咨询、心理辅导、心理疏导、心理支持”。

一般认为，心理咨询发源于20世纪初美国的职业指导运动、心理测量技术、心理卫生运动和心理治疗运动。首先是职业指导运动，当时较有影响力的人物是帕森斯（F. Parsons），他在1909年出版的《职业选择》是较早的职业指导书籍之一。职业指导运动的另一位先驱人物戴维斯（J. B. Davis）于1898年率先在底特律市建立了教育职业指导中心，并成为第一个使用"counseling（咨询）"这一术语的人。其次是心理测量技术，法国心理学家比奈（A. Binet）与其助手西蒙（T. Simon）于1905年合作发表了比奈-西蒙智力量表。随之而来的是到了20世纪30年代，出现了心理咨询发展史上的"测量的十年"。这一转变，使得职业指导运动变得越来越专业化、心理学化，开始出现现代心理咨询的雏形。再次是心理卫生运动，比尔斯（C. W. Beers）于1908年出版《自觉之心》，并于1908年5月在康涅狄克州成立心理卫生协会，由此推动了心理卫生运动在世界范围内的开展，心理咨询作为维护心理健康的重要手段也开始蓬勃发展起来。最后是心理治疗运动，到了20世纪40—50年代，一批从事心理治疗研究的以罗杰斯（C. R. Rogers）为代表的人本主义心理学家扩展了咨询领域，将咨询的内容从职业指导和学校辅导，延伸到人生的各种问题和一些变态行为问题，推动了指导运动向现代咨询的转变，使得心理咨询与心理治疗开始靠拢和融合。

关于心理咨询的定义有许多不同的表述，如，罗杰斯（1942）认为：心理咨询是通过与个体持续的、直接的接触，向其提供心理帮助并力图促使其行为、态度发生变化的过程。他强调心理咨询是一种人际关系，只有建立良好的人际关系，才能给予来访者安全感。陈仲庚（1989）认为：心理咨询就是帮助来访者去探索和研究问题，使他们能决定自己应做些什么。

目前，关于心理咨询比较流行的定义是：心理咨询是经过严格培训的专业人员运用咨询心理学的理论与技术及相关学科的知识，通过良好的咨访关系，帮助来访者依靠自我探索来解决其自身的心理问题，促进来访者个人心理健康、个性充分发展、潜能得到发挥的过程。这里的专业人员一般指具有国家职业资格的心理咨询师，来访者则指寻求心理帮助的求助者。

2. 心理治疗的定义

心理治疗（psychotherapy）起源于欧洲，发端于精神病学。一般认为，现代心理治疗的真正创始人是弗洛伊德（S. Freud）。1895年弗洛伊德和布洛伊尔（J. Breuer）合作出版的《歇斯底里研究》一书，标志着精神分析的心理治疗的开端。

大约从20世纪40年代起，一些不同于精神分析的新的心理治疗体系开始出现。首先是罗杰斯在相对独立的情况下，发展出一种"非指导的心理治疗"；接着在20世纪50—60年代，行为治疗、认知治疗、理性情绪治疗、存在主义治疗、现实治疗、折中主义治疗等纷纷被创造出来，心理治疗的创新进入一个短暂的爆发时期。到了20世纪70年代以后，一个比较重要的发展是家庭治疗体系的创立，但在这一时期新体系的创造态势逐渐趋缓。

《美国精神病学词汇表》将心理治疗定义为"在这一过程中，一个人希望消除症状，或解决生活中出现的问题，或因寻求个人发展而进入一种含蓄的或明确的契约关系，以一种规定的方式与心理治疗家相互作用"。美籍华裔学者曾文星、徐静认为，心理治疗是指应用心理学的方法来治疗病人的心理问题。北京大学陈仲庚教授认为，心理治疗是治疗者与来访者之间的一种合作努力的行为，是一种伙伴关系。目前，关于心理治疗比较流行的定义是：心理治疗是由经过严格训练的专业人员，在与来访者建立良好的治疗关系基础上，运用临床心理学的有关理论、技术与疗法，对来访者进行帮助，以消除、减轻或缓解来访者的心理障碍或心理疾病，促进来访者的人格向健康与协调的方向发展的过程。

3. 心理咨询与心理治疗的关系

哈恩（M. E. Hanh）1953年写道："就我所知，极少有咨询工作者和心理治疗家对于已有的在咨询与心理治疗之间的明确的区分感到满意的……意见最一致的几点可能是：咨询与心理治疗是不能完全区别开的；咨询者的实践在心理治疗家看来是心理治疗；心理治疗家的实践又被咨询者看作是咨询；尽管如此，咨询和心理治疗还是不同的。”

从心理咨询与心理治疗的定义来看，两者之间的确存在一些共同之处。如，无论是心理咨询还是心理治疗都认为：

（1）来访者的改变是一个过程，需要专业人员与来访者双方付出艰苦的努力，不是一蹴而就的。

（2）专业人员与来访者之间建立特殊的人际关系非常重要，双方良好的关系是所有改变的前提条件。

（3）专业人员必须运用心理学的理论与技术来帮助来访者，而所采用的理论方法常常是一致的。

（4）专业人员可以称为帮助者，求助者可以称为来访者。

另外，在心理咨询与心理治疗的实际工作中，某些心理咨询师可能在做心理治疗的工作；同时，也有部分心理治疗师在做心理咨询的工作。

之所以认为心理咨询与心理治疗可区分，一是由于两者存在不同的历史渊源和发展传统，这一观点已经在前文做过陈述；二是两者之间还存在以下几点具体的不同（表1–1）。

表1–1　心理咨询与心理治疗的区别

维度	心理咨询	心理治疗
服务对象	心理处于正常状态的人，被称为来访者或咨客	心理处于异常状态的人，被称为病人、患者或来访者
工作者	心理咨询师、咨询者或咨询心理学家，主要接受心理学专业训练	①精神科医生，主要接受医学训练，心理学训练较少 ②心理治疗师、临床心理学家，主要接受心理学训练
问题	适应与发展方面的问题	神经症、人格障碍、行为障碍、情绪情感障碍及处在缓解期的精神病等
工作环境	非医疗的情境	医疗的情境
意识层次	意识层面，重视教育性、支持性与指导性	潜意识层面、无意识领域，重视人格的改善与重建
目标情况	有限的、具体的目标	目标模糊，目的是使人产生变化和成长
干预特点	①强调教育的原则和发展的原则，重视对象理性的作用，强调发掘、利用其潜在积极因素，自己解决困难 ②费时较少，从一次至若干次不等	①强调人格的改造和行为矫正，重视症状的消除，有的理论重视对潜意识层次的工作且工作有对峙性 ②费时较长，从数周到数年不等
起源	美国的职业指导运动、心理卫生运动、心理测量运动及罗杰斯的非医学、非心理分析的咨询运动	弗洛伊德的心理分析以及19世纪催眠术的施行

由上表对心理咨询与心理治疗异同点的分析，不难看出，这两个专业领域的确是既有区别又有联系的。陈仲庚教授曾指出，虽然存在着某些差异，但“心理治疗与心理咨询没有本质区别”。

从我国心理咨询和心理治疗的实践情况来看，来访者大多只是由于产生了这样或那样的心理困难，妨碍了正常的生活、学习、工作和交往，感到内心痛苦时，才会寻求专业的心理帮助，因此，在许多心理咨询机构中，发展性心理咨询个案较少，而需要进行障碍性心理治疗个案却比较多。

4．广义的心理咨询

目前，无论是在国内还是在国外，心理咨询与心理治疗融合发展成为了一种新的趋势，由此，也就衍生出广义的心理咨询和狭义的心理咨询。广义的心理咨询包括狭义的心理咨询和心理治疗，有时心理检查、心理测验也被列为广义的心理咨询的范围。狭义的心理咨询则不包括心理治疗和心理检查、心理测验，如上文所述，只局限于心理咨询师通过面谈、书信、网络和电话等途径向来访者提供心理救助和咨询帮助。

本书中使用的心理咨询属于广义的心理咨询，在后续的章节中，特别是在介绍各种疗法时，将不再区分咨询与治疗的不同。

三、临床心理学与咨询心理学

临床心理学和咨询心理学都属于应用心理学的分支，共同承担着促进人类健康的重任。

1. 临床心理学的概念

“临床心理学（clinical psychology）”这一术语由美国心理学家韦特默（L. Witmer）在1896年首次提出。它是根据心理学原理、知识和技术，解决人们心理问题的应用心理学科。从事这项工作的人被称为临床心理学家或心理治疗师。

该学科主要借助心理测验对来访者的心理和行为进行评估，并通过心理咨询和心理治疗等途径调整和解决来访者的心理问题与心理障碍。一般而言，临床心理学是医学心理学中的最大临床学科分支，是以发现来访者病理性特征与探索如何治疗为研究主体的一门学科。其中的“病理性”指的是来访者存在精神疾患、神经症与人格障碍等病症。一般与医院等机构联系密切，研究对象是有心理障碍或心理疾病的患者，以心理治疗为主。因此，可以将临床心理学定义为一种应用心理学的原理和程序，理解、预测和解决智力、情绪、心理以及行为问题与障碍的学科，是研究、评估和干预的联合体。

临床心理学多以精神分析和行为分析取向为主，更倾向于使用认知行为疗法或使用手册化治疗。

2. 咨询心理学的概念

美国心理学会在1946年设立了咨询与指导分支，1951年更名为咨询心理学会，到20世纪60年代以后，咨询心理学成为仅次于临床心理学的第二大分支学科。

咨询心理学（counseling psychology）是运用心理学原理、知识和技术，帮助人们解决心理问题，提升心理素质的应用心理学科。从事这项工作的人被称为咨询心理学家或心理咨询师。

咨询心理学可以帮助人们解决工作、学习、生活以及婚姻、家庭等方面存在的心理问题或心理危机，促进他们在认识、情感、态度与行为上有所改变，能够更好地适应环境，增进身心健康。咨询心理学的研究对象主要是没有心理障碍和心理疾病的正常人（包括心理健康与心理不健康的当事人），而不是患者。咨询心理学与医学心理学、临床心理学、教育心理学、社会心理学等学科关系密切，主要内容涉及心理健康咨询、心理发展咨询、教育咨询及职业咨询等多个领域，一般与咨询机构联系密切，以教育咨询为主。因此，可以将咨询心理学定义为是研究心理咨询的理论观点、咨询过程以及咨询技法的学科。

咨询心理学一般是坚持以来访者为中心或人本主义取向，倾向于支持多元文化的咨询方法。

3. 临床心理师和心理咨询师的区别

临床心理师（clinical psychologist）又称临床心理学家，在我国对应的名称是心理治疗师（psychotherapist），其工作场所多集中在医院或诊所，治疗的对象为患有比较严重的心理疾病的来访者，针对来访者的情绪问题和行为问题等进行治疗，致力于消除来访者“不正常”或“疾病”的症状，帮助来访者恢复“正常”的心理或行为活动。在我国，许多临床心理工作者需要有医学背景，常常借助医学手段（如药物）解决心理行为障碍。值得注意的是临床心理师只有诊断权和治疗权，并没有处方权，处方权只有精神科医生有。

心理咨询师（counseling psychologist）的工作场所多集中在学校或心理咨询机构，服务对象多集中于存在适应与发展问题的健康人群以及存在心理困扰的正常人群。针对来访者存在的焦虑、抑郁、社会适应等问题，心理咨询师和来访者一起通过了解症状所传递的信息，发现这些信息背后的联系，关注来访者人格中的“健康的部分”和“可以做得更好的部分”，以此来解决来访者的问题。

第三节　心理咨询的类型与形式

一、心理咨询的类型

根据心理咨询中来访者的人数、时间及所要解决问题的不同等，可以将心理咨询分成不同的类型，而根据心理咨询实施的途径不同，又可以将心理咨询分成不同的形式。

（一）从来访者人数上进行划分

1. 个体心理咨询

个体心理咨询是指心理咨询师与来访者之间进行的一对一咨询。这是社会大众理解的最常见的心理咨询类型，也是心理咨询的主要类型。

个体心理咨询存在着许多优越性：

（1）个体咨询是在一对一的环境中进行，不允许第三者在场旁听，为来访者提供了一个可靠而安全的氛围，可以消除来访者的顾虑，降低其心理防御程度，促进来访者谈出自己内心深处的想法。

（2）在个体咨询过程中，来访者可以进行充分详尽的倾诉，将自己心中的困惑、不安、烦恼和焦虑直接告诉咨询师，咨询师在耐心倾听的基础上，可以与来访者进行面对面的询问、分析、讨论和磋商，有利于咨询师与来访者之间建立起良好的咨访关系。

（3）个体咨询可以让咨询师有充分的时间和机会，对来访者的言语与非言语行为进行直接的观察，有助于咨询师结合各种心理测试的数据对来访者的认知、情绪、行为及个性进行心理评估，对来访者的心理健康状况及心理问题的严重程度做出初步的诊断。

本书中后续章节的许多内容都是围绕个体咨询展开的。

2. 团体心理咨询

团体心理咨询是在团体情境下进行的一种心理咨询，它不是个体心理咨询的简单拓展，也不仅仅是为了节省时间和人力。团体心理咨询是运用团体内人际交往的相互作用，促使个体在团体成员的交往中，通过观察、学习、体验，认识自我、探讨自我、接纳自我，调整改善自己与他人的关系，学习新的态度与行为方式，以发展良好适应的助人过程。

团体咨询一般根据来访者问题的相似性，组成课题小组。课题小组的规模按照来访者的问题性质不同来确定，可以3～5人，也可以10至几十人，一般由1～2名咨询师主持。小组成员通过参加某项活动或聚会，互相交往，共同探讨大家关心的发展问题或共有的心理问题，相互启发、彼此鼓励，促进自己的问题解决和人格发展。

在心理咨询的实践中，由于团体成员招募和活动时间、次数与场所安排等方面的限制，团体咨询活动的开展一般常见于学校和一些机关、企事业单位，较少见于社会上的心理咨询机构和各类医疗机构的心理科。

（二）从咨询完成时长上进行划分

1. 短程心理咨询

短程心理咨询是指完成全部咨询的次数较少、时长较短的心理咨询。完成全部心理咨询的次数可能需要3～4次的会谈，也可能需要十多次的会谈，但总时长一般在1～2个月。

短程心理咨询不对中、远期疗效做严格要求，而将其重点放在能够较快地解决来访者的心理问题和消除或减轻来访者当前的症状，重视近期疗效。短程心理咨询的目标是帮助来访者学习如何应对各种问题，以使这些问题不再对来访者造成过多的困扰和负面影响，而不是追求这些问题在来访者以后的生活当中完全不再出现。在短程心理咨询中，来访者在咨询师的帮助下，可以建立起健康的反应和生活模式，而要让这种新学到的健康的反应和生活模式长久地发挥作用，来访者就必须有意识地把这种健康模式及时地运用到日常生活中去，在实践中不断进行验证和体验。

根据实际开展心理咨询会谈的次数，又可以将短程心理咨询细分为超短程心理咨询和短程心理咨询。

（1）超短程心理咨询。一般需要1～3次会谈，但由于咨询的次数较少、时长较短，心理咨询师与来访者之间难以建立起较为稳定而深入的咨访关系。一般情况下，来访者会就某个特定问题，向咨询师提出帮助请求，希望获得一些专业性的解释和建议。一些来访者前来咨询可能只是需要获得某些信息指导，或者自己已经做好了改变自我的准备，只是希望通过咨询能够获得解决方法，这些来访者比较适合接受超短程心理咨询。这时，超短程心理咨询就可以快速地评估来访者的心理问题，为来访者提供较为明确的答案或解决方案，最大限度地节省来访者的时间与金钱。但如果来访者前来咨询的问题属于早年创伤事件引发的问题、人际关系问题、长期的情绪问题以及各类成瘾问题，或者来访者本人还没有做好改变自我的准备或来访者不能独立完成自我改变的过程，这些来访者并不适合接受超短程心理咨询，即使采用超短程心理咨询，也会逐渐演变成短程、中程甚至长程心理咨询。

（2）短程心理咨询。一般需要8～12次的会谈。如果来访者的心理问题表现为单纯的焦虑、恐惧或抑郁情绪过度，但不存在社交困难、童年创伤以及人格障碍等，则这类来访者适宜接受短程心理咨询。对于具体而明确的轻、中度情绪和心理问题，短程心理咨询一般都能获得较好的咨询效果，且来访者越早接受心理咨询（一般不超过几个星期），心理问题就越容易得到处理，心理咨询的效果也就见效越快。认知行为疗法是短程心理咨询常用的方法之一。

2. 中程心理咨询

中程心理咨询一般涉及较严重的心理问题，需要1～3个月的咨询时间，并要求制订出完整的咨询计划。在中程心理咨询中，咨询师需要与来访者建立起相互信任、稳定而长久的咨访关系，这样，咨询师与来访者双方才可以深入地探讨来访者的心理与行为问题，并使来访者通过咨询获得的改变得到巩固。

在临床心理咨询实践中，如果仅仅从咨询时长上来看，纯粹的中程心理咨询比较少见，往往是短程心理咨询或长程心理咨询的变形。一方面，一些可以按照短程进行的心理咨询，由于来访者自己在时间、经济上的原因，只能隔周进行1次或中间暂停过一段时间后再做，导致咨询的整个时长超过了1个月而成为中程心理咨询。而有的短程心理咨询虽然促使来访者发生了心理与行为的改变，但在来访者与咨询师终止咨访关系后，由于咨询时间较短，来访者的心理与行为问题可能会出现反复，为了巩固来访者已经稳定的情绪和合适的行为，可能会采用延长咨询的时长而使来访者的改变能够稳定下来，这样原计划的短程心理咨询就变成了中程心理咨询。另一方面，在一些长程心理咨询中，来访者可能由于难以改变自我以及时间、经济方面等原因，放弃继续咨询，自主脱落，造成长程心理咨询变成了中程心理咨询。调查发现，制约长程心理咨询的主要原因是来访者的经济问题限制了来访者的咨询时长需求。

3．长程心理咨询

长程心理咨询常常用于解决严重心理问题或神经症性心理问题等较复杂的心理问题，这些心理问题通常涉及来访者复杂的人际和社会关系问题、长期的负性思维与行为模式、成长过程中的创伤经历、长期不良的亲子关系与婚恋关系、性取向和性身份的困惑以及各种各样根深蒂固的人格问题。

长程心理咨询一般需要3个月以上的咨询时间，许多个案要在12 ~ 18个月后才会开始明确起效。长程心理咨询需要制订详细的咨询目标和咨询方案，咨询师和来访者都必须围绕既定的咨询目标，按步骤实施咨询方案。

目前，社会上还存在一种类似长程心理咨询的特殊心理咨询形式。这类来访者的社会功能良好，没有明显的心理与行为问题，他们希望通过与咨询师的经常接触与咨询，加深对自己的了解，更好地发展自我，实现自我价值。咨询师对这类来访者的帮助主要表现为运用心理学的理论和知识解释来访者工作和生活中发生的某些事件的意义和原因，在关键的时段对来访者进行共情、支持和鼓励，对来访者某些认识从心理学的角度进行引导，促进来访者达成自己的学习、生活与事业目标。这种特殊的心理咨询形式有时被称为心理保健。

在咨询实践中，由于不同咨询师的理论流派不同、所运用的咨询技术不同，以及来访者前来寻求咨询的需求不同，实际的咨询时间设置会不同，有的咨询时长可能会被拉长，也有的咨询时长可能会被缩短。例如，一些格式塔咨询师或家庭咨询师，他们可能将一次咨询时长设置为4个小时甚至更久，导致在几个月左右的咨询时长就会达到中、长程心理咨询所需的咨询时长。

当然，一般情况下，不建议咨询师把短程心理咨询的时间拉得太长，否则，咨询的时间越长，来访者自我改变的动力就越会下降；同样，即使在短期内能够集中解决来访者的心理问题，也不建议咨询师把应该通过中、长程心理咨询解决问题的咨询时间缩得太短，因为来访者如果在学习、工作以及生活等各个方面要做出改变总是需要一段时间来完成的，并且来访者的家人、朋友、同事等周围的人，也需要一段时间来适应来访者的改变。

（三）从心理问题发生的场所进行划分

1．学校心理咨询

学校心理咨询是指学校心理健康教师以心理咨询师的身份，运用心理咨询的专业技术与方法，帮助“学生自己解决问题”的过程。学校心理咨询主要针对学生在生活和学习等方面产生的困惑、冲突和压力等问题，帮助学生适应应激性的环境，解决较轻的心理困扰，属于预防性、发展性和教育性的心理帮助，具体包括以下几个方面。

（1）反应性咨询。反应性咨询是指学校心理咨询师为遇到特殊困难的学生个人或群体提供的咨询服务。学校心理咨询师在咨询过程中，如果发现来访的学生患有严重的心理障碍，要及时与学生家长进行沟通并建议适当的治疗机构，并向转诊单位介绍已了解到的学生的情况和已采取的治疗措施等。

（2）规划性咨询。规划性咨询是指学校心理咨询师通过咨询活动帮助全体学生对自己的学习、教育和职业生涯及个人其他的方面的安排进行计划、管理和监督。

（3）心理健康课程。心理健康课程通常在教室、心理辅导中心等地点实施，也可以到户外进行，是一种通过班级或小组活动，系统地实施以心理健康发展为主题的结构化教学。心理健康课程通常列入学校统一的课程安排，其内容一般涉及自我概念、沟通技能、同伴关系、职业生涯等发展性主题。

（4）顾问性咨询。顾问性咨询是指学校心理咨询师主要为学生家长和学校教师提供一些咨询建议，帮助他们理解自己在教育学生过程中可能出现的问题，以及可以采取什么方法去解决问题或防止问题的出现。学校心理咨询师可以在教师或家长解决问题的过程中，对处理问题的关键点进行指导和把关，也可以与家长或教师共同合作以制订解决问题的计划，并帮助他们有效地共同工作。

2．企业心理咨询

企业心理咨询是企业“人性化”管理的一个组成部分。企业心理咨询涉及企业员工职业应急心理、劳资冲突心理、员工职业生涯指导与规划、员工心理健康等方面的心理帮助。企业心理咨询的主体是企业内部工作人员。因此，企业心理咨询要帮助企业员工解决在工作中出现的各种心理问题，比如企业内部的人际关系、工作压力的释放、能力和技能分析等问题。企业心理咨询对企业和员工是双赢的工作：一方面，企业可以更深入地了解员工的心理健康信息，并根据员工的心理需求及时调整和改变企业决策，促进员工保持良好的心理状态，降低员工的缺勤（病假）率，减少错误操作，提高企业的公众形象和员工的士气；另一方面，员工可以及时倾诉、宣泄来自家庭以及工作方面的压力，降低职业倦怠感，提高工作绩效。

3．家庭心理咨询

家庭心理咨询又称家庭治疗，它与认知行为治疗、精神分析及人本主义治疗并称为国际四大主要的心理学派。家庭心理咨询一般包括恋爱问题、婚姻问题、家庭教育问题、性生活指导问题等。每个家庭都有自己的发展历程，都有属于自己的家庭文化。通过探讨，家庭心理咨询师和家庭成员对家庭存在的问题会有一个比较全面的认识。在此基础上，家庭心理咨询师带着家庭成员找到维持家庭问题或“症状”不变的因素，将家庭看作一个有机整体，运用心理咨询的理论与技术，挖掘家庭成员人际关系中的相互作用，从家庭成员情感冲突的根源上改变问题，消除“症状”或是从根本上重建家庭结构，促进家庭发生改变。因此，家庭心理咨询应从整体系统出发，促进家庭关系的良性互动，对家庭系统做出调整和改变，从而改善个体的问题。当然，家庭心理咨询师在实施家庭心理咨询之前，必须厘清来访者“个人”与来访者“家庭”之间存在的病理关系，即来访者“个人心理问题”与来访者“家庭问题”的相互关系。

（四）从心理问题涉及的内容进行划分

1．发展心理咨询

发展心理咨询是指在心理咨询过程中，咨询师根据个体身心发展的一般规律和特点，帮助不同年龄阶段的来访者，尽可能圆满地完成不同年龄阶段来访者自己应该完成的心理发展课题，妥善地解决出现的各种心理矛盾与冲突，更好地认识自己、他人和社会，开发潜能，促进来访者的个性发展和人格完善。随着经济社会的不断发展，人们对如何全面提高生活质量、如何提高学习和工作能力、如何保持安宁的生活环境和最佳的工作状态、如何协调处理好家庭成员和社会成员的人际关系等，变得越来越重视，而发展心理咨询，就可以帮助人们充分挖掘自己的心理潜力，提高自我认识的能力。

2．健康心理咨询

健康心理咨询是指当一个精神正常的人，因各种刺激引起情绪问题或行为问题，并且影响其社会功能发挥时所进行的心理咨询。接受健康心理咨询的来访者一般是指那些因为某些社会因素刺激而引起心理状态紧张的人，或者明确体验到躯体或情绪上的不适和痛苦的困扰者。健康心理咨询的工作范围涉及来访者在工作、学习、生活等各个方面出现的心理与行为问题。

二、心理咨询的形式

心理咨询的形式较多，这里仅介绍咨询师和来访者经常选用的四种咨询形式。

1. 门诊咨询

门诊咨询是咨询师和来访者首选的一种心理咨询形式。心理门诊一般在综合医院的心理科和社会心理咨询机构开设。在心理门诊，咨询师可以对来访者进行全面的观察和面对面的交谈，咨询师还可以根据需要对来访者进行必要的体格检查和心理测试，详细而深入地了解、分析、评估来访者的各类心理与行为问题，与来访者商定心理咨询的目标和方案，帮助来访者摆脱有碍身心健康的不利因素，提高他们解决问题、适应环境的能力。

2. 电话咨询

电话咨询是指心理咨询师利用电话通话的形式对来访者给予帮助、支持、劝告、安慰或鼓励、指导的一种咨询形式，已经成为心理咨询的一种重要形式。电话心理咨询无需来访者与咨询师面对面交流，减少了来访者因前来心理门诊可能被曝光的恐惧以及面对咨询师而产生的社交压力，同时，也由于其具有的方便性和快捷性，电话咨询已经变得越来越普遍。随着科技的迅速发展，电话咨询的方式已经超越了过去固定电话和移动电话的范畴，人们开始使用微信语音留言、微信语音通话、微信视频通话、QQ语音留言、QQ语音通话以及其他通话方式，实现了咨询师与来访者远距离的心理咨询。现在，许多政府、学校及各类公益机构，也利用电话咨询的保密性和便捷性，开设心理危机干预热线，对发生心理危机、需要紧急干预的求助人群进行心理援助。

3. 网络咨询

网络咨询已经成为来访者选择咨询的第三种常用方式。通过网络，在确保隐私保密的前提下，有心理咨询需求的当事人可以通过在线发送信息或离线文字留言等方式向咨询师暴露自己的问题、倾诉自己的隐私、提出解决心理问题的请求。咨询师可以根据当事人提供的信息资料，尽可能在短时间内做出适时的分析和评估，并通过实时交谈、发送文字或语音指导，不断矫正当事人的不当认知和反应。网络咨询在某些方面与电话咨询存在交叉和重叠，但在网络心理咨询中，咨询师较倾向于运用文字与来访者进行沟通、指导和帮助，如利用QQ和微信发送文字短信，当然，利用公开的电子邮箱、微信公众号、抖音等社交工具收发咨询信息也属于网络咨询的一种特殊形式。网络已经为心理咨询提供了无限发展的空间，随着人工智能及网络技术的不断提高和发展，网络咨询将会越来越普及。

4. 现场咨询

现场咨询一般由政府部门和学校组织开展，是指心理咨询师直接深入基层或当事人家中，为当事人提供心理服务和心理援助的一种咨询形式，如在重大考试前，咨询师深入学校对考生进行考前心理辅导等。现场咨询具有应急性，可以迅速发挥心理咨询的帮助作用，但由于缺乏严格的隐私保密，可能会遭到当事人的拒绝或婉言谢绝，因此，现场咨询很难对当事人产生深层次的影响作用。

第四节　心理咨询的原则

原则是指说话或行事所依据的法则或准则。心理咨询过程中心理咨询师与来访者双方都必须依据的准则就是心理咨询的原则，任何一方违背了心理咨询的原则，就会导致心理咨询的失败。基于以上的理解，心理咨询的原则可以归纳为如下六大原则。

一、自愿原则

心理咨询属于自愿的行为，不能强求。自愿原则是心理咨询必须遵循的首要原则。到心理咨询室的来访者必须完全出于自愿，这是能否建立良好咨访关系以及能否顺利进行心理咨询的先决条件。只有来访者发自内心地希望寻求心理咨询服务而主动、自愿地找到心理咨询师，心理咨询师才可以接待他。对于那些不相信心理咨询或者没有心理咨询意愿和要求的人，即使是被单位、组织或亲属强行带到心理咨询室，心理咨询师也不能够主动要求其接受心理咨询。

在初次接待来访者以及后续的心理咨询过程中时，心理咨询师必须始终坚持“来者不拒、去者不追”的工作理念。否则，很有可能无法建立起正常的咨访关系，也难以商定咨询目标和方案，导致来访者的强烈抵触和心理咨询师的极度尴尬。

总的来说，无论是在咨访关系建立的时候，还是在心理咨询过程中，或是在咨访关系的打破、中止或结束时，是否接受或继续心理咨询，完全尊重来访者个人的选择，来访者处于完全自由选择和自由决策的状态，心理咨询师不能有任何强制的言行。相应地，随意终止心理咨询带来的不良影响也由来访者自己承担。

一般情况下，心理咨询师要开展或终止心理咨询，可以根据相关的规定提出开展、中断、终止或结束心理咨询的建议，不能强硬要求来访者执行。

在心理咨询实践中，心理咨询师还会遇到一些被家人或朋友带到心理咨询室的当事人，当事人的家人或朋友在没有预约的情况下要求心理咨询师对其进行心理咨询，而这些当事人事先并不清楚被带来的原因，也不知道心理咨询师能够给予他们什么样的帮助。面对这样的突发情况，心理咨询室负责接待的工作人员，必须按照规范进行热情的接待，并向当事人及陪伴人员介绍心理咨询的相关知识。如果该当事人具有了求助的愿望且符合适宜心理咨询对象的要求，可将其作为来访者进行咨询安排；如果该当事人不符合适宜心理咨询对象要求或对心理咨询具有强烈的抵触心理，则应该与当事人的陪伴人员沟通，将其带回。

二、匹配原则

心理咨询的第二大原则就是心理咨询师与来访者的匹配原则。咨访双方是否具有匹配性以及匹配性程度高低的问题，一般在咨询设置阶段就必须解决好。随着咨询过程的深入开展，匹配性的问题也会出现，但此时需要心理咨询师做出调整来提高咨访双方的匹配程度，如果心理咨询师单方面努力后，仍然效果不良，则必须及时转介。

心理咨询不匹配的原因经常来自咨访双方。一方面，心理咨询师的年龄、长相、着装、学历、经验、学派取向会影响来访者的信任度和适应性。如有的来访者比较信任上了年纪的咨询师，有的来访者对长得不好看的咨询师会产生排斥心理，有的来访者会挑剔咨询师的着装，有的来访者比较注重咨询师的学历，有的来访者特别计较咨询师的经验，有的来访者则对某类心理学派有特定偏好，这些都可能导致来访者对心理咨询师的信任度和适应性发生变化，直接对心理咨询的效果产生影响，有时甚至会产生较为严重的负面影响。另一方面，来访者的精神状态、问题类型、严重程度是心理咨询师主动匹配的关键点，可能会对心理咨询师的技术运用产生相应的要求。如有的咨询师只接受精神状态正常且没有人格障碍的来访者，有的咨询师较为擅长处理家庭问题而非职场问题，有的咨询师无法接受具有严重心理问题的来访者。

心理咨询师在从业前一般要接受严格的职业培训，其中包括学会如何处理好自己成长过程中的各类心理问题，所以，理想中的心理咨询师应该能够接待各种类型的来访者，较好地帮助来访者处理各种心理与情绪问题，而事实上，由于发展变化着的生物因素、社会因素和心理因素的影响，心理咨询师在生活、学习与工作的过程中也会与普通人一样，出现各种心理冲突，产生各种情绪变化，导致心理咨询执业过程中心理与行为的偏离，形成所谓的咨访双方不匹配。

常见的咨访双方不匹配的类型有欠缺型、忌讳型和冲突型。

1. 欠缺型

心理咨询师面对来访者需要解决的问题和困扰，感觉到自己在这方面能力不足，或者自己也存在着同样的问题和困扰。比如，咨询师自己还没有孩子，却要帮助来访者处理亲子冲突的问题；又如咨询师自己的婚姻问题还没有处理好，却要帮助来访者解决婚姻关系的问题；再如咨询师自己很年轻，却要帮助一个老年来访者处理丧偶后的孤独问题；等等。如果心理咨询师存在这些欠缺，要把来访者从其困扰里带出来，是非常不容易的。

2. 忌讳型

一些心理咨询师对某一类的来访者比较排斥或存在着一定程度的偏见。如果心理咨询师不能够接纳某类来访者，就不能够对这类来访者进行咨询。在心理咨询实践中发现，一些心理咨询师对同性恋群体、宗教信仰人员、特殊癖好人员以及存在婚恋情感类型创伤障碍人员等存在强烈的心理排斥。

3. 冲突型

在某些方面，一些心理咨询师与来访者之间容易起冲突，常见的冲突如观点冲突、性格冲突、相似困扰的冲突、好恶（形象、声音、打扮）冲突等。

对于确实不匹配的来访者，心理咨询师要及时转介。咨询师在咨询过程中需要对来访者的心理状况和自己能否对来访者提供专业帮助进行及时的评估，当感觉来访者存在自我伤害或伤人危险、存在违反法律法规行为或其问题已超出自己的干预能力和干预范围时，应坦诚地告诉来访者，请求谅解，并且及时转介，转介时要耐心做好来访者的工作，不给他们增添心理负担。

研究发现，效果较好的心理咨询，心理咨询师与来访者双方的匹配程度一般都比较高。具体表现在以下六个方面。

1. 互看顺眼

一般来说，心理咨询师对来访者的外在形象没有什么要求，但来访者对心理咨询师却可能有一定的要求。也就是说心理咨询师基本不会看来访者“不顺眼”，但来访者有可能看咨询师“不顺眼”。

2. 语言相通

心理咨询师在心理咨询过程中一般应使用标准的语言进行会谈，也可以根据来访者的语言习惯使用当地的方言，但是，如果来访者与心理咨询师双方存在语言不通的现象，交流就会成为心理咨询中第一道难以逾越的障碍，更不用说后续的咨询与辅导了。

3. 年龄相仿

年龄相仿的人交流起来就比较随意、方便，话题也更容易展开，这对来访者和心理咨询师来说都是有利的。而如果心理咨询师与来访者的年龄相差过大，普通人之间的代沟问题也可能会在心理咨询的过程中体现出来。

4. 关系匹配

关系匹配，是指在建立的咨访关系中，咨访双方能够自由表达出自己的真实想法和感受，并能被对方理解或接纳。当然，表达是一个互动的过程，很多时候人们需要通过不断的觉察、反思来表达，去实现让自己表达出来的言语与自己内心真实的感受更接近，也通过对方的不断反馈，让自己知道对方真实地接收到了自己的表达。

心理咨询的效果，是心理咨询师与来访者共同努力的结果，也取决于心理咨询师与来访者之间的默契配合，匹配的咨访关系里，来访者会选择那个离自己内心最近的感受来表达自己，不会担心自己被否定或被评判，更容易体会到自己被看到、被理解、被容纳。如果咨访关系不良，缺少信任，那效果会非常有限。但如果产生不健康的依赖关系、移情关系，那就需要进行有效的处理，甚至中断或转介心理咨询。

5．性格相近

性格相近的人不论是一言一行还是一举一动都有着许多相近之处，当来访者发现心理咨询师的性格和自己的性格比较相近的时候，会产生一种莫名的亲切感，有利于迅速拉近咨访双方的心理距离，建立良好的咨访关系。

6．价值观相容

理论上不存在这样的问题，因为心理咨询师需要保持价值中立的态度，但在实际的心理咨询过程中，还是会有一些个性较强或者经验不是特别丰富的心理咨询师会对来访者的价值观出现抵触情绪，在这种情况下就需要按工作流程中断咨询或者进行转介。

三、自助原则

“助人自助”是心理咨询的最基本原则。此所谓“授人以鱼，一日享用；教人以渔，终身受用”之理，其巧妙之处在于“它帮助一个人，却让人感到似乎是他自己在帮助他自己”。

心理咨询与一般的问题咨询不一样。心理咨询着重用间接的、非指导性的启发、引导，来帮助来访者，使来访者自己产生领悟，思索、寻找解决自己问题的办法，实现自助，而不能够对来访者给予具体、直接的指导。心理咨询需要来访者与心理咨询师双方的共同努力，通过咨访双方深层次的交流与沟通，达到改善来访者心理状态或释放来访者内心压抑的情绪，从而使得来访者能以更合适的心态去面对生活和适应环境。在心理咨询过程中，心理咨询师要帮助来访者分析问题的性质及其产生的原因，培养来访者积极向上的心态，让来访者树立起自信心，自己找出解决问题的方法，所以，心理咨询的实质是心理咨询师帮助来访者自己解决问题，而不是代替来访者去解决题。

四、科学原则

科学原则是指心理咨询必须以心理学、社会学、教育学和医学等科学理论为指导，遵循科学规律，禁止宣扬和采用宗教、迷信、虚幻等一切非科学的理论和方法。

一些兜售所谓“灵魂沟通服务”的伪劣心理咨询机构，引进国外歪理邪说，谎称身体疾病、家庭矛盾甚至想要升官发财，都可以到该机构进行“心理咨询”，其本质是要通过灌输伪科学内容等手段对其上当受骗的成员实施精神控制，使其沉迷其中不可自拔。

五、保密原则

保密原则既是咨询师与来访者建立相互信任的咨访关系的前提，也是咨询活动顺利开展的基础，是心理咨询中最为重要的原则。它是鼓励来访者畅所欲言的心理基础，同时也是对来访者人格及隐私的尊重，只有在建立相互信任的咨访关系之后，来访者才可能谈出自己未向他人泄露过的内心隐痛，因此，来访者对心理咨询工作的信任才是治愈其心理创伤的真正开始。

心理咨询需要保密的内容较多。首先，心理咨询师要对来访者的隐私保密。心理咨询是心理咨询师与来访者之间深层次的会谈和沟通。在心理咨询过程中必然会涉及来访者的许多隐私，这些隐私可能埋藏在来访者心里许多年而不敢触碰，只有来访者对心理咨询师的信任度达到较高水平时，来访者才能够一吐为快。作为心理咨询师必须为来访者的隐私保密，在没有征得来访者本人同意的情况下，任何时间与地点都不能将来访者的隐私暴露给第三方，包括来访者的父母、近亲属和朋友。其次，心理咨询机构的所有工作人员要对来访者的资料保密。这些资料包括来访者的个人信息、个案记录、来往信件、测试数据及录音、录像等材料，其中的录音、录像只有在来访者同意的情况下，才能进行。最后，因专业研究需要，在发表文章或公开案例必须使用特定来访者的有关个人资料时，心理咨询师必须隐去那些可能据以辨认出来访者的相关信息，确保他人不能将这些资料对号入座，以充分保护来访者的利益和隐私。

一般情况下，心理咨询师必须拒绝来自各方面对来访者情况的调查，确保来访者的个人权益得到充分的维护。只要来访者没有危害自己及他人的生命安全，心理咨询师都应严格遵守保密原则，但同时也要注意一些保密例外的情况：一是在接受卫生、司法或公安机关的询问时，咨询师应根据实际情况回复询问，不得做虚伪的陈述或报告；二是在心理咨询过程中，咨询师一旦发现来访者有自我伤害或伤害他人的紧急危害或涉及法律案件时，必须采取必要的措施，防止意外事件发生，必要时应紧急通知公安部门或来访者家属，或与其他心理咨询师进行磋商，但应将需要保密的信息的暴露程度限制在最低范围之内。

六、回避原则

心理咨询师与来访者只能保持咨访关系，不能与来访者建立双重或多重关系，不得介入来访者的个人生活，对来访者中的亲属、朋友、同事等熟人必须采取回避措施。给熟人做心理咨询，会出现很多隐患：一是来访者会有所顾忌，不愿把自己的真实情况向心理咨询师和盘托出；二是如果做了心理咨询，以后心理咨询师与来访者双方见面时都会感到尴尬。

心理咨询必须回避双重或多重关系主要是为了保证咨询成功而设置的限制性条件，因为心理咨询需要心理咨询师在心理咨询的过程中始终保持中立态度，不能掺杂个人的情绪情感。如果没有这种情感限制，就有可能瓦解咨访关系，不利于来访者问题的解决和个人成长。另外，心理咨询只能锁定来访者的心理问题，而许多心理问题的矫治都需要经过较长时期的干预，心理咨询师每次在咨询结束时都必须对咨询的效果进行预期的评估，但如果存在双重或多重关系，对咨询效果评估的准确性就会受到影响，因为除了咨访关系外，心理咨询师与来访者的其他关系使得心理咨询师还有其他的途径去了解来访者的情况和信息，从而影响对咨询效果的评估。

第五节　心理咨询的本土化

心理咨询是一种根据来访者的需要，对其给予特殊关注并提供适时服务的专业行为，也是一种随着社会、文化、经济、环境的改变而发展变化的职业。近年来，心理咨询本土化的议题经常出现在我国各类心理学及心理咨询的学术会议中，原因之一是尽管来源于西方社会的心理咨询在我国已经发展了几十年，但却频频出现“水土不服”的状况，心理咨询的本土化势在必行。

一、对心理咨询本土化的理解

（一）心理咨询中国化

“中国化”一词源于毛泽东同志（1938）提出的“马克思主义的中国化”。要理解心理咨询本土化，就必然涉及“心理咨询中国化”等概念。心理咨询中国化可以被理解为：在心理咨询的研究与实施过程中，始终将中国的人、中国的社会现象、中国的国情作为研究和服务对象，在继承中华文化中有关心理咨询的思想与经验、吸收国外先进的心理咨询学术理论与技术的基础上，形成符合中国实际的心理咨询理论和方法，指导中国的心理咨询实践，解决中国人心理咨询过程中存在的各种问题。

（二）心理咨询本土化

学者张忠华，贡勋在《教育学“中国化”、“本土化”和“中国特色”的价值取向辨析》（2015）一文中认为，“本土化”是出现在 20 世纪 80 年代全球化、国际化时代下的命题，是弱势文化面对强势文化的入侵，防止被殖民化而提出的一个词语，它含有保持本土特色的意义。在我国的《现代汉语词典》里，找不到“本土化”这一术语，只有“本土”的解释。从语义上理解，本土化就是让某种事物发生转变与转化，来适应本国的国情、本民族的民情。国内学者经常将心理咨询中国化与心理咨询本土化混同使用。

（三）心理咨询本土化的成分内涵

张忠华，贡勋（2015）还认为，本土化是由“化为本土的”和“本土生化的”两部分组成。“化为本土的”是一种“由外到内”的“本土化”，即将国外的理论与技术在本土被吸收、认同进而转化为本土的理论与技术的有机组成部分，这种情况下，可以把国外的理论与技术看成是“原料”，通过“精加工”，才能符合我国的国情与民情；而“本土生化的”则是指由本土人就本土的问题、用本土的方式创造生成的理论或方法。从中国心理咨询的发展历史来看，心理咨询的本土化也一直沿着“化为本土的”和“本土生化的”两条路线发展，正在逐渐形成具有中国特色的心理咨询。

二、心理咨询本土化的必要性

（一）心理咨询学科属性的要求

心理咨询为什么要本土化？要回答这一问题，首先要了解一下心理学要不要本土化。

从心理学的学科属性来看，心理学是自然属性和社会属性的统一，是在思维科学、自然科学和社会科学交合点上形成的一门具有综合性的交叉学科或边缘学科。具有自然属性的心理学属于探讨因果关系的自然科学，并不存在本土化的问题，而具有社会属性的心理学则属于探讨人类心理的人文社会科学，必然与研究对象生活的人文社会环境存在紧密的联系，因此，也就有了本土化的说法。

心理咨询学属于心理学的分支，是运用心理学的理论、方法、技术等指导来访者生活实践的应用科学，具有明显的实用性和多学科交叉性，其大部分内容都可以归纳到人文社会心理学的范畴，随着心理学的本土化，心理咨询也需要进行本土化。

（二）中西方文化差异的影响

文化的差异决定了个体和群体的心理过程与心理特征的差异。

1．文化差异对来访者观念的影响

对于寻求心理帮助的来访者而言，一方面，那些困扰他的各种问题，在形成的过程中必然浸染着许多特殊文化背景；另一方面，在心理咨询师的帮助下，他要重新去认识世界与自己，而他的这些对世界和自己的认识，仍然来自他自己已有的知识建构，这种知识建构却不可能脱离其所生活的文化脉络。因此，心理咨询由于无法脱离人文社会因素的影响，就需要根据来访者的民族、习俗及文化背景进行本土化。学者田茂泉，张军在《从东西文化比较看我国心理咨询的本土化》（2008）一文中指出中西方文化存在以下差异：

（1）身心观的差异。我国古人认为，人的任何思想、情感、观念都与心脏的生理状态密切相关，是心和脑共同作用的结果，人是一个身心统一的整体，主张内外协调、“三分吃药，七分调理”；而西方的科学传统则是就身论身，就心论心，身心分裂，主张药物治疗和心理治疗各行其是。

（2）人际观念的差异。中国人重视群体意识和社会责任，强调个人对家庭、他人和社会的责任，注重“和谐”，讲究“和为贵”“忍为尚”，用“礼”来节制、协调人们之间的关系，而西方人则强调个人价值至上。

（3）权威观念的差异。在心理咨询中，咨询师非常重视与来访者建立良好的咨访关系，以促进来访者独立地思考，充分挖掘自己的潜能，克服自己成长过程中所遇到的各种障碍，独立地解决自己所面临的问题，客观地认识自己，接纳自己，进而欣赏自己。在整个心理咨询过程中，咨询师都必须保持价值中立的态度，与来访者保持平等的咨访关系。但是，中国的许多来访者通常会将咨询师当作权威看待，希望在咨询过程中获得咨询师直接的指导和帮助，否则，他们就会感到失望，甚至认为咨询师缺乏能力和技术，影响咨访关系的建立。

2. 文化差异对临床心理诊断的影响

目前，在我国心理咨询与心理治疗领域经常使用的一些心理测验量表与临床评定量表，大部分是从外文版翻译成中文后，修订而成的。但是，由于这些量表的编制，是以西方人的心理特征为依据的，即使经过修订并建立了国内常模，其内容的西方文化偏向仍然很严重，某些翻译成中文的条文，国内许多来访者无法完全理解其内涵。

学者李黎，俞锦宾在《试论心理咨询的理论和方法的本土化》（1994）一文中提到，一些心理学家曾经使用MMPI（Minnesota Multiphasic Personality Inventory，明尼苏达多项人格测验）心理量表对中国人和其他文化群体中的人们进行过比较研究，发现中国人无论是正常人还是有心理疾病的患者，在第二项和第八项上，得分都非常高。第二项和第八项所描述的，大多是人际反应、一般活动水平和人们的价值观问题，得分上的差异很可能是由于不同社会对于这些方面的不同期望和不同评价造成的，因而，这些心理学家认为中国人在这两项上的得分较高，仅仅反映了一种文化的差异，并不能够表明中国人心理疾病的发生率更高。因此，尽量消除或抵消引进量表中的西方文化偏向的影响，或者根据中国人的心理特征变量自行设计一些量表，是十分必要的，可以帮助中国的心理咨询和心理治疗师能够更正确地诊断变态人格、心理疾病、精神病或鉴定正常人的人格类型和心理健康状况。

3. 文化差异对心理问题的表达与申述方式的影响

有研究指出，中国人特有的心理问题为躯体化现象、神经衰弱和隐匿性抑郁。这里我们仅对躯体化、神经衰弱加以说明。

（1）躯体化。躯体化是指一个人本来有某种情绪问题或心理障碍，但却没有以心理症状表现出来，而转换为各种躯体症状来表现。患者本身并不知道这一机制，也不是诈病，并且否认自己有任何心理或情绪症状。其所表现的躯体症状，通常无法由各种医学检查找到相对应的器质性病变。学者宋蕾等认为中国人倾向于以躯体不适的方式去申述自己的心理问题。这一现象在国内多个地区都有报告。需要指出的是，一些研究结果发现，西方与非西方的来访者陈述躯体症状的比例，事实上不相上下，主要差异在于西方的来访者在陈述躯体症状的同时，也有相当比例的来访者陈述心理症状，而非西方的来访者则较多地只陈述躯体症状而不愿谈及心理症状。学者李强和宋蕾等指出，如今在我国仍有许多人，有的甚至是受过高等教育的人，根本没有意识到自己会像患感冒发烧那样随时都可能出现心理问题、产生心理障碍，需要进行心理保健。他们认为，只有患精神分裂症的病人才需要救治，而当自己遇到各种心理困扰，产生轻、中度心理障碍，尤其是伴随出现躯体化症状时，既不知道这是一种心理疾病，也不懂得它能在心理咨询师的辅导下得到妥善解决，却误认为自己是患了器质性疾病，花钱费时到处去做各种躯体检查，求医问药，或采取其他非专业性的应对办法，收效很小，却延误、加重了病情。除了上述原因外，躯体化现象也可能是个体面对社会压力（如社会对心理疾病患者的歧视、偏见）的一种无意识反应，或者是人们在就医时有意压抑了自己的心理反应和症状，而突出了由情绪所伴随或引起的生理反应，这些生理反应便表现为躯体症状。

（2）神经衰弱。神经衰弱是另一个被认为是中国人特有的心理症候群，其特点为疲乏无力、注意力不集中、记忆力减退、失眠、头痛、头晕等。美国精神病学协会早在1980年就已取消了这一病名，认为神经衰弱属于抑郁症。我国的精神医学界继续保留“神经衰弱”这个病名，可能也是因为中国人更敏感于躯体症状而不是心理症状，并被作为脑力劳动过度的代名词。

4．文化差异对心理咨询与治疗的看法与态度的影响

学者李黎等（1994）认为，在西方社会，人们已普遍将心理咨询与治疗看作是消除个体心理困扰的有效手段之一，寻求心理咨询与治疗已为大众所接受。但是在我国，许多人仍然对心理咨询与心理治疗存在各种成见，导致他们耻于寻求心理咨询师与心理治疗师的帮助。有些来访者即使前来求助，也对咨询和治疗过程抱有一种复杂的态度，不能坦然地在咨询师与治疗师面前披露自己的问题。如，一方面，他们可能怀疑心理咨询与心理治疗的有效性；另一方面，他们又迫切期望咨询师与治疗师能给予他们直截了当的指导和帮助。这就要求咨询师与治疗师在咨询、治疗过程中，不但要善于倾听，还要善于启发来访者陈述自己的问题，更要善于启发来访者独立思考自己的问题，并在强化其自助能力的同时，给予适当的指导性帮助。

5．文化差异对来访者与咨询师关系的影响

在心理咨询与治疗过程中，来访者与咨询师之间的关系不仅受到咨询师所采用的治疗理论和方法的制约，同时也明显受到社会文化因素的影响。因此，咨询师在与来访者建立咨访关系时，必须考虑来访者所处的特定文化背景。在我国，来访者对咨询师的态度和行为有以下三种。

（1）对咨询师的双重态度。部分来访者对咨询师存在既想依赖又不愿依赖的复杂心理。一方面，对咨询师要求很多，依赖性很强，期待咨询师为自己解除困难；另一方面却不愿意听从咨询师，认为如果咨询师对自己不好、不合适，可以不受限制地随意更换。学者刘昭雯（2008）也认为，某些来访者在求助时，非常期待咨询师能替自己治病，但若一时咨询与治疗的效果不理想，便随时更换诊所、更换咨询师，或者同时看几个心理咨询师，或者同时服用各种中西药。

（2）来访者对“自己人”与“外人”的分别对待。学者李强（2001）认为，在人际关系中，人们喜欢把所接触的人分成是“自己人”跟“外人”。对“自己人”就较信任，能谈自己的心事，但也期待能被特别关心，享有特别的好处；对“外人”就保持距离，不暴露内情。这是以关系取向的文化环境里产生出来的不同人际关系。心理咨询的关键在于咨询师能否与来访者建立起良好的咨访关系。对来访者来说，咨询师要能使来访者感到好似是“自己人”，能尽早取得来访者的信赖与合作。

（3）咨询师要能符合来访者对“专家”“权威”的期待。来访者通常希望为自己做心理咨询的人是“专家”“权威”，要有“经验”，是“内行”。因此，咨询师要尽量能符合这种文化上的期待。在与来访者接触的过程中，咨询师不仅要表现出共情、真诚、温暖和积极关注，而且还要注意保持专家的尊严，显现自己是内行的实力，否则不能满足来访者的心理期待。

6．文化差异对来访者求助方式的影响

一个人在感觉自己有病或不适以后，其对疾病或不适的认识、态度、解释以及由此而采取的缓解和消除病患的求助行为是不同的。例如，某人因为亲人去世而过度悲伤，且持续数月，假如他的家人和朋友认为亲人去世后心情不好是人之常情，则不会劝他去找心理咨询师进行咨询；假

如他的家人和朋友只注意到他的胃口不好，则可能会劝他去医院的消化科就诊。在这种情况下，即使这个人来找心理咨询师咨询，他主诉的内容也会因其对疾病的理解与求医目的而有所不同，可能不愿意接受心理咨询与治疗来解除其心理上的痛苦。

国内一项调查结果显示，当人们遇到心理困扰时的心理调节渠道依次为自我调节、知心朋友、家人、同事、社会咨询机构，可以看出，当人们遇到心理困扰时，不愿意在第一时间去向心理咨询机构求助，而是把心理咨询放在了最后的环节。这种现象的出现也是有着深刻的社会文化历史根源的。

（1）我国的传统世俗观念对精神疾病存在歧视与偏见。中国人从心理上追求伦理规范、行为趋同，非常排斥与其不符合的行为和想法，有些人甚至把心理疾病也与个人道德品质联系起来。他们认为如果一个人存在心理问题，那么这个人的道德品质也有问题，而这个人一旦被贴上这样的标签，轻则被人嘲笑、轻视，重则会被社会完全否定。这就导致很多人对心理问题讳疾忌医，要么否认自己的心理问题、强制压抑内心的痛苦，要么去西医内科或中医科就诊，主诉自己消化不良、头痛失眠、胸闷憋气、周身不适等躯体症状，而较少讲述自己情绪低落、紧张困扰、焦虑不安、兴趣减退以及一些消极念头和本能欲望等。许多人被漏诊或误诊，造成心理问题由轻度发展成重度心理疾病。

（2）我国传统文化所强调的慎独、自省，使人们易形成仅仅依靠个人的自我调节来化解内心矛盾的习惯。包括自省在内的个人自我调节固然有的能达到内心的平衡和良好的适应，但其效果往往与心理问题的性质、个人的自我调节能力等有重要的关系。对于绝大多数人来说，通过心理自我调节方式所能解决或缓解的只是一些轻度的心理困扰或障碍，而对于那些中、重度心理障碍来说则效果很小，结果延误了诊治，加重了病情。

（3）我国的传统文化对非本土化的心理咨询与治疗方法的排斥，使得心理疾病患者不愿求助源于西方的心理咨询与治疗。国内一些心理咨询师在进行心理咨询与治疗时，没有充分考虑到社会文化因素（尤其是来访者的文化背景）对心理咨询的影响，而是照搬西方心理咨询与治疗的技术和方法，使得心理咨询与治疗的疗效不高，对来访者的吸引力较小。

总之，因为文化因素的影响，在对我国人民进行心理咨询与治疗时，不能照搬西方的理论与方法，而要进行本土化，结合我国的文化背景来加以施行。

三、心理咨询本土化的历史

心理咨询在我国有一个很长的传统，却有一个很短的历史。几乎在历朝的中医书籍当中，都有关于运用心理暗示来治疗顽疾的案例介绍。我国其实早就有心理咨询了，只不过没有形成一门学科，也没有心理咨询与心理治疗的说法。中医“四诊”（望、闻、问、切）中的问诊，就与心理咨询有极大的关系。问诊中既有面质的成分，也有暗示的作用。

世界历史上第一个记录在案的心理咨询案例在中国，而且是2000多年前就做的案例——杞人忧天。开导杞人的热心人，他对天地星月的解释，是不科学的，只是代表了当时的认识水平，但他那种关心他人的精神，耐心开导的方法，还是值得肯定的。

（一）中华文化脉络中心理咨询与心理治疗的雏形

中华文化的源头可追溯至周朝，先秦时期诸子百家初步形塑出中华文化的样态，及至汉唐转而衰落，开始汲取印度佛教思想的精华，历经本土化的思潮整合，终于到宋明时期发展至高峰，直至明朝灭亡又进入新一轮的低谷。

明代大儒王阳明在儒释道三教合一的浪潮下所阐发的心学，成为我国最后一股原创性思想。

在王阳明晚年即将出征平乱时，与弟子王畿、钱德洪讨论心学的核心观念，提出了著名的四句教："无善无恶心之体，有善有恶意之动，知善知恶是良知，为善去恶是格物。"无善无恶心之体，即所谓"心体"，即"自性"。这种思想赋予了人在生命解脱层面的深刻关怀，这种自性的内在超越境界，是中华文化的核心。并在此基础上，发展出了可供人在生活中落实的修养功夫，譬如静坐、讲会、论学、书法等具体功夫操作，通过心性修养，拔高精神层次，消解生命中的冲突与困扰，这可算是中华文化脉络中心理治疗的雏形了。

中国历史上常用的疗法如下。

（1）开导劝慰法。这是一种通过言语来开导劝告与安慰以调节心理的方法。这种方法是以人"恶死乐生"的心理本能倾向为理论基础，又提出了此疗法的要旨是"告""语""导""开"，意思是告诉病人不遵医嘱的危害，讲清遵从医嘱的好处，引导病人创造治愈疾病的条件，指出不遵从医理会带来更大的痛苦。

（2）以情胜情法（图1–2）。这是一种利用情志相互制约的关系来进行治疗的心理疗法，即运用一种情志来纠正相应所胜的另一种失常情志，很具独特性。治疗的理论依据为：怒伤肝，悲胜怒（金克木）；喜伤心，恐胜喜（水克火）；思伤脾，怒胜思（木克土）；悲伤肺，喜胜悲（火克金）；恐伤肾，思胜恐（土克水）。

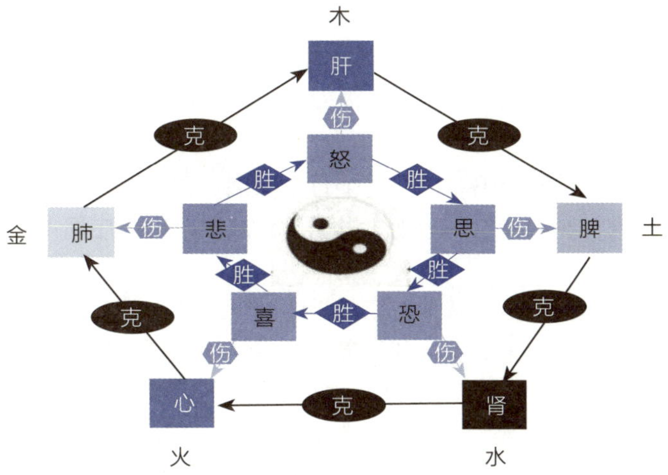

图 1–2　以情胜情法

（3）习见习闻法。这是一种通过反复、习惯的方式，使受惊敏感的来访者恢复常态的心理治疗的方法，实则为现代医学心理学的系统脱敏法。

（4）以欺制欺法。这是一种对诈病和疑病症者，以欺骗方法制伏其欺骗行为而取得疗效的心理治疗方法。

（5）消愁怡悦法。这是一种通过怡情移志帮助来访者调节情绪的一种心理治疗方法。此法的机理是：通过对山水花草的赏玩，文艺、清谈、琴棋书画的爱好以及对茶酒的适当品用，使环境变幻多端，令人赏心悦目、怡情移志，从而达到对抑郁、焦虑、紧张等情志疾病的调治。

（二）早期的快速综合疗法

在20世纪60年代初，为了治疗神经衰弱患者而创用的"快速综合疗法（rapid comprehensive therapy）"，就是为了适应我国社会文化背景而建立的本土化心理疗法，这也是我国对本土化心理咨询与治疗最初的尝试。快速综合疗法是我国心理学和精神医学工作者在20世纪五六十年代联合开展的心理治疗方法。1958年曾在北京大学对80例患神经衰弱的大学生进行了治疗，1959年提出这一名称。该疗法的特点为以下几点。

（1）在不影响来访者的学业或工作的情况下进行。

（2）治疗时间尽可能短，一般为2～4周。

（3）采用团体治疗和个体治疗相结合的方式。

（4）治疗措施强调综合性，将一切可能有效的方法综合使用，包括心理疗法、药物疗法、理疗、体育锻炼、生活制度的合理安排、劳动等。

该疗法的治疗原则是强调来访者的自觉性和能动性，使来访者掌握有关疾病的知识，并建立起对待该疾病及生活、学习或工作的正确态度。该疗法曾大量用于治疗神经衰弱，也有人用于高血压、慢性精神分裂症等的治疗，其中以对神经衰弱的治疗最见成效。

（三）20世纪的本土化疗法

20世纪90年代以来，越来越多的专业人员开始重视心理咨询与治疗的本土化问题并进行了可贵的尝试和努力，取得了初步的成效。

鉴于文化对人的心理、行为的塑造作用，所以大多数研究人员是从文化的层面对中国化问题提出观点，比如把西方心理咨询与治疗的理论和方法同中国的传统文化，如儒家、道家、佛家的思想，传统中医理论等结合，从中国人的心理角度，阐明一些具有中国本土特色的心理咨询与治疗的理论与方法，创造和改造了一些理论，并应用到实践中去，形成了若干行之有效的方法和技术。其中有代表性的成果至少有以下两个，即道家认知疗法和认识领悟疗法。

1．道家认知疗法

道家是春秋战国时期“百家争鸣”中的一个哲学派别。该流派认为“道”是派生天地万物的精神本质，所以称为道家，春秋末年的老聃（老子）和战国时期的庄周（庄子）是道家哲学思想的主要代表人物。

道家认知疗法是张亚林、杨德森基于道家哲学的处世之道，并参考现代心理咨询和治疗的理论与方法而创立的。该疗法要求来访者达到的最高境界是认识自然规律、顺应自然规律。可以说这一疗法是我国在心理咨询与治疗本土化方面所取得的很有影响力的成果。

这一疗法把中国人所具有的典型心理特点概括描述为：“勤劳节俭，自强不息；克己容忍，谦和持中；家庭为重，亲疏有别；伦理为纲，尊卑有序。”指出对于人们的某些精神应激和相关疾病，应采取道家处世养生法。通过宣传讲解，改变来访者的价值观和原有的认知，进行认知心理治疗，达到降低精神应激水平的效果。这样就把现代的认知理论同传统道家哲学恰当地结合于具有特定心理特征的中国人身上，从而实现了心理咨询与治疗本土化的成功尝试。

道家认知疗法主要分为5个步骤：①调查来访者目前的精神刺激因素；②了解其人生信仰和价值系统；③分析其心理冲突和应对方式；④道家哲学思想导入；⑤评估与强化疗效。

总之，道家认知疗法就是这样一种疗法：通过集体宣传和个别谈心的方式，针对来访者共同的生活事件、心理冲突、性格特征与失败的应对方法，共同寻找摆脱心理危机的出路，使用认知疗法中的三栏技术，列出失败的认知，寻找新的认知方式，接受道家处世养生的价值观，反复练习，不断解决生活中遭遇的生活事件，达到解除精神应激、促进精神健康的目的。

临床实践表明，该疗法比较适合于某些神经症或与精神应激相关的疾病患者，如对广泛性焦虑障碍效果较好，若配合抗焦虑药物治疗则是最佳选择，即近期以药物治疗为主，较快地缓解症状，远期靠道家认知疗法维持和增加疗效。

2．认识领悟疗法

认识领悟疗法，也称“钟氏领悟疗法”，是由钟友彬创立的一种心理治疗方法。

该疗法属于心理分析理论体系，是根据心理分析的基本原理结合我国社会和来访者的具体情况加以设计的，因而也被称为“中国式的心理分析方法”或“具有中国特色的心理分析方法”。

概括地说，它要求来访者对他们的症状是以儿童的思维逻辑和方法解决成人所遇到的问题这一点达到领悟，从而以成熟的行为模式代替幼稚的行为模式。这种解释反映了我国传统的自然观——顺其自然而发展的要求，因而是来访者能够而且易于领悟和接受的。

临床实践证明，该疗法对强迫症、恐人症、某些性变态以及神经性呕吐、顽固性疼痛等取得了满意的疗效。

四、心理咨询本土化的现状

广州大学叶浩生教授认为，现代西方心理学已经发生了“文化转向”。其表现之一，就是多元文化心理学的兴起。多元文化心理学旗帜鲜明地反对心理学的欧美中心主义，提倡多元化的研究模式。相应地，心理咨询也开始重视文化差异这一变量。各国心理学工作者都在探索适合本国文化特色的心理咨询的理论基础、方法论和咨询技术。现在，世界各国的心理咨询的学术研究、临床实践、专业人员培养及教材编写等无不重视文化差异。

我国学者在心理咨询方面做了许多本土化的尝试，目前，涌现出一些本土化疗法，但由于多方面原因没有得到充分的推广和应用，需要心理咨询行业内的专业人员进行修正和完善。

（一）“智慧咨询”系统

台湾东华大学陈复教授在心理学理论建构上，与王阳明的心学展开对话，提出了“心学心理学”的概念，并在心理咨询实务上发展出“智慧咨询”系统，让源自西方文化的心理咨询开始本土化，并通过智慧咨询系统来完成心学的社会实践工作。

智慧咨询系统的根基，来自心学心理学的理论，目前已发展出较为成熟的几项咨询技术，如良知导引术、梦境解析、冥想治疗等。

（二）平衡心理疗法

青岛大学毕希名教授提出平衡心理疗法。毕希名教授认为，平衡是一种稳态，稳态是相对的，整个世界通常都处于一个相对平衡的状态。心理平衡指的是认识合理、不纠结（认知），情绪平稳、不痛苦（情绪），行为积极且有效（意志）。

该疗法用平衡的观点解析世界上很多问题，认为包括人的心理问题在内，均与一个系统的稳态被破坏有关。也就是说，人的心理出了问题，其本质是心理不平衡。“衡者，恒也”“平衡者，至美也”，惟齐心协力恢复心理平衡才是解决问题的上策。将“道法自然”“中庸之道”作为心理咨询本土化的母本，与国外行为主义、精神分析和人本主义心理学等理论进行嫁接，以此解释现代人的心理轨迹和心理困扰所带来的种种现象。通过启发引导来访者一分为二地看问题，从而达到解决来访者在生理与心理以及知、情、意之间的不平衡，最终取得良好的咨询效果。

（三）两仪心理疗法

上海交通大学心理咨询中心总督导杨文圣博士，基于易经思想，整合西方智慧，提出中国本土化心理咨询理论——两仪心理疗法。

该疗法认为，人的内心存在阴阳两种力量，其中阳为人心的主动性，阴为执着性。心理咨询的目标是要改变来访者心中的力量对比，使人心的主动性占据优势，但也无须消灭执着性。为了实现这一目标，心理咨询师可以围绕6个维度和来访者展开对话，这6个维度是时间（过去—将来）、行动（认知—行为）、参照（基点—目标）、身体（安静—放松）、利益（舍弃—争取）和同情（自我—他人）。每个维度均蕴含一系列具体的、可操作的心理咨询策略，心理咨询师可以根据咨询的实际情况进行灵活选用。在操作上，两仪心理疗法效法自然界的四时变化，将心理咨询的会谈过程划分为春夏秋冬四阶段，每个阶段都有各自的工作要点。心理咨询就是一次次四时轮回：一次会谈就是一次四时轮回，多次会谈就是多次四时轮回。

（四）意象对话疗法

意象对话疗法由北京林业大学朱建军教授创立。意象对话疗法是从精神分析和心理动力学理论的基础上发展出来的，这一疗法创造性地吸取了梦的心理分析技术、催眠技术、人本主义心理学、东方文化中的心理学思想等。心理咨询师通过引导来访者进行想象，了解来访者的潜意识心理冲突，对其潜意识的意象进行修改，从而达到治疗效果。

意象对话疗法的根本的特点是，心理咨询和治疗是在人格的深层进行的，是用原始认知方式进行的，它是一种“下对下”的心理治疗。心理咨询师和来访者的关系，就像两个不使用逻辑思维的原始人。

该疗法可以治疗恐怖症、抑郁性神经症、癔症、焦虑症等多种神经症，效果显著，特别适用于恐怖症和抑郁性神经症。对心身疾病也有一定的疗效。对正常人的情绪问题、心理发展问题也有很大作用。意象对话疗法对治疗儿童的症状，效果更为显著，因为儿童想象力更丰富，形象思维占优势。

五、心理咨询本土化存在的问题

心理咨询本土化的过程中存在许多的难题，其中最为显著的问题有两点。

1．开展心理咨询元理论研究的组织和个人较少

心理咨询本土化的研究一般包括元理论和实体理论的研究。实体理论的研究对象是一些特殊的和具体的心理现象或问题，而元理论主要依赖于抽象思辨的方法得来，是一门学科的基础理论，是实体理论和研究方法的指导思想和指导原则。

目前，我国心理咨询本土化研究主要集中于实体理论层面，对元理论以及哲学或宏观层次的理论研究很少，而且这种研究大多是在西方理论和概念指导下进行的，缺少真正扎根于本土化的研究工作，上文提到的平衡心理疗法和两仪心理疗法的研究还仅仅处于雏形阶段，理论推广范围狭窄，没有引起国内心理咨询人员的重视和共鸣。

2．缺乏心理咨询本土化的研究方法

目前，我国心理咨询本土化的研究方法大多数仍然套用西方的传统方法，没有体现出中国特色。如果能从西方心理学两个主义对立分裂所造成的理论不足、视野狭窄、自我中心的弊端出发，在肯定西方心理学已有成果的基础上，采用本土化的研究方法，来获得本土化的理论和概念，就能够建立起切合我国人民心理与行为的心理咨询理论体系。

在心理咨询本土化的研究取向上，不能只囿于简单的心理学取向、社会学取向或文化人类学取向中的一种，而应该明确心理咨询的哲学基础和科学基础，博采众家之长，拓宽本土化研究的思路和方法。

总之，在心理咨询本土化的历程中，我们看到的是不是入乡随俗，而是“削足适履”，这是本末倒置的做法，其应为“削履适足”，因为“足”是本，“履”是末。

我国台湾学者杨国枢先生在《社会及行为科学研究的中国化》一书中写道：我们所探讨的

对象虽是中国与中国人，所采用的理论与方法却几乎全是西方的或西方式的。在日常生活中我们是中国人，在从事研究工作时我们却变成了西方人。在这种情况下，我们充其量只能亦步亦趋，以赶上国外学术潮流为能事。在研究的数量上，我们无法与西方相比；在研究的性质上，也未能与众不同。在这本书里，杨国枢先生其实点明了目前国内心理学研究的现状，内蕴了构建中国本土化心理学和心理咨询理论的必要性，以及探究适合我国心理咨询实际的本土化模式的重要性。

六、心理咨询本土化的任务

我国目前流行的心理咨询大部分所使用的概念、构建的理论、操作的技术与方法即基本框架都是西方尤其是美国文化的产物。但是，心理咨询的实践发现，现有的西方咨询理论中有许多并不适合我国人民心理的观点和做法，因此，心理咨询本土化必然面临着两大任务，即心理咨询理论与心理咨询方法的本土化。

（一）心理咨询理论的本土化

我国心理咨询行业迟迟发展不起来的主要原因首先是西方的理论框架不符合我国的国情。在拿来西方心理咨询理论借鉴的同时，不能简单套用或照搬西方心理咨询模式，一定要在真正消化、吸收和改进的基础上，结合我国人民的心理特点，补其不足，创立全面而实用的本土化理论体系，逐步建立起适应我国国情和民族人格特点的心理咨询模式。

中华文化源远流长，数千年积累下来的许多民间生存智慧，都折射出人们对心理问题的综合性理解。要能够真正反映我国人民的心理特点，进而构建出我国心理咨询的理论框架，就必须根植于中华优秀传统文化之上。

（二）心理咨询方法的本土化

心理咨询方法的本土化是指应用于本土来访者的各类心理咨询的方法要符合来访者的民族特征和文化背景，不能生搬硬套西方的各种方法与技术。

首先，要促进心理咨询方法的多元化。传统心理咨询的弊端日益暴露出西方心理咨询方法与技术的局限性和不适宜性，它难以有效地运用于当代社会日益多元化的实际。多元文化主义目前已经成为继精神分析、行为主义、人本主义之后影响心理学的第四股思潮。在多元文化思潮的影响下，心理咨询具有了新理念，即在一定程度上，所有心理咨询活动本质上都具有多元文化性和跨文化性。

其次，要建立本土化心理诊断体系。目前我国的变态心理学教材以及临床心理机构，对心理问题的诊断标准仍然习惯于使用ICD-11（《疾病和有关健康问题的国际统计分类》第11版）和DSM-V（《精神障碍诊断与统计手册》第5版），而不愿意使用CCMD-3（《中国精神障碍分类与诊断标准》第3版）。这未免会存在自我实现语言的困境：当一种非本国的心理疾病出现在大众视野，强烈的心理暗示会使这种心理疾病扎根。我们需要积极探索基于中国特色理论框架而非西方的诊断体系，来避免这种心理学意义上的文化入侵。

最后，要创立本土环境下的心理咨询方法。目前流行于我国心理咨询领域的各类方法与技术，绝大多数仍然照搬了西方社会流行的方法与技术，不具有中国特色和本土化特征。以沙盘游戏为例，沙盘游戏工作室主要有干沙沙盘和湿沙沙盘两种沙盘，以及分类齐全的沙盘模型，而这些沙盘模型，正是象征性的载体，它包括各种人物、动物、植物、建筑材料、交通工具以及宗教和文化等造型。来访者可以从摆放各种微缩模具的架子上自由挑选小模具，摆放在盛有细沙的沙盘里，创造出一些场景，然后由心理咨询师或治疗师运用荣格（C. G. Jung）的“心象”理论去分析来访者的作品。目前，沙盘与沙盘模型已经成为各大中小学甚至一些机关部门心理辅导室的标配，但是，从琳琅满目的沙盘模型中，很难找到来自我国文化背景的小模具。在我国成长起来的来访者从小耳濡目染的是中国的历史故事和神话故事，他们非常熟悉孙悟空、猪八戒，也很了解梁山一百零八将，但是，沙盘游戏中却偏偏缺乏了中国的历史和神话元素。对于一个从未接触过西方神话的来访者来说，他难以从充满西方文化特色的微缩模具架子上，挑选到一件真正能够表达他意识或潜意识层面的思想和情绪的模具。

七、心理咨询本土化的注意点

心理咨询本土化进程中需要注重国外心理咨询理论和方法的同时，也要注重我国古代心理咨询与治疗的经验。我国古代中医、传统的养生之道、民俗活动中都蕴含着丰富的心理咨询与治疗的思想。

心理咨询本土化应注意以下几点：

（1）立足国内的实际情况，从中国人的心理状况及中国的社会状况和文化背景出发，建立中国本土化的心理咨询体系。

（2）对国外的心理咨询理论和方法采取拿来、改造和摒弃的做法。国外已经出现的理论、方法、概念、范畴可以直接运用到我国的心理咨询中，采取拿来主义，大可不必另起炉灶；不能直接用而其又存在可利用成分的，采用改造主义，进行合理改造后为我所用（如许多测试手段），前两种做法都行不通，就毫不犹豫地摒弃，以免阻碍中国本土化心理咨询的发展。

（3）对我国传统文化中蕴含的心理咨询思想，要找到其精髓，吸收其合理成分，冠之以现代的心理概念体系，但不可照搬，更不能夹杂封建迷信的色彩。对封建迷信活动中的心理咨询思想的分析研究，必须采取科学的态度，慎重对待。

（4）防止用我国古代心性修养的思想、方法取代现代心理咨询与治疗理论和方法的做法。我国传统心性修养之学的特点是着眼于普通人的日常生活，接近常识，一般人容易掌握，主要依靠自己而不依靠他人，能充分调动当事人自身的能动性。西方心理咨询与治疗理论和方法的特点则是除了某些理论和方法之外，大多数强调心理咨询师和治疗师的主导作用，专业性较强，对有较严重心理障碍者效果显著。两者应相互借鉴、补充，而不能彼此替代。

（5）走多元化心理咨询与治疗的发展道路。既不能因为着眼于本土化而不重视科学性，也不能因为注重科学性而忽视本土化；既不能因为本土化而否定西方心理咨询与治疗理论和方法，也不能因为本土化心理咨询与治疗理论和方法尚未形成而否定其发展的价值。这种心理咨询与治疗观的变革必将有助于我国心理咨询与治疗本土化的发展，以及与其他文化圈中的心理咨询理论的沟通和衔接，最后使得中国本土化心理咨询与治疗理论和方法成为世界多元化心理咨询与治疗理论中的一员。

（6）心理咨询与治疗本土化与全球化同步发展。心理咨询与治疗本土化与全球化应该是平衡发展的。事实上，经过这么多年中西文化的交流，中西文化一直处在冲突和融合之中，我们很难单纯从我国传统文化看待当代中国人，也很难说在他们身上就已经全部体现西方文化的特点。当代中国人的思想观念中已经出现了中国传统文化与西方文化的杂合，而且这个杂合体中充满着矛盾，他们的心理活动同传统文化下的中国人有明显差别，所以我们不能仅以传统文化下的中国人作为对象来对心理咨询与治疗进行简单的本土化。我们在大谈本土化的时候，必须考虑到全球化问题，也就是说不能离开全球化来谈本土化。

思考·探究

1．在维护社会大众心理健康的活动中，如何促进他们理解并接受心理咨询？
2．在心理咨询实践中，如何融合和区分心理咨询与心理治疗？

第二章　合格心理咨询师的条件

从事任何职业都需要具备一定的条件。心理咨询是一种特殊的助人工作，从事这项工作的人员一般被称为心理咨询师。心理咨询师不但要了解来访者的内心世界，洞悉来访者的生活隐私，还要用自己的专业知识和技术为来访者服务，帮助他们认识心理困难的真正原因并改正适应不良的行为，促进心理的发展与成长。但是，一名即将准备从事和正在从事心理咨询工作的人员是否能够成为合格的心理咨询师，往往取决于他是否已经满足了特定的条件要求，比如，是否具备坚实的基础知识、专业知识和专业技能，是否具有良好的职业道德和心理素质等。

第一节　心理咨询人员的从业现状

一、心理咨询师的定义与工作任务

1. 心理咨询师的定义

劳动保障部于2001年委托中国心理卫生协会组织有关专家开发完成心理咨询师国家职业标准，对心理咨询从业人员的职业活动内容和知识技能要求等都作出了界定。《心理咨询师国家职业标准》中提出，心理咨询师是运用心理学以及相关学科的专业知识，遵循心理学原则，通过心理咨询的技术与方法，帮助来访者解除心理问题的专业人员。

2015年，人力资源和社会保障部联合国家质检总局、国家统计局颁布《中华人民共和国职业分类大典（2015年版）》，将“心理咨询师”作为第二大类“专业技术人员”收录其中，同时明确了职业定义和主要工作任务等。

2. 心理咨询师的主要任务

心理咨询师的主要任务如下。

（1）与咨询对象进行交谈，了解其心理状况。

（2）分析咨询对象提供的信息，引导其寻求诱发心理问题的原因和认知因素。

（3）确定咨询切入点和切入方式，指导咨询对象解决心理问题。

（4）运用心理测验方法，进行咨询对象心理测评，解释测验结果。

（5）提出基于咨询对象个人性格特点的心理问题解决方法。

（6）研究、改进心理问题分析和咨询技术。

（7）介绍心理问题严重的咨询对象接受专业的心理治疗。

二、心理咨询师的职业技能鉴定

2005年，劳动保障部组织专家对《心理咨询师国家职业标准》进行了修订。同时，指导开发了心理咨询师培训教材，并组织开展了心理咨询师国家职业资格全国统一鉴定工作。截至2016年底，全国共有205万人次参加心理咨询师鉴定，其中107万人次经鉴定合格，取得职业资格证书。

2017年9月，经国务院同意，人力资源和社会保障部印发《关于公布国家职业资格目录的通知》（人社部发〔2017〕68号），公布实施国家职业资格目录，“心理咨询师”未列入目录。根据规定，目录之外一律不得进行职业资格许可和认定。据此，停止了心理咨询师职业技能鉴定和职业资格证书有关工作。

三、心理咨询从业人员的职业发展

2020年11月11日《人力资源社会保障部对十三届全国人大三次会议第9718号建议的答复》中提出：目前，心理咨询相关从业人员可以通过卫生专业技术资格考试和职称评审等实现职业发展。心理治疗专业技术人员是卫生专业技术人员的重要组成部分，可以按照规定参加卫生系列职称评审。卫生职称系列共设置初、中、高三个级别。其中，初、中级实行以考代评的评价方式，由人力资源和社会保障部会同国家卫生健康委员会共同组织实施。初、中级卫生专业技术资格考试均设置了“心理治疗”专业，从事心理治疗的卫生专业技术人员可以按规定报名参加考试并取得相应专业技术资格。下一步，人力资源和社会保障部将根据经济社会发展和心理咨询行业对人才需求的变化，完善更新“心理咨询师”职业定位与职业要求，为指导心理咨询从业人员的培养培训提供基本依据。完善心理咨询从业人员评价考核，发挥人才评价指挥棒作用，激发从业人员参训动力，增强职业素养，提升职业能力，使其更好适应行业发展趋势和岗位需求。结合心理健康行业发展及立法情况，会同国家卫生健康委员会统筹研究心理健康人员队伍建设等有关问题。

四、心理咨询人员的从业现状

相较于快速增长的心理健康需求，目前我国心理咨询师的人才缺口巨大。100多万的心理咨询师队伍面对我国14亿人口的心理健康需求，可以说是杯水车薪。心理咨询师广阔的就业前景激发了许多人的从业梦想。但是，由于国家缺乏统一的心理咨询市场的准入制度和严格的心理咨询市场的管理与监督机制，当下，我国的心理咨询从业者队伍呈现出一种良莠不齐、鱼龙混杂、泥沙俱下以及劣币驱逐良币的非正常现象。

心理咨询不是“心灵鸡汤”，而是一个非常特殊的助人自助过程。心理咨询的从业者必须具备扎实的心理咨询专业知识，并接受严格而规范的心理咨询操作实践培训。在某些国家，一个心理咨询师的成长，除了要在大学进行严格的专业知识和技能的学习外，至少还要经过两年的专业培训和两年的专业督导。但在我国心理咨询领域的许多从业人员，根本没有在大学里系统地学习过心理学、医学、生物学、社会学和教育学等学科知识，仅仅通过几个月的速成培训后直接上岗开业。

五、心理咨询从业人员的就业途径

随着国家及个人对心理健康重视程度的提高，心理咨询从业人员的就业渠道也越来越广。从《江苏省精神卫生条例》（2022年5月31日通过，2022年9月1日起施行）中可以归纳出心理咨询从业人员的就业途径除自己设立心理咨询机构外，还包括以下几种途径。

（1）城乡社区心理咨询服务场所。

（2）市级心理援助热线平台。

（3）企事业单位心理健康辅导室。

（4）学校心理健康教育中心或心理健康辅导室。

（5）社区心理矫正中心。

（6）乡镇卫生院、社区卫生服务中心心理咨询室。

六、心理咨询从业人员的执业规范

为了保证心理咨询人员能够合规、合法地开展心理咨询工作，国家和地方政府已经制定了相关的法律和法规。

《中华人民共和国精神卫生法》（2012年10月26日通过，2013年5月1日起施行）中对心理咨询人员执业规范的法条如下。

第二十三条：心理咨询人员应当提高业务素质，遵守执业规范，为社会公众提供专业化的心理咨询服务。心理咨询人员不得从事心理治疗或者精神障碍的诊断、治疗。心理咨询人员发现接受咨询的人员可能患有精神障碍的，应当建议其到符合本法规定的医疗机构就诊。心理咨询人员应当尊重接受咨询人员的隐私，并为其保守秘密。

第七十六条：有下列情形之一的，由县级以上人民政府卫生行政部门、工商行政管理部门依据各自职责责令改正，给予警告，并处5000元以上10000元以下罚款，有违法所得的，没收违法所得；造成严重后果的，责令暂停6个月以上1年以下执业活动，直至吊销执业证书或者营业执照：①心理咨询人员从事心理治疗或者精神障碍的诊断、治疗的；②从事心理治疗的人员在医疗机构以外开展心理治疗活动的；③专门从事心理治疗的人员从事精神障碍的诊断的；④专门从事心理治疗的人员为精神障碍患者开具处方或者提供外科治疗的。

心理咨询人员、专门从事心理治疗的人员在心理咨询、心理治疗活动中造成他人人身、财产或者其他损害的，依法承担民事责任。

另外，全国各个省市也都制定了地方性的相关条例。以江苏省为例，《江苏省精神卫生条例》中对心理咨询人员的执业规范提出以下要求。

第二十条规定：鼓励组织和个人依法设立心理咨询机构，提供专业化、规范化的心理健康服务。心理咨询机构以及心理咨询人员应当遵守执业规范，提高业务能力和水平，提供以下服务：①一般心理状态与功能的评估；②心理发展异常和认知、情绪、行为问题的咨询与干预；③社会适应不良的咨询与干预；④国家和省规定的其他心理咨询服务。

心理咨询机构以及心理咨询人员发现接受咨询的人员需要心理治疗或者可能患有精神障碍的，应当建议其到符合规定的医疗机构就诊。心理咨询机构以及心理咨询人员不得从事心理治疗或者精神障碍的诊断、治疗。

第二十一条规定：卫生健康部门应当加强对心理咨询服务的业务指导和监督管理，规范心理咨询服务活动。心理咨询行业协会应当加强行业自律，建立健全行业规范，督促心理咨询机构和心理咨询人员依法从事心理咨询活动。

第二节　合格心理咨询师的从业要求

心理咨询是一门特殊的助人职业，对从业者有着较高的要求。来访者前来咨询就是为了能够调整好自己的心态，更有效地学习和工作，更积极地面对生活中的各种问题，从而提高生活质量，充实而愉快地生活。一名心理咨询师必须具备非常丰富的人生经验、趋近完美的人格特征、敏捷的创造性思维、特殊的能力倾向、较强的理论研究能力，才能帮助来访者认清自己的认知过程、情绪情感过程、意志行为过程以及个性倾向、人格特征和人际互动模式，用更成熟的心理机制去应对外界的各种刺激，提高自己的社会适应能力，保持健康正常的心态和良好的情绪体验。所以，一名合格的心理咨询师在具有较好的心理品质前提下，必须能够遵循心理咨询师的职业道德，具备扎实的心理咨询基础知识、专业知识以及相关知识，具有较高的心理诊断与评估能力，掌握娴熟的心理咨询与治疗技术。

下面就从知识、技能、能力、职业道德及心理素质五个方面来阐述合格心理咨询师必须达到的要求。

一、知识方面

知识是个体通过与环境相互作用后获得的信息及其组织，是认知经验的概括。要从事心理咨询职业就要有必备的理论知识。心理咨询不是仅仅靠着心理咨询师良好的愿望、满腔的热情和一般的常识来安慰、劝说那些处于困境中的来访者或鼓励来访者与心理疾病进行斗争，而是要用科学的助人知识来帮助来访者，使他们认识到困扰自己的真正原因，改正或放弃适应不良的行为，使自己的人格和心理发展成熟起来。实践已表明，来自心理咨询师廉价的心理安慰，反而会引起来访者的不解、反感和阻抗，导致心理咨询的失败。

因此，要成为一名合格的心理咨询师，就必须牢固掌握心理咨询的基础知识、专业知识和与之相关的各种知识。

1. 基础知识

2017年前，《心理咨询师国家职业标准》中规定，具有心理学、教育学、医学专业专科及以上学历的人员，都可以申报心理咨询师职业资格。具有其他专业本科以上学历的人员，只要经过规定标准学时数的职业培训，取得结业证书，也可以申报心理咨询师职业资格。因此，从申报心理咨询师职业资格的条件中就可以看出，除了心理学本专业的人员以外，其他专业的人员也是可以从事心理咨询职业的。但是，根据职业标准的要求，不管是心理学还是非心理学专业背景的从业人员，都必须掌握基础心理学、发展心理学、社会心理学、人格心理学等学科知识。这些学科的内容主要介绍了个体心理成长的一般规律以及个体和群体在与环境交互作用下的心理特征与从属行为，是带有普遍意义的基础理论知识。

2. 专业知识

心理咨询的会谈与普通的聊天对话之间，最主要的区别就是心理咨询是一个有意识地运用心理学理论、方法和治疗模式的结构化的过程，而“结构化”的基石就是心理咨询师所具有的专业知识。这些专业知识一般涉及以下三个方面。

（1）关于个体人格成长与变异的深层根源及无意识过程的理论，包括人格与行为改善的各种理论假设与分析模型，从而有利于心理咨询师对个体行为差异做出恰当的解释。作为心理咨询师需要系统地熟悉各种人格理论学派的观点，要对精神分析、人本主义、行为主义、认知主义、格式塔理论、女性主义、符号学及现象学等学派之间的相容性与差异性具有足够的敏感性与理解性，在心理咨询实践中，能够熟练整合这些学派的理论，综合运用，最终达成心理咨询的目标。

（2）关于心身医学、心理病理学、神经症状学和脑科学的相关知识，这些知识通常在精神病学、变态心理学、健康心理学、咨询心理学、神经生理学、遗传学、心理测量学等学科的学习中获得。

（3）关于咨询面谈与临床干预的有关技术知识，如咨询面谈的有关伦理准则和工作原则，面谈反应方式（语言的、行为的、情感的反应）以及它对来访者的作用，各种语言与非语言信息对咨询效果的影响等。

3．相关知识

心理咨询实践要求，心理咨询师的知识结构应是多元化的、立体的，而不是单一的、平面的。心理咨询师需要了解医学、哲学、人类文化学、社会学、教育学、逻辑语言学、语义与行为分析学、民族习俗与宗教等涉及人类心理和行为相关学科的知识以及与心理咨询相关的法律法规，甚至还要涉猎天文、地理、历史、政治、生物、物理、化学、音乐、美术、舞蹈、体育、电竞、军事等各类学科的知识。这些知识有利于树立心理咨询师的权威形象，促进来访者与心理咨询师建立起良好的咨访关系。

二、技能方面

技能是个体运用已有的知识经验，通过练习而形成的一定的动作方式或智力活动方式。在心理咨询过程中表现出的技能也被称为技巧，如会谈技巧等。教育心理咨询专家卡瓦纳（S. R. Cavanagh，1982）曾经说过，一个好的心理咨询师应当是个人品质、学术知识和助人技巧的结合体，因此，一名合格的心理咨询师必须掌握熟练的助人技巧，才能具备助人自助的技能。

心理咨询的技能带有一定的操作技术性质，所以也被称为操作技能，一般以行为方式的形式为心理咨询师所掌握。合格的心理咨询师必须掌握的操作技能一般包括心理诊断技能、心理咨询技能和心理测验技能。

1．心理诊断技能

心理诊断是对来访者的心理活动和人格特征进行评估和鉴定的过程，目的是确定来访者心理变化的程度和性质。在对存在心理问题的来访者进行干预时，心理诊断也被当作心理问题评估，指的是心理咨询师通过访谈、测验、观察、个案、问卷等方法收集来访者的信息，并运用分析、推论、假设等手段对其心理问题的基本性质加以判定的过程。心理诊断常用的方法包括调查法、观察法、会谈法、实验法、作品分析法及心理测验法等。对于三级心理咨询师而言，心理诊断技能一般包括初诊接待的技能、资料搜集与整理的技能和初步诊断的技能。对于二级心理咨询师来说，除了要具备以上三级心理咨询师所具备的技能外，还需要掌握鉴别诊断的技能，尤其是关于神经症与精神病的鉴别诊断以及如何识别重性精神病和各类人格障碍等方面的技能，同时，还必须能够分析来访者心理与行为问题的病因，了解来访者各类症状是否由生物学因素、社会性因素或心理因素所引发。

2．心理咨询技能

心理咨询技能是心理咨询师的核心技能。三级心理咨询师必须具有运用尊重、热情、真诚、共情与积极关注等与来访者建立良好咨访关系的技能，并能够与来访者共同商定咨询目标和咨询方案，熟练使用参与性技术、影响性技术、放松训练、阳性强化法、理性情绪疗法等技术帮助来访者。二级心理咨询师在三级心理咨询师已经具备的技能基础上，还需要能够熟练使用系统脱敏疗法、冲击疗法、厌恶疗法、模仿法、生物反馈法、认知行为疗法、来访者中心疗法等技术进一步帮助来访者。

3．心理测验技能

心理测验是根据一定的法则和心理学原理，使用一定的操作程序给来访者的认知、行为、情感的心理活动予以量化。心理测验是心理测量的工具，心理测量在心理咨询中能帮助来访者了解自己的情绪、行为模式和人格特点。三级心理咨询师必须熟练掌握智力测验、人格测验、心理与行为问题评估、应激及相关问题评估等技术。而二级心理咨询师不仅要会使用以上的各类测量技术，还要能够对各种测验结果做出合理的解释。

三、能力方面

能力是完成一项目标或者任务所体现出来的综合素质。在心理咨询活动中，能力是指能够直接影响心理咨询活动效率，并使心理咨询活动顺利完成的心理咨询师的个性心理特征。心理咨询师一般要具备较高水平的观察能力、逻辑思维能力、表达能力、人际沟通能力和自我控制能力。现将合格的心理咨询师应该具备的能力类型归纳如下。

1．观察能力

合格的心理咨询师需要具备细微敏锐的观察能力，才能够捕捉到来访者在表情、肢体动作、语气、语态及语速等细节方面的变化，更深入而全面地了解来访者。

2．倾听能力

一名合格的心理咨询师必须充当来访者的听众，做到不仅能听清楚来访者表达的表面内容，还要能理解其深层次的内涵，并做出恰当的反馈。

3．共情能力

心理咨询师如果具有高级的共情，不但能感同身受地理解来访者的感性世界，也能懂得他的理性世界；不但能体验他的心情，还能陪伴他思考和解决问题。心理咨询师的共情还能让来访者感受到自己被接纳。

4．沟通能力

沟通贯穿于心理咨询的整个过程。沟通既是合格心理咨询师的技巧，也是合格心理咨询师的能力。

5．逻辑思维能力

逻辑思维能力是指正确、合理思考的能力。心理咨询过程中，合格心理咨询师的逻辑思维能力是指在对来访者进行观察的基础上，能够对收集的资料进行比较、分析、综合、抽象、概括、判断及推理，对来访者的心理与行为问题形成正确心理诊断的能力。同时，成熟的心理咨询师的思维还要具有高度的敏捷性和灵活性。敏捷性是指心理咨询师要对来访者的言行形成即时的内在感应和外在回馈，而灵活性则指心理咨询师能够根据与来访者互动的具体情况，适时进行调整，不断变化探讨的方向或角度。

6．表达能力

表达能力又称表现能力或显示能力，它是指一个人把自己的思想、情感、想法和意图等，用语言、文字、图形、表情和动作等清晰明确地表达出来，并能够让他人理解、体会和掌握的能力。一名合格的心理咨询师应该能够及时、顺畅地运用恰当的语言、表情、姿势和动作向来访者进行表达，并让来访者能够接受这种表达。

7．自我控制与调节心理平衡能力

自我控制能力是指一个人对自身的冲动、感情、欲望的控制能力，是理性判断后执行理性行为的能力。心理咨询师在心理咨询活动前、活动中，都可能遭遇各种刺激或诱惑，只有具有较强的自我控制能力才能够实现对自身心理与行为的主动掌握。

调节心理平衡能力实际是对心理失衡问题的处理能力，也称为调适能力。合格的心理咨询师一方面能够平衡来自来访者的各种信息，有能力将一天中由负面信息造成的不良情绪排除；另一方面也能够平衡自己的生活，将自己在生活中的矛盾和冲突解决在咨询室外，确保在心理咨询过程中保持相对的心理平衡。

8. 想象力

想象力是人在大脑中描绘图像、声音、味道等五感内容以及疼痛和各种情绪体验的能力，可以让人达到身临其境的体验。在心理咨询过程中，具有丰富想象力的心理咨询师，能够从来访者的只言片语及零散的叙述中，形象而直观地想象出来访者的生活状态，这样一方面可以促进心理咨询师对来访者的了解，另一方面也可以促进来访者对自己的觉察。

9. 学习能力

随着社会环境和自然环境的快速变化，各种新的社会问题和知识理念越来越多，身处变化之中的人们已经感到应接不暇。作为一名合格的心理咨询师，就需要在知识、观念和思路上都要不断接受新鲜的事物，紧紧跟上时代发展的潮流，积极去学习、钻研、消化并应用在心理咨询与治疗过程中不断出现且行之有效的各种新模式、新工具。

10. 心理反应敏感

无论是语言还是非语言（如表情、动作、服饰、发型、肌肉抽动、眼睛等）都能够反映一个人的心理活动，合格的心理咨询师能够对来访者的心理活动保持敏感，同时，也能够对自己的心理保持高度的敏感，并对于因自己的心理影响而造成来访者心理活动的变化，做出即时的反应。

四、职业道德方面

心理咨询所遵循的基本模式是教育和医疗，因而心理咨询师应兼有师德和医德两方面的品格。

1. 热爱咨询事业，有助人为乐的高尚品格

心理咨询是一项助人的工作，从事这项工作的心理咨询师需要有一颗乐于助人的爱心和耐心，能够理解、同情、关怀来访者，并愿意为此付出时间和精力。

2. 保护来访者的切身利益，尊重他们的人格和意愿

心理咨询师要以自己的态度和行为，让来访者确信他们的自我暴露能够得到保密。尊重隐私、保守秘密，绝不能拿来访者的隐私与咨访关系以外的人随意议论取乐，这是心理咨询师最基本的职业道德。

不管来访者的性格、气质如何，是否存在生理缺陷或某种怪癖，心理咨询师都不得歧视和嫌弃，而要以诚相见、平等待人，尊重来访者的人格。

心理咨询师要善于倾听来访者的意见，了解他们的需求，在可能的情况下尽量满足他们的合理需要。如遇到不一致的情况，要以尊重来访者的意愿为主，不可强令执行。

3. 不在咨访关系中寻求个人需要的满足

心理咨询是帮助来访者摆脱精神上的烦恼和困惑，绝不允许心理咨询师在咨访关系中寻求个人需要的满足。

心理咨询师不得利用专业地位获取私利，也不能够在规定的收费之外，向来访者索求金钱或物质馈赠，即使来访者自愿奉送，心理咨询师也应谢绝。

心理咨询师不能把个人的情绪带进心理咨询过程中，不能向来访者宣泄自己的烦恼和不幸，更不能对来访者在情感上寄托爱憎和依恋。在咨访关系建立之前，心理咨询师应当首先与来访者建立良好的人际关系，但是与来访者之间不得产生和建立咨访以外的任何关系，尽量避免双重或多重关系。心理咨询师在与某个来访者结束咨访关系之后，至少3年内不得与来访者发生任何亲密或性关系。

4. 以良好的伦理道德观念指导来访者

帮助来访者排除心理障碍、恢复心理平衡是心理咨询的重要任务之一。但恢复来访者的心理

平衡不能以损害其他人的利益为代价，也不能在心理咨询过程中通过对其他人的贬低、诽谤来达到让来访者发泄自己怨气的目的。在帮助来访者克服心理障碍的时候，应以良好的伦理道德观念来加以引导。

5. 及时寻求督导或其他专业人员的帮助

心理咨询师应该关注自我保健，当意识到个人的生理或心理问题可能会对来访者造成伤害时，应寻求督导或其他专业人员的帮助。心理咨询师应警惕自己的问题对服务对象造成伤害的可能性，必要时应限制、中断或终止临床专业服务。

6. 实事求是地介绍自己，不贬低其他专业人员

心理咨询师在工作中需要介绍自己的情况时，应实事求是地说明自己的专业资历、学位、专业资格证书等情况，在需要进行广告宣传或描述自己的服务内容时，应以确切的方式表述自己的专业资格。心理咨询师不得贬低其他专业人员，不得以虚假、误导、欺瞒的方式对自己或自己的工作部门进行宣传，更不能进行诈骗。

7. 言行应遵循专业伦理规范

当通过公众媒体（如讲座、演讲、电台、电视、报纸、印刷物品、网络等）从事专业活动，或以专业身份提供劝导和评论时，心理咨询师应注意自己的言论要基于恰当的专业文献和实践，尊重事实，注意自己的言行应遵循专业伦理规范。

五、心理素质方面

肖汉仕教授认为：心理素质是在遗传基础之上，在教育与环境影响下，经过主体实践训练所形成的性格品质与心理能力的综合体现。其中的心理能力包括认知能力、心理适应能力与内在动力。心理素质对内制约着主体的心理健康状况，对外与其他素质一起共同影响主体的行为表现。

良好的心理素质是心理咨询师应当具备的首要条件，是心理咨询师做好心理咨询工作的最重要因素。如果一个心理咨询师不具备助人自助的心理素质，他的知识和技术就不会有效地发挥作用，他本人也就只能是一个技术工匠而已。

（一）观点正确

观点是观察事物时所处的立场或出发点。合格心理咨询师在心理咨询过程中应该具有正确的唯物主义观点、普遍联系观点、限制性观点及历史—逻辑—现实相统一的发展观。

1. 唯物主义观点

心理咨询是遵循科学的法则，来处理来访者的心理与行为问题的，心理咨询师不能只凭个人经验或利用来访者对心理学的盲目信任去开展心理咨询。因此，心理咨询师在心理咨询过程中，必须坚持唯物主义观点，遵循从实际出发，而不是从理论出发的原则。

2. 普遍联系观点

心理咨询师首先必须坚持心身一体的观点，因为来访者的心理和生理是相互作用、互为因果的关系。当心理问题产生时，可以导致躯体化倾向，而当生理状况欠佳或存在某些不足时，也会引起心理上的焦虑不安或产生自卑感等。其次，心理咨询师还要坚持心理、生理和社会因素交互作用的观点，因为来访者的心理问题往往会存在一因多果、一果多因或互为因果等错综复杂的现象，需要分析同一时间内各种因素对心理问题的横向影响，也要从历史发展的角度去分析以往事件对当前心理问题的纵向影响。事实上每一种心理问题，原因都是立体式的，既有横向也有纵向诸因素的作用，心理咨询师要用普遍联系的观点把握问题的真实原因。最后，心理咨询师也要

坚持整体性观点，因为来访者的任何一种心理和行为，都是和来访者的整个心理活动联系在一起的，即“牵一发而动全身”。同时，在选用心理咨询方法时，综合运用的效果比单一方法更好，即“整合心理咨询”效果更加明显。

因此，心理咨询师要对来访者的心理问题做到全面考察、系统分析，要把握各类要素之间的内在联系，既能考虑心理、生理及社会因素之间的相互制约和影响，又能综合运用各种咨询方法与技术，以使心理咨询工作准确有效，防止或克服心理咨询过程中的片面性。

3. 限制性观点

首先，是职责的限制。主要表现为：来访者心理行为的改变，在于咨访双方的共同努力，而不完全是心理咨询师的责任；心理咨询师的任务在于帮助来访者解决心理问题本身，而不包括引发心理问题的具体事件。

其次，是时间的限制。每次咨询的时间一般在50分钟左右（初次咨询可适当延长），不可以随便延长。两次咨询之间的间隔至少在3天左右，以一周一次咨询为最佳。当然，咨询时间的限定，不是绝对的，可以根据来访者的具体情况做适当调整，增加或减少咨询次数或间隔时间。咨访关系终结后，表示本轮心理咨询结束，心理咨询师与来访者的咨访关系必须终止，也不能以朋友关系出现。

再次，是感情的限制。心理咨询师与来访者彼此间的沟通必须限制在工作范围内，感情因素必须严加控制。心理咨询师对来访者的关心，只能限制在来访者的心理问题或心理障碍方面，除此之外，不能有意或无意地涉及其他的问题。

最后，是咨询目标的限制。心理咨询目标只能锁定来访者的心理问题。如果来访者同时存在多个方面的心理问题需要咨询，心理咨询师应该与来访者协商，设置一个总体目标，下设若干局部目标，但在同一时间段里，心理咨询师与来访者只能锁定一个（或一种）心理问题作为局部的咨询目标。另外，在心理咨询的各个阶段以及最后结束咨询时，最终能将心理问题解决到什么程度，这也是有限制的。

4. 历史—逻辑—现实相统一的发展观

在心理咨询开始时，首先心理咨询师要考虑来访者的个人历史原因，分析他的心理问题有无个人史原因；其次心理咨询师要考虑来访者的个人史根源与现实的症状之间存在什么样的逻辑关系；最后心理咨询师要相信个体从出生到死亡，始终处于发展变化的过程中，来访者的心理问题是变化中来的，同样也可以在变化中消除。在这样的观念指导下，心理咨询师要善于用发展的眼光动态观察来访者在情绪、情感、认知、行为、态度上发生的变化，积极引导来访者脱离心理问题的困扰。

（二）态度中立

态度中立是指不论来访者说什么，心理咨询师只能做出客观的反应，不能将自己的价值判断强加于心理咨询中，凌驾在来访者之上，尤其不能以自己的好恶、是非判断去评判来访者本人及其行为。

首先，心理咨询师保持态度中立，可以促进良好咨访关系的建立。在心理咨询过程中，假如心理咨询师和来访者在价值观上产生冲突，来访者就会认为心理咨询师无法接纳他，因此不可能完全袒露心扉，甚至会放弃咨询。因此，为保持“非评判性”态度，建立良好的咨访关系，心理咨询师不要轻易发表自己的意见，特别是评论性意见，这是来访者感到轻松的重要因素。

其次，心理咨询师保持态度中立，可以消除来访者的依赖心理。许多来访者往往把心理咨询师作为一个权威人物看待，希望心理咨询师能够指点迷津、拯救自己。但是，在心理咨询过程中，心理咨询师如果对来访者过多地进行价值干预，就容易强化来访者的依赖心理，从而忽略其自身改变的潜力，影响咨询效果。

最后，心理咨询师保持态度中立，可以提高来访者的自信心。心理咨询师如果做不到态度中立，而是过多地进行判断或者指导，会使来访者有一种我不如人的感觉，影响他们的自信心。

另外，心理咨询师在没有弄清楚心理咨询的下一步是做什么的时候，轻易地给予来访者同情和鼓励，其实也是违背了态度中立的原则。

（三）自知之明

合格的心理咨询师应该有自知之明，能够了解自己的长处和短处，知道自己的能力水平，不断地提高，不断进取，不断拓宽自己的知识面，改善自我，提高自己的教养水平，永不停滞，永不满足。

（四）心理健康

心理咨询师的心理健康水平至少要高于他所接待的来访者。心理咨询师的心理健康水平越高，在咨访关系中所能提供的帮助也就越大。合格的心理咨询师不会把咨询工作看作是一种负担，因而能给咨询工作带来热情和活力。他在咨访关系以外的工作和生活中总是奋进、乐观和充满生机的。他能够把热爱生活的乐观心态带进心理咨询的过程中，一方面能使心灰意懒的来访者重新唤起生活的勇气；另一方面也不会耗尽自己的心理能量。

第三节　心理咨询师的督导与保健

心理咨询师从事的是助人自助的职业，在职业生涯中必然会涉及三个方面的问题：一是面对来访者开展心理咨询时的专业技术是否规范和有效的问题；二是心理咨询的专业理论知识与技术更新与提高的问题；三是长期处于心理咨询执业环境中是否产生职业倦怠的问题。以上三类问题关乎心理咨询师的自我成长与职业生涯发展。心理咨询师的专业水平提高主要通过心理督导的方式来实现，而为了避免职业倦怠的发生，心理咨询师必须加强自我心理保健。

一、心理咨询师的心理督导

最早开展心理督导的时间是1902年，督导师是弗洛伊德，阿德勒（A. Adler）、荣格、斯科特（W. D. Scott）和费伦奇（S. Ferenczi）等人都接受过他的督导。1922年，国际精神分析学院对在督导下与患者的正式工作程序和治疗制定了正规的标准。此后，国外的心理咨询行业就建立起了比较好的督导制度和体系，几乎每一位心理咨询师都有自己的督导师。随着我国心理咨询行业的蓬勃发展，从事心理咨询的专业人员急剧增加，对从业人员开展专业心理督导势在必行。心理咨询师在从业之初和从业期间，需要定期接受心理督导，这是衡量心理咨询师是否合格的标准之一，更是心理咨询的职业要求。

（一）心理督导的概念

心理督导是督导师对心理咨询师职业化过程的专业指导，是一种协助心理咨询师提升工作能力与心理素质的工作模式。在《中国心理学会临床与咨询心理学工作伦理守则》中有两处提及心理咨询师需要接受督导的条例："3.3　心理师应保持对于自身职业能力的关注，在必要时采取适当步骤寻求专业督导的帮助。在缺乏专业督导时，应尽量寻求同行的专业帮助。”“3.4　心理师应关注自我保健，当意识到个人的生理或心理问题可能会对寻求专业服务者造成伤害时，应寻求督导或其他专业人员的帮助……”。

心理督导可以是心理咨询师在心理咨询经验丰富的督导师的指导与帮助下，有效地完成自己的心理咨询工作并提高自身专业水平的过程，也可以是心理咨询行业的同行们一起分享临床知识、澄清思路、提升技巧的学习过程。

由于临床督导在所有与心理咨询工作有关的活动中，是最复杂的一环，督导的最终目的是连接科学与实务，督导师不仅要具备心理咨询的相关理论知识，还要具备较高水平的心理咨询实践能力和操作技巧。

（二）心理督导的类型

根据不同的分类标准，心理督导可以分成不同的类型。

1．上级督导和同辈督导

学者杨凤池（2018）根据督导师与被督导者的关系，将心理督导分为上级督导和同辈督导。

（1）上级督导，即水平高的督导师对水平低的心理咨询师进行督导。

（2）同辈督导，即同水平、同级别的心理咨询师相互之间进行督导。同辈督导能够有效地缓解被督导者在督导过程中因被评价而产生的焦虑。同辈督导的优点至少包括以下几个方面：①促进心理咨询师保持对自己工作的自我反省，并为他们提供可参考的多角度的看法与观点；②可以提供具有吸引力的学习环境；③提供对熟悉的体验进行重温的场所；④同辈一起讨论的过程可以达到减少违反职业道德的风险、保持较高的职业实践标准的效果；⑤同辈之间新信息的传递与交流会促进心理咨询师的继续学习与教育；⑥持续性；⑦团体进行交流过程中可能发展出一些治疗性的因素，如安全感、被肯定感和归属感，从而可以避免潜在的职业倦怠；⑧可以提高心理咨询师对反移情或平行问题的意识水平；⑨同辈而非专家提供反馈，可避免因与权威人物的冲突而发生妥协。

2．全职督导和临时性督导

根据时间的安排，心理督导可以分为全职督导和临时性督导。

（1）全职督导，是一种持续的、持久的、定期的系统督导。

（2）临时性督导，是一种短期的、有一定针对性的、间断的督导。

3．个人督导和小组督导

学者杨凤池（2018）根据被督者的数量，将心理督导分为个人督导和小组督导。

（1）个人督导，通常指一个督导师与一个心理咨询师之间一对一的督导。

（2）小组督导，也称为团体督导，是指一个督导师对一组心理咨询师的督导。

实践中，心理咨询师可以根据自己的需要，自行选择督导方式。

（三）心理督导的作用

1．促进心理咨询师维护自身的心理健康

心理咨询界有个说法：你自己能走多远，你才能引领你的服务对象（来访者）走多远。因此，心理咨询师个人的心理健康水平高低对他的服务对象至关重要，而心理咨询却是一种高压力的职业，需要心理咨询师长期去接触和接纳来访者的各种负性情绪，这就需要督导师对心理咨询师进行督导，在心理咨询师本人出现心理问题时，帮助其恢复心理健康。

2．有效帮助心理咨询师提高咨询的技能

心理咨询在本质上，既是一种经验科学，又是一种基于经验的艺术。很多咨询、治疗的艺术和技巧，从来都不是写在书本上的，而是在督导的互动过程中体现出来的。

3. 帮助心理咨询师及时调整咨询策略

在咨询过程中，一些心理咨询师，尤其是刚刚入行的心理咨询师往往因为自身的经验等方面原因，导致正在做的心理咨询很难继续进行下去。这时，就需要督导师及时帮助其寻找原因并修正咨询策略，以便更好地帮助来访者获得成长和改变。

（四）心理督导的目的

心理督导的目的就是要培养被督导的心理咨询师在咨询的环境中去倾听、观察、理解来访者的能力，在得出心理评估诊断结论后向来访者解释并进行心理干预的能力。

在心理督导的过程中，督导师应努力让被督导的心理咨询师能够理解、消化所督导的内容，而不是让他们单纯地模仿督导师的操作。

在心理督导的不同阶段，心理督导的目的与重点是不一样的。

（1）初始阶段。被督导的心理咨询师重在学会带着漂动的注意去倾听，学会对来访者行为的意义作推论性解释，学会对来访者的焦虑与阻抗进行评估。

（2）中间阶段。被督导的心理咨询师要学会如何识别移情、阻抗现象，学会如何进行自我分析，学会如何对来访者的症状形成一个解释，并把自己的解释恰当地传达给来访者。

（3）结束阶段。督导师要帮助被督导的心理咨询师学会识别来访者的进步，学会处理与咨询结束有关的问题。

在心理督导的过程中发现，最令被督导的心理咨询师苦恼的问题是如何对来访者的症状形成一个解释，并把自己对症状的理解传达给来访者。他们常常希望督导师能够直接告诉他们该如何做，而有经验的督导师会要求被督导的心理咨询师尝试着就此做出自己的解释，因为此时被督导的心理咨询师的解释恰好是最好的分析性解释，其语言也是最清晰、最坦率、最中肯的。这个心理督导过程可以让被督导的心理咨询师了解到督导师其实并没有什么“魔法”。

在心理督导的过程中，被督导的心理咨询师常常会从天气、交通、家庭或单位中的事情开始他们的谈话，这些看似无关的事情其实与他们正经历着的潜意识事情有关。如果心理督导从此开始切入，常常会有意想不到的收获，同时，也会大大增加被督导的心理咨询师处理来访者问题时的信心。

（五）心理督导的关系

心理督导并非督导师简单地对被督导的心理咨询师提出一些建议与指导，而是一个督导师与被督导的心理咨询师之间充满情感且复杂的互动过程。这是督导双方的一个学习联盟，就像心理治疗中的治疗联盟一样。这个学习联盟将经受与心理治疗中的医患关系类似的考验。

督导师与被督导的心理咨询师之间的关系常常可以提示心理咨询师与来访者之间的关系，反之亦然。正如在咨访关系中有移情与反移情、阻抗等现象一样，在督导关系中也同样存在类似的问题。

被督导的心理咨询师是督导师的同行，而不是他的病人。所以，督导实际上是在一定的限制下进行的，也就是说不可能像分析病人那样深入，当然，督导师也不能把被督导的心理咨询师当成一般的同行看待，来满足自己的交流渴望。

督导师应尽量避免在督导中有意或无意地将自己的理论倾向强加给被督导的心理咨询师，使其成为自己的追随者。

（六）心理督导的设置

与心理咨询的过程一样，督导过程也应该有相应的设置。这种设置使督导过程具有一种恒定的行为模式或框架，从而保证督导在尽量不受督导双方态度或其他的因素影响的适宜条件下进行。良好而有效的设置有利于发现与督导过程有关的潜意识动机或冲突，借此可以帮助被督导的心理咨询师觉察在其心理咨询过程中的相似问题。在设置的安排与执行方面，督导师负有更为重要的责任。督导师遵守设置的行为是对被督导的心理咨询师的最好示范。心理督导的设置一般包括以下几个方面。

（1）时间设置。每次的时间、间隔等。

（2）地点设置。要确定在什么地方进行督导工作，最好选择咨询或工作的环境，具体地点应由双方协商。

（3）费用设置。适当收费，具体数目可由双方协商。

（4）方式设置。主要指呈现案例的方式，如录音、录像、口述等。

（七）督导案例的选择

被督导的案例最好由被督导的心理咨询师自行挑选，其具体条件如下。

（1）被督导的心理咨询师自己咨询过的案例。

（2）有咨询过程的录音或录像资料以供督导时分析使用。

（3）最好选择咨询仍然在进行的案例，以便将督导的经验反馈到咨询之中。

（4）督导的具体目的不同，所选择的案例会有所不同。

二、心理咨询师的职业倦怠

职业倦怠最早由弗罗伊登伯格（H. J. Freudenberger）于1974 年提出，是指个体在工作重压下产生的身心疲劳与耗竭的状态，是一种最容易在助人行业中出现的情绪性耗竭症状。一般认为，职业倦怠是个体不能顺利应对工作压力时的一种极端反应，是个体伴随于长时期压力体验下而产生的情感、态度和行为的衰竭状态。

各类职业倦怠的症状一般包括以下三个方面：一是情感衰竭，指没有活力，没有工作热情，感到自己的感情处于极度疲劳的状态；二是去人格化，指刻意在自身和服务对象之间保持距离，对服务对象和环境采取冷漠、忽视的态度，对工作敷衍了事，个人发展停滞，行为怪癖等；三是无力感或低个人成就感，指倾向于消极地评价自己，并伴有工作能力体验和成就体验的下降，认为工作不但不能发挥自身才能，而且是枯燥无味且繁琐的事物。

心理咨询师的职业倦怠是指心理咨询师对心理咨询工作产生了“不耐烦、消极、厌倦、易怒、怠慢、拖延”等一系列的情绪与行为症状，并且这些不良情绪与行为已经弥散到自己的家庭与生活当中。

心理咨询师职业倦怠症状持续的时间因人而异，有的人1～2个月就能恢复热情，有的人则要持续数月、一年甚至几年，还有的人时断时续，不断反复出现。

（一）职业倦怠的表现

1．共情的能力下降

出现职业倦怠的心理咨询师会发现自己共情的能力下降了，好像出现了一种“情感免疫”。

（1）不能在心理咨询工作中自然流露自己的情感，无法用自然浮现的情感来体验来访者的情感，关系互动的敏感与细腻也在下降。

（2）需要运用心理咨询师的角色来“被动共情”来访者，如果不是由于执业初期的不成熟，则是“情感耗竭”所致，心理咨询师为了抵消这种耗竭感，会本能地自我保护而避开“真实共情”，形成事实上的“隔离”，而当来访者觉察到心理咨询师的这种机械化、角色化的改变，就会影响心理咨询向更深处探索。

2. 自我成就感降低

协助来访者改变的过程也是心理咨询师体验自我成就感的过程，成就感带来的满足有时甚至超过了金钱而成为心理咨询师努力工作的主要动力之一。但随着职业生涯的不断推进，即使个案的数量在增加、个案的脱落率在降低、个案的改变更有成效、个案的认可度也在提高，出现职业倦怠的心理咨询师也再无法继续体验到心理咨询工作所带来新的成就感，与来访者之间的互动已经不能再满足他们的价值需要了。

3. 感到体力不支

出现职业倦怠的心理咨询师经常会感到体力不支，如以前每天接待6～7个个案也觉得轻松自如，而现在每天做3～4个个案就感到很疲惫。而且，每个个案结束时都需要“刻意休息”才能恢复体力，做咨询记录的频率在降低，每个咨询记录的字数也在减少，甚至马虎应对，在咨询过程中经常出现敷衍和走神，期待咨询早点结束。若恰好有来访者爽约，出现职业倦怠的心理咨询师反而会顿觉轻松，甚至会期待来访者请假不来，而每次增加新的来访者时，都会感到压力倍增。

4. 咨询质量下降

出现职业倦怠的心理咨询师，不愿意在每次咨询结束后反思心理咨询的过程、思考互动的细节，也不愿意“麻烦”督导师对自己进行心理督导，而是更加拖延各类需要准备的事项。他们会比以前需要更多的休假时间，会经常向来访者提出暂停咨询的要求，不再期待与来访者进行心灵的相遇，反而觉得这种内心体验是个负担。他们对依赖型的来访者表现出更多的不耐烦，更愿意向来访者做解释，而不愿意与来访者进行眼神的交流。他们对攻击型的来访者或对来访者的负移情更容易生气，甚至丧失了对来访者的接纳态度。

5. 情绪不稳定

出现职业倦怠的心理咨询师难以清晰地划分工作和生活的边界，经常抱怨工作的艰辛和咨询的不如意，显得非常没有耐心，并容易对自己的家人发火或将攻击转向自身。每次做完咨询后，咨询带给他的困扰都很难被彻底清除，产生的负性情绪也难以平复下来并回归日常，往往需要各种自我暗示、自我对话、大声喊叫，才能得到释放和宣泄，否则会导致情绪的严重失控。

6. 厌倦学习

心理咨询是一个需要终身学习的行业，无论是理论的深造、技术的更新，还是个人的成长都需要不断地学习，但出现职业倦怠的心理咨询师却丧失了学习兴趣，对以前感兴趣的专业课程和书籍不再关注，对各种技术提升培训也不再敏感，甚至不屑一顾，经常采用否认、合理化、隔离或回避的防御来抵制“学习入侵”。

（二）职业倦怠的原因

1. 过分认同来访者的需要

在心理咨询过程中，一方面，一些来访者认为咨访关系就是“要与给”的关系，我想要什么，心理咨询师就要满足什么，总想抓住心理咨询师不放，来解决自己要面对的问题。因此，经常出现以下情况：要方法，心理咨询师就得给方法；要道理，心理咨询师就得给道理；要爱，心理咨询师就得给爱；要满意的结果，心理咨询师就得让其满意。另一方面，部分心理咨询师也会下意识的过分认同来访者的这些要求，并把能否满足来访者的这些要求作为标准来指导和衡量心理咨询工作，而这种认同最终会导致正常的咨访关系演变成哺乳关系。来访者与心理咨询师之间的这种“要与给”的关系，不仅不会给来访者带来真正的成长，而且让心理咨询师失去了咨询者的角色，变成了来访者的超级奶妈。长此以往，心理咨询师的职业倦怠必然会发生。

2. 帮助来访者解决问题的责任感太强

心理咨询师为什么那么容易认同来访者的需要，是由于心理咨询师本人认为若不满足来访者的需要，来访者就会不满意。在这一过程中，心理咨询师把自己的不满意投射给了来访者，然后又认同回来，导致在对待来访者时变成了对待他们自己的延伸，也就是说心理咨询师把来访者的事当成了自己的事。心理咨询师从自己的需要出发来认同来访者的需要，其实是由于对自己的不满意才表现出强烈的责任感。这类心理咨询师内在的心理问题没有得到很好的解决而在咨访关系中以外化的责任感表现了出来，不仅对心理咨询工作不具有建设性，反而会对心理咨询师本人带来压力、敏感和内耗。

3. 对自己无能感的强烈恐惧

一些心理咨询师由于内心对自己无能的恐惧感太过强烈，他们便会对自己的心理咨询能力提出苛刻的要求，以能够得到来访者的肯定，体现其自身的价值。他们内心非常向往自己具备超能力去拯救来访者，否则就认为自己无能，其实，这种存在于心理咨询师内心深处的一种深沉的恐惧，可能是人类集体无意识中的一种“原型恐惧”，即因为心理咨询师本人曾经遭遇过一些后天的伤害，使他们更加害怕自己的无能感被暴露出来，产生病态的敏感。这些心理咨询师表面上是在帮助来访者，实际上他们自己更需要其他人的帮助。

4. 迫不得已干的事情太多

人之所以疲倦不堪，有一个很重要的因素是“迫不得已干的事情太多”，而内心深处又不甘心，这就形成了冲突，这种冲突就会变成某种隐形对抗，外在表现就是倦怠或内耗。在职业生涯中，可控的、可支配的空间越大，心理咨询师的倦怠情绪就越少，反之亦然。心理咨询本身是一个“安静的能量场”，越是热闹兴奋，心理咨询师越难深入咨访关系当中。一些心理咨询师只想安安静静地做咨询，但自己却没有来访者资源，只能依靠学校、医院、机构、平台等，但这些机构往往会有很多要求，所以，他们经常被迫参与一些活动，参与各种会议、学习与讨论，而这些事情都将占据着心理咨询师的精力和时间。

5. 缺乏丰富的、多样化的工作体验

与来访者每一次的相遇都充满了不确定性，一些心理咨询师很容易产生一种弥散性的焦虑，即使是面对固定的、几年的长程个案，部分心理咨询师的内心也难免会出现消极状态，因此，心理咨询师也需要外部有效的情感支持，包括督导小组、体验小组、学习小组、朋辈小组的支持。但是，很多个体从业的心理咨询师，由于缺乏团队的陪伴与鼓励，缺乏伙伴的支持与镜映，缺乏丰富的、多样化的工作体验，很容易觉得心理咨询工作变得越来越沉闷而寡淡，他们可能部分丧失了与同行链接的动力，而又没有条件拓展其他工作体验，很容易完全陷入单一、单调的咨询工作中，久而久之，便会产生孤独感、乏味感。

6. 缺乏行业外的圈子、兴趣与爱好

心理咨询师在心理咨询工作中进行的是深入的、深刻的会谈、思考与互动，咨询工作结束后就特别需要与“圈外人”开展一些无用的、放松的闲谈与交往，但是，一些心理咨询师又不太愿意与别人闲扯，觉得这太没劲，有的还会在社交场合、家庭场合中不自觉地运用职业思维，导致除了读书、看电影外再也没有更多兴趣和爱好。

7. 无法避免的冲突体验

心理咨询就是这么一个充满悖论的职业：既要共情又要节制，既要关系平等实际又是不平等的，既是利益关系又是亲密关系，既要任由移情、反移情发生又要留意这些现象发生，既要无条件接纳来访者又只能在咨询过程中这么做……这些悖论的、冲突的体验，需要心理咨询师自己具有足够好的涵容、独立的人格，以及专业的态度与伦理，而这其中的涵容本身就是一种内部消耗。

除了以上几种因素外，还有如收入的不稳定、成就感的降低、同行竞争的加剧以及现实的挫败感等因素也可能导致心理咨询师产生职业倦怠。

三、心理咨询师的心理保健

心理咨询是一个助人的职业，很容易让心理咨询师产生职业倦怠，而心理保健可以帮助心理咨询师更好、更快地恢复自己的“精神能量”。以下是心理咨询师常用的自我心理保健措施。

1. 用对待来访者的态度对待自己

不管从事什么职业，即便是自己喜欢的职业，在某段时期，从业者个体也会不可避免地产生倦怠，这就需要从业者能够包容和接纳“职业倦怠”。职业倦怠其实是从业者内在小孩的呼唤，在提示从业者要用对待来访者的态度对待自己。面对处于倦怠期的内在小孩，心理咨询师需要给他时间、空间，允许他有任何情绪反应，并能够理解他的辛苦，理解他多年的付出与努力，而不是打压他，更不能贬低他。

2. 休息

对于心理咨询师这个职业来说，加班工作、超负荷工作是不被允许的，因为在心理咨询过程中，心理咨询师需要调动全部的自我去与来访者接触，心理咨询师只有身心都处于最佳的状态，才是对来访者的最好对待。心理咨询师的休息一般包括两种类型：一是彻底休息。按下暂停键，让自己去体验世界更广阔的精彩。全部暂停有助于放空，有助于心理咨询师从大视野的角度去思考职业发展方向或人生走向。彻底休息为心理咨询师提供了足够的时间和空间，会让他发现职业生涯的发展存在更多的可能性。二是选择性休息。停掉那些最消耗自己情感、精力和体力的咨询工作，在休息的时间段绝对不安排、不接待任何来访者。

3. 回溯职业生涯

回忆从前，甚至专门拿出时间来书写、想象，或者与过去的自己进行对话。比如，当初我是为什么进入心理咨询领域的？谁是我进入心理咨询领域的引路人？在心理咨询领域我都遇见过哪些人？他们还在吗？我们多久没联系了？为什么？执业初期我的梦想是什么？实现了吗？在心理咨询的职业生涯中，我遭遇过哪些挫败？我是如何克服的？最让我自豪的是什么？我的成就感是如何实现的？还记得从我生命中走过的那些来访者吗？当初这些来访者是怎么与我在一起又是如何与我分离的？我如何看待那时候的自己？让我念念不忘的从业经历是什么？彼时的我想对此时的我说些什么？我还有什么期待？……这样的想象极具力量，好像心理咨询师成了自己的见证者，见证一路走来的自己，见证自己的进步与成长，见证自己的“不忘初心”，见证自己的心路历程。经常这样回溯，并在回溯中一点点地体验当下，会让心理咨询师更加能够理解此刻的自己，更加珍惜当下，从而更加豁达。

除以上三种措施外，心理咨询师在心理咨询工作中理智地选择心理咨询理论和方法，对来访者既要保持一种公正、关心的态度，又要善于超然事外；在心理咨询工作以外，拥有一定的私人时间和自由，多与健康的人交往，加入有情感、有温度的团体，拓展更多的兴趣爱好，经常进行自我测验，定期检查和澄清心理咨询的角色、预期和信念，经常进行放松训练，寻求必要的个体心理咨询和督导，将有助于心理咨询师的自我心理保健。

思考·探究

1. 如何规范心理咨询师的执业行为？
2. 如何保护心理咨询师的合法权益？

第三章　适宜来访者的条件

心理咨询的实践表明，并非所有的来访者都能够成为心理咨询的适宜来访者。如果心理咨询师对不适合做心理咨询的来访者开展心理咨询服务，一方面可能会延误来访者的及时诊治；另一方面可能会对心理咨询师本人造成心理或身体上的伤害。

心理咨询最主要的对象是健康人群，或者是存在心理问题的不健康人群，而不是人们普遍认为的“病态人群”，因为“病态人群”中的如精神分裂症、躁狂症等患者是精神科医生的工作对象。

第一节　心理咨询适宜对象的类型

心理咨询的适宜对象一般包括三种类型，即健康人群、不健康人群和特殊人群。

一、健康人群

健康人群，这类来访者的精神方面是正常的，他们只是遇到了与心理有关的现实问题，需要寻求心理咨询师的帮助，他们的咨询一般为发展性咨询，为了顺利地度过人生的各个阶段，求得内心平衡，寻求良好的生活质量，实现自我价值。当健康人群面对婚姻家庭、子女教育、亲子关系、人际关系、择业、学习、恋爱、性心理、自我发展、压力应对等问题时，他们会期待能够做出比较理想的选择，能够最大限度地发挥自身能力，这时他们就需要寻求心理咨询师的帮助。

二、不健康人群

不健康人群，这类来访者的精神方面是正常的，但心理健康方面出现了问题。他们的心理问题包括一般心理问题、严重心理问题和神经症性心理问题。

一般心理问题具有四个特点：一是由于现实中的生活、工作、处事失误等各种因素产生了使来访者体验到不良情绪的心理冲突，但这种心理冲突属于常形；二是不良情绪不间断地持续1个月或间断性地持续2个月仍不能自行化解，来访者感到内心痛苦；三是不良情绪仍在理智控制之下，来访者能够基本维持正常的工作、学习、人际交往等社会功能，但效率下降；四是不良情绪仅仅局限于刺激来访者的原始事件上，没有泛化。一般心理问题在生活中较为常见，对存在一般心理问题的来访者进行心理诊断和心理干预是心理咨询师的主要工作内容。

严重心理问题也具有四个特点：一是引起心理问题的原因是较为强烈的、对来访者威胁较大的现实刺激；二是痛苦的情绪间断或者不间断地持续在2个月以上6个月以下；三是遭受的刺激强度越大，反应越强烈，多数情况下，来访者会短暂地失去理性控制，在后来的持续时间里，其痛苦情绪虽然可以逐渐减弱，但如果单纯地依靠“自然发展”或“非专业性的干预”，却难以解脱，对生活、工作和社会交往有一定程度的影响；四是痛苦的情绪不但能被最初的刺激引起，而且与最初刺激相类似、相关联的刺激，也可以引起此类痛苦，即反应对象被泛化。存在严重心理问题的来访者有时会伴有某一方面的人格缺陷，但由于其心理冲突仍然属于常形，这些来访者仍然属于心理咨询师的服务对象。

神经症性心理问题引起的心理冲突与现实处境没有明显关系，涉及生活中不太重要的事情，且不带有明显的道德色彩。此类心理问题最大的特点是来访者的内心冲突是变形的，所担心或为之痛苦的问题实际上根本不存在，但自己却无法调整心态去面对事实。神经症性心理问题在人群中广泛存在，但是因为其外在表现具有很大的隐藏性，此类症候人群会刻意地保持低调，应对世界和他人的方式被动消极，他们的全部精力都在关注自己的内心体验，努力去获取安全感，而非应对周围环境。这些来访者并不清楚自己内心冲突的由来，预约咨询的原因大部分是因为其他的问题，他们在生活中向别人诉说内心痛苦时，常常被视为“无病呻吟”，因为所述说的多为琐碎小事和内心体验，心理健康的正常人无法理解他们的这些想法和内心痛苦，所以他们往往会主动寻求心理帮助。心理咨询师对神经症性心理问题的接触和研究相对较少，有时会较难识别，尽管如此，存在神经症性心理问题的来访者仍然是心理咨询师的服务对象。

三、特殊人群

特殊人群，这类来访者是指在临床上治愈或处于缓解期的精神疾病患者。精神疾病是指在各种生物、心理以及社会环境因素影响下，个体大脑功能发生失调，导致认知、情感、意志和行为等精神活动出现不同程度障碍为临床表现的疾病。当精神疾病患者经过系统、规范的药物治疗而进入缓解期或康复期时，心理咨询有利于临床疗效的巩固及社会功能的恢复。

总的来说，心理状态处于平衡（常态）与失衡状态（偏态）的来访者是心理咨询的适宜来访者，而心理状态处于异常状态（变态）的来访者一般患有心理障碍甚至精神疾病，则不是心理咨询的适宜来访者。

第二节　心理咨询适宜对象的具体条件

2003年，学者李亭在《面对心理咨询热浪你准备好了吗》一文中对心理咨询的适宜对象进行了研究，现将心理咨询适宜对象的具体条件概括如下。

一、智力与人格

1. 智力基本正常

来访者寻求心理帮助时，一方面要能够较为清晰地叙述自己的心理冲突、痛苦感受以及前来咨询的目的；另一方面要能够基本理解心理咨询师所表达的内容。因此，适宜来访者必须具有基本正常的智力水平，IQ（intelligence quotient，智商）值一般不能低于70。

2. 人格基本健全

来访者应无严重的人格障碍。因为无论是人格障碍中的哪一种或哪几种，都可能阻碍咨访关系的建立，影响咨询过程的顺利进行，让心理咨询难以取得预期的咨询效果。并且，由于来访者的人格问题已经旷日持久，非普通的心理咨询能够应对，需要长期深入的心理治疗才能奏效。心理咨询师被来访者暴力伤害，咨访关系变成仇敌关系的例子不胜枚举，因此，心理咨询师接待的来访者如果存在人格障碍，那么最佳的选择是将来访者转介给精神科医生，决不可为了那一点咨询费，而“明知山有虎，偏向虎山行”。

二、动机与内容

1. 咨询动机合理

来访者有无合理的咨询动机会直接影响心理咨询的效果。来访者是否具有合理的咨询动机，可以从两个方面进行识别：一是来访者是否具有强烈改变自己现状的愿望，而不是无所谓的心态。如果来访者没有改变自己现状的愿望，心理咨询就很难奏效。对于那些缺乏咨询动机，经心理咨询师反复做工作后仍缺乏改变自己愿望的来访者，一般不适宜做心理咨询。二是来访者前来咨询的目的是否为了调整自己的某种认知或行为模式，而不是为了其他的目的。在心理咨询实践中，经常发现有些来访者前来咨询，或是为了寻求心理安慰，或是为了能多见某个心理咨询师几次，或是把心理咨询室当成避难所，甚至有的来访者，是为了证明自己比心理咨询师更聪明。诸如此类的来访者不是心理咨询的适宜来访者，一般不适宜对其进行心理咨询。当然，如果在心理咨询过程中，心理咨询师发现来访者的动机不正确，首先的做法是与来访者商量调整其咨询动机，如果仍然无法调整，心理咨询师应立即中断与该来访者建立的咨访关系。

2. 咨询内容合适

并非任何与心理有关的问题都可以通过心理咨询获得满意的解决，比如持久的适应不良，或情绪调节障碍，甚至心理发育与成长障碍，都已经超出了心理咨询的范畴。一般而言，如果来访者咨询的内容属于心因性问题，尤其是与心理社会因素有关的各种适应不良、情绪调节问题、心理教育与发展问题等，则这些来访者可以成为心理咨询的适宜来访者。

三、感受与支持

1. 注重心理感受

这类来访者具有自制力与自知力，勇于承担责任，不推责，相信科学，有一定的逻辑接纳性，他们对自己的心理感受和心理发展比较注重，会站在他人角度考虑问题，会反思，也会总结，还具有一定的学习能力，很容易从心理咨询中获益。而那些患有严重神经症的病人以及处于发作期的精神疾病患者，由于其与外界接触严重不良，缺乏自知力、自制力，难以与他人建立恰当的人际关系，因此，不能够成为心理咨询的适宜来访者。

2. 良好的社会支持

一般来说，来访者如果具有良好的社会支持系统，拥有关心、爱护自己的人，那么他会在心理咨询的过程中进步较快，否则就比较慢。但也要注意一些将自己的问题当作引起他人注意的手段，或用自己的症状诱导他人内疚的来访者，通常不适合进行心理咨询。另外，心理咨询实践发现，那些对症状表现出苦恼、焦虑、恐惧的来访者，比起那些采取饮鸩止渴方法解决问题的来访者，更容易获得心理咨询师的帮助。

四、信任度与匹配性

1. 对咨询有一定信任度

如果来访者相信咨询是有效的、咨询师是优秀的，认为咨询师所采用的理论和方法是先进的、实用的，就有可能取得良好的咨询效果；反之，如果来访者对咨询师一直持观望的、怀疑的态度，则咨询效果就较差。

2．匹配性强

匹配性是指心理咨询师与来访者之间的相互接受、相互容纳的程度。某心理咨询师如果擅长某一学派，而且对此有较深入的研究，而来访者咨询的问题正好与咨询师研究的特长吻合，那么心理咨询的效果就会较好。

五、年龄与沟通能力

1．年龄适宜

严格来说，心理咨询并无明确的年龄限制，每个年龄段就适宜性而言都有长处和短处，但心理咨询实践已经表明，青年人比其他年龄段的人更适合接受心理咨询：一方面，是因为与儿童、少年相比，青年人有较好的承受能力和心理成熟度，可以较容易地表达自己的问题，也容易领会咨询师的意图；另一方面，青年人的问题多为现实适应和情绪感受问题，问题存在的时间较短。当然，并非所有的青年人都是适宜的咨询对象，有些青年人具有与同龄人不匹配的成熟度，他们已经固化了的认知模式成为造成他们困扰的主要原因。

2．有一定的交流沟通能力

那些能够清楚、明确地表达自己的问题，能准确体会咨询师的讲话并积极采取新的有效行动的来访者，比较适合做心理咨询。而那些处于严重抑郁、愤怒和退缩状态的人，有明显幻觉与妄想，有记忆力、定向力障碍的人，有言语障碍的人，以及极度沉默寡言的人，都不太适合做心理咨询。

思考·探究

1．在心理咨询实践中，如何有效识别不适宜做心理咨询的来访者？

2．如何将不符合心理咨询条件的来访者转化为适宜做心理咨询的来访者？

下篇　心理咨询过程

第四章　心理咨询的过程概述

古人云："冰冻三尺，非一日之寒。"来访者前来咨询的相关问题，其实是过去很多年里日积月累下来的各种因素（信念、思维模式、习惯、伤害性事件等）的综合影响所造成的，而在心理咨询实践中，许多来访者却希望通过一两次咨询就能够解决困惑自己多年的问题，这本身就是一种错误认知导致的不合理的需求。过去许多年逐步积淀下来的负性情绪、局限性信念和非理性看问题的角度，怎么可能在一两个小时内得到解决呢？因此，有效的心理咨询应该是一个过程，必须存在开始阶段、深入阶段和结束阶段，即使是单次的心理咨询，也同样存在开始、深入与结束的过程。

第一节　心理咨询的设置

作为心理咨询师可能经常会被人询问以下问题：为什么咨询师不能将每次咨询的时间延长一些，把需要解决的问题一次就谈完？为什么来访者一周不能多见几次咨询师？为什么来访者不能在咨询时间以外与心理咨询师联系？为什么来访者不能跟心理咨询师做朋友？其实，这些问题都涉及心理咨询的设置。咨询设置本身对于来访者来说就是件有价值的事，其背后更多的是边界、契约和责任，而这些常常是来访者缺失的。心理咨询的设置对咨访关系甚至整个心理咨询过程都有着深刻的影响，它是心理咨询获得成功的基本前提，是心理咨询师对心理咨询的实际操作过程所做的具体安排，也是心理咨询师与来访者都必须遵守的基本规则。对心理咨询而言，设置作为一种安全框架为安全和信任提供了最好的条件和保障，就像一个稳定的容器，既可以保护心理咨询师，又可以保护来访者，还可以提供关系碰撞和现实检验的机会。根据心理咨询设置的概念，可以看出心理咨询的设置必须在心理咨询正式开始前完成，后续的咨询活动才能够在已经设置好的框架内展开。

一、咨询设置的作用

1. 帮助来访者建立安全感

在咨询正式开始前，心理咨询师会跟来访者确定固定的咨询时间与相应的咨询频次，以保障咨询的有效进行。这样的设置，会给来访者一种感觉：每周有一个固定的时间，是被用来安放心灵，探索自我的。虽然稳定的设置给人以冰冷墙壁的感觉，但却会在来访者的内心逐渐形成安全感。

2．为来访者提供一个呈现关系模式的镜子

来访者是否遵循心理咨询设置，往往反映了来访者自己与他人的关系互动方式，一般情况下，稳定的心理咨询设置就像一面镜子，能够映衬出来访者不稳定的关系行为。只有在稳定的设置之下，才能测试出来访者的内心世界。

3．维持来访者的成人感

在一些长程心理咨询中，来访者可能因发生心理与行为的退行，浮现出婴儿时期的某些需要，而当这些退行一旦过度，就会导致来访者的现实社会功能受损。这时，心理咨询的设置就成了一条底线，维持着来访者基本的成人功能，保持咨访关系的本质仍然是工作关系而不是其他的关系。

4．促进来访者的成长

学者李晓驷在《心理治疗设置的作用及其意义》一文中指出，寻求心理咨询的来访者，大多数长期处于情感饥饿状态或者缺乏与他人的有效交流，容易将心理咨询师当成能够挽救自己的唯一寄托者。如果没有良好的咨询设置，来访者可能会在继发性获益等心理机制的影响下，易于依赖心理咨询师并在原来问题的基础上进一步退行，而且也由于没有良好的咨询设置，心理咨询师可能还难以识别出来访者对自己的依赖和由此所造成的退行。显然，这对来访者的成长是很不利的。心理咨询师对来访者的关心、安慰和支持，以及每当来访者有困难便会给来访者以额外的关注和支持，会使某些来访者的症状减轻。但是，对大部分的来访者来说，这种效应只是短暂的和不稳定的。由于现实和潜意识中的冲突并没有解决，来访者的症状会很快再次出现。但是，由于移情的作用和没有咨询设置的约束，来访者易形成对心理咨询师的纠缠，而心理咨询师也终因不能满足来访者的无止境的需求，最终会设法摆脱来访者，使来访者再次体验童年时期被抛弃的创伤，造成对来访者新的伤害。良好的咨询设置，尽管不能满足来访者得到额外关注和爱的需要，但却为来访者提供了看清自己的内心世界以及认识自己的移情和潜意识冲突的机会，有利于来访者了解阻碍自己发展的原因以及自己需要额外关注的原因，从而发挥其促进来访者成长的作用。

5．有效地保护心理咨询师

咨询实践表明，大部分来访者具有“非此即彼”的认知方式，当他们面对关心自己和愿意倾听自己的心理咨询师时，会形成两种不同的心理反应。一方面，他们可能将心理咨询师奉若神明并当成救命的稻草，恨不能将自己的一切痛苦全部告诉咨询师，让咨询师给予自己更多的关心和爱护，并由此获得立即的解脱。李晓驷认为，他们会通过“继发性获益”“移情”“退行”“付诸行动”等一系列心理学机制，以症状持续存在、症状变化、症状恶化、“不行了”等为由，反复纠缠心理咨询师，甚至会以声称要自杀等手段来变相地要挟心理咨询师。他们会在心理咨询师工作和非工作时间，甚至在任意时间通过到门诊找心理咨询师、打电话、给心理咨询师发短信，甚至在晚上直接到心理咨询师的家里求助。来访者的这种行为已经严重影响心理咨询师个人甚至整个家庭的正常工作和日常生活。另一方面，如果心理咨询师某次没有能够满足来访者的“需要”，来访者就会觉得被心理咨询师抛弃了、欺骗了，在心目中将心理咨询师从“白医天使”变成了“伪君子”和“衣冠禽兽”，对心理咨询师的情感也会由崇拜变成愤怒和怨恨。他们也可能在潜意识中把心理咨询师当作是曾在既往伤害过自己的某个客体，并产生负移情，对咨询师采取各种各样的不同程度的“报复”行为，包括感情报复。因此，良好的咨询设置不但可以在很大程度上避免来访者对咨询师的攻击，还可以让心理咨询师获得充分的休息，得以调整自己的情绪，整理自己的思维，并通过对自己对来访者的态度、言行举止的认真审视，觉察出自己是否对来访者产生了反移情。

6．衡量当下的咨询是否出现问题

一个良好的咨询设置就是一个灵敏的、可比较的甚至是量化了的检测工具。如果将心理咨询的设置比作是一个框架（即“金标准”），并假设咨询过程中心理咨询师与来访者的行为都正好与这个框架符合，心理咨询师就可以通过观察来访者以及咨询师自己是否遵守这个设置的规定，从而发现咨询过程中所发生的问题。在实际的心理咨询过程中，不可能出现所有的行为都绝对正好符合这个框架的情况，但由于事先已经有了这个框架，有了一个可供比较的正常值，心理咨询师可以较为容易地观察和感受到，心理咨询过程中所发生的行为是与这个框架相吻合？是超出这个框架？还是没有满足这个框架？如果是超出或是不满足，其超出或不满足的程度如何？由此心理咨询师可以对心理咨询过程中发生的行为进行定性。如在精神分析取向的心理咨询过程中，咨询的设置要求心理咨询师需要保持中立和节制。这样的心理咨询就像来访者与心理咨询师一起，在空白的画板上涂画一样，设置就是这个空白画板中的一部分。设置的变动往往预示着咨询的变动。如果咨询随时变动，设置就失去了测量的功能，很多问题就无法显现。以每次心理咨询的时间为例，假设事先的设置为每周一次，每次50分钟。此时心理咨询师在心理咨询的过程中很容易观察到，每次咨询是否准时开始？是否有人忘记预约时间？是心理咨询师自己忘记还是来访者忘记？来访者是否迟到？迟到的频率如何？迟到多长时间？在心理咨询的哪个阶段迟到？来访者如何解释迟到的原因？心理咨询师对来访者的迟到有何感受？每次咨询是否准时结束？是拖延了咨询时间还是提前结束？是否经常拖延时间？谁在拖延时间？拖延多长时间？心理咨询师是感到时间过得很快？还是很慢？一次咨询结束后，心理咨询师是否脑子里还盘旋着来访者的情况？还是很快将来访者忘掉？是期待着下一次的咨询并早早地为下一次咨询做准备？还是对下一次咨询充满了担心和不安？是否付费或忘记收费？是否在咨询以外的时间试图保持联系？来访者是否将其他人带入咨询室以及每次咨询的模式是否过于僵化？……总之，借助设置这个“金标准”，心理咨询师可以通过观察来访者以及心理咨询师自己是否遵守设置的规定，从而发现心理咨询过程中所发生的问题。相反，如果没有这个“金标准”，心理咨询师将两眼漆黑，不可能清楚认识到咨询过程中究竟发生了什么，也不可能理解现实咨访关系的真正意义。

7. 良好的咨询设置本身就是一种技术

在精神动力心理咨询过程中，探索和理解来访者的防御机制和移情是咨询技巧的关键，也就是说，心理咨询师一方面要能够发现和理解来访者在儿童时期形成的认知和情感模式（防御机制），另一方面要能够把握和理解来访者在咨访关系中再次体验到的其在儿童时期与某位重要人物的冲突性关系（移情）。咨询设置的所有安排，都应有利于上述这些模式的再现，使得它们易于被分析，而不能够因设置不良，导致心理咨询师与来访者之间的现实关系混乱，或是导致来访者的防御机制和移情模式被认为是琐事而被忽视。因此，良好的咨询设置本身就是一种重要的心理咨询技术。

综上所述，心理咨询师自己不仅要严格遵守咨询的设置，还要教会来访者遵守咨询的设置。如果咨询师突破了咨询设置，将对来访者的自我探索形成干扰，当然，咨询师对咨询设置的突破，也可能是咨询师人格不稳定的表现，而咨询师人格的不稳定会导致咨询师无法给来访者提供有益的帮助。如果来访者突破了咨询的设置，则表示来访者可能存在某种心理防御，此时，心理咨询师应及时了解来访者打破设置背后的真正原因，这对于咨询的深入开展具有重要的价值。

二、咨询设置的内容

心理咨询需要进行设置的内容较多，如咨询师与来访者会面的频率，具体会面的时间，每次会面时间的长短，收费标准及收费方式，休假和违约的处理，咨询室内咨询师与来访者的座位安排，是否采用躺椅，是否允许他人在场，是否允许录音、录像，咨询以外的时间能否继续接触，咨询无效时是否转诊，是否同时使用药物，在何种情况下以及如何更改设置等。

（一）咨询场所的设置

心理咨询的场所设置一般是指心理咨询室的环境设置。场所设置是对咨询起促进或妨碍作用的因素之一，对心理咨询的进程有着非常重要的影响。弗洛伊德曾说过：心理咨询室里的任何一样东西都具有象征意义。心理咨询一般严格要求在心理咨询室进行，特定的情境会以不同的方式影响来访者。心理咨询室是对来访者进行正式咨询的一个重要场所，主要承担一对一的个体咨询或者一对多的团体咨询功能，需要给予来访者一定的安全感，使其能够在一种相对安全舒适的环境下真实地表露自己。

心理咨询室的设置必须能够保守来访者的秘密并能够让来访者感到安心、放松和舒适。所以，对于咨询室的要求，首先要保证具有私密性；其次，要保证干净、整洁与舒适；再次，要光线柔和、色调优雅；最后，咨询室内的环境还应具有适度的唤醒水平，以使来访者觉得足够放松，从而能够探索自己的问题及显露自我。对于一些情况特殊的来访者，咨询师与来访者双方也可以约定到与上述设置要求比较一致的场所进行咨询。

1．咨询室内的物品配置

咨询室内的物品配置最少需要两个沙发、一个茶几、几把备用椅子和一个钟表，也可以增加乐器、沙盘、生物反馈仪等专业用具和一些儿童玩具。但如何布局，则需要仔细研究，不能有分散来访者注意力的各种物品设置。

2．咨访双方的座位设置及心理学意义

咨询师和来访者双方的位置关系通常会影响咨访关系的建立。一般情况下，咨访双方的座位设置需要注意五个方面：①要避免咨访双方的任何一方背靠门的情况出现；②要保证咨访双方的空间距离在0.9～1.2m，过近的距离会抑制他们的言语表达量；③咨访双方座位的理想角度一般为90°，在这一角度上，咨询师容易观察到来访者的整体面貌，包括坐姿、体态、面部表情等非言语行为以及言语行为，便于及时收集信息并及时做出反应。这种位置关系既避免了咨访双方的对视对来访者造成的紧张不安、焦虑感，而是使其获得安全感，又促进了彼此之间的互动交流，容易产生情感共鸣并建立信任关系；④要在咨访双方两个座位之间摆放一个茶几，用来缓解因咨询师的注视而对来访者形成的压迫感；⑤钟表要悬挂或摆放在咨访双方都能观察到的对面墙壁上或中间茶几上，使来访者和咨询师都能有良好的时间观念和时间意识，遵守时间设置，及时进行分离。同时，看得见的时间流动对来访者开放自己也能够起到良好的促进作用。

（二）咨询预约的设置

咨询师的咨询时间安排需要有严格的预约设置，预约设置是指来访者在咨询之前与心理咨询机构进行的有关咨询时间、地点、咨询师等方面的约定。一方面是为了避免咨询场所经常有人任意往来，给正在咨询的来访者造成不安全的感觉；另一方面也是为了保障咨询师有休息的时间，能够在每次咨询后有足够的时间整理自己的思绪，做好迎接下一位来访者的准备。所以，心理咨询师一般不接受临时到访者，除非到访者亟需危机干预，即某种紧急情况可能会危及来访者或他人的安全。

没有预约，心理咨询师就不能够接待来访者，这种设置一方面体现出了心理咨询的职业化，即心理咨询不是一般的聊天与谈心；另一方面也体现出心理咨询的严肃性，即心理咨询不是随意进行的，而是需要付费的职业活动；同时也潜移默化地提示来访者保持界限，学会等待与忍耐。

预约者可以是来访者本人，也可能是来访者的父母、配偶、子女或朋友及单位领导、同事等。预约的形式较多，常见的有电话预约、即时通信软件（如微信、QQ等）预约、现场预约。其中，现场预约的人如果是来访者本人，一般都会带着焦虑的情绪，迫切地期望咨询师立刻帮助解决他的问题。此时，接待人员一定要对来访者负责，为来访者提供一个温暖的、欢迎的、接纳的、宽松的接待环境，如可以向来访者简要介绍心理咨询的有关要求，了解一下来访者的基本情况，包括年龄、性别、文化程度、职业、家庭状况、联系方式等基本信息以及困扰他的主要心理问题等。

1．预约设置的目的

（1）为咨询师选择合适的来访者。来访者需具备一定的接受心理咨询的领悟能力或内省力，不是所有的来访者都适宜做心理咨询。一些正处于急性发作或复发状态的精神疾病患者、严重抑郁症患者、智力障碍患者等不适宜接受心理咨询。

（2）为来访者选择合适的咨询师。通过预约，来访者可根据自己的意愿，选择不同级别和资历的同性或异性的心理咨询师为自己服务。

（3）签订咨询协议或知情同意书。接待人员与来访者确定咨询的具体时间、地点、联系方式、收费标准，并告知来访者对其个人资料保密的相关规定，要求来访者签订咨询协议或知情同意书，其中包括咨询期间不做出危及自身及他人生命安全的重大决定，在特殊情况时（如有自杀意图），容许咨询师通知适当人员予以照顾等重要内容。

2．预约设置的心理学意义

（1）评估来访者的求助动机。心理咨询实践中发现，一些来访者被家人或朋友认为存在心理问题需要做心理咨询，但其本人却没有求助的动力，即使勉强前来咨询，也容易产生抵触和逆反心理，影响良好咨访关系的建立，使咨询难以深入和维持。心理咨询的适宜来访者应该是主动来访者，也就是说，来访者是有主动意愿来寻求心理帮助的，只有这样才能与心理咨询师建立良好的咨访关系，减少咨询中的心理阻抗。通过预约设置，就可以对来访者的求助动机做出初步的评估。

（2）调整来访者的期望水平。来访者对心理咨询的期望有些是合理的，有些过于理想化，根本无法达到。当然，来访者最初表达的期望，不一定就是咨询的目标，只有在咨访关系建立并得到巩固的时候，来访者真正的问题和期望才可能会浮出水面。有些来访者期望通过一两次心理咨询就能解决持续很久的问题，这本身就是在认知上出现了错误，所以有必要在预约阶段就要进行澄清，调整来访者的期望水平，让来访者认识到问题的解决需要一个过程，时间的长短取决于来访者自身的状态和问题的性质和程度。

（3）有助于咨访关系的建立。来访者通常是在遭遇痛苦时来寻求帮助，并明确希望获得心理咨询师的帮助或得到新的启发。因此，通过预约，咨访双方可就咨询目标取得一致意见，使来访者明确咨询师能为自己提供什么帮助，从而为咨访双方的关系建立奠定基础。

（三）咨询时间的设置

心理咨询的时间设置是指对咨询时长、周期、频率以及与时间相关问题的设定。稳定和清晰的时间设置，有助于观察和理解来访者的内心世界，促进咨访关系的建立与维持，具有重要的心理学意义。因此，心理咨询师应对时间设置的重要性予以足够的关注，把握时间设置及相关现象所具有的心理学意义，减少时间设置的随意性，增加严肃性和科学性。

1．时间设置的内容

时间设置的内容包含以下几个方面。

（1）咨询时长的设置。时长是指每次咨询的时间长短。一般来说，个体咨询的时间以每次50分钟为限的设置比较普遍，原则上不能随意延长，但也可根据具体情况加以调整，最好在咨询的开始阶段就使来访者了解此次咨询的时限。固定的每次50分钟的心理会谈，使咨询稳定在一个外部的现实世界的数字化度量上，但又不受任何外界的打扰，从而形成内在和外在世界的分界线。为什么是50分钟呢？一方面，50分钟是人能够集中注意力的上限，把时间控制在50分钟内，能让咨询工作更为有效，保证咨询师倾听的效果；另一方面，咨询过程中会唤醒很多曾经的体验，这需要来访者投入大量的情感理解和感受，对来访者来说太长时间也会有压力；同时，也能保证留出一些时间给咨询师整理记录，清空上一个来访者给咨询师自己带来的扰动，从而有效地继续接待下一个来访者。

（2）咨询周期的设置。周期是指整个心理咨询过程将持续的时间长度，也就是从第一次会谈直到咨询目标实现的时间长度，通常用咨询次数表达，短则数次，长则数十次。咨询周期的长短因来访者的心理困难程度、咨询师所用的咨询方法、咨询目标以及各种各样条件的不同而有所差异，有的可用短程心理咨询，有的则用长程心理咨询。

（3）咨询频率的设置。咨询频率的设置以一周1次或一周2次比较普遍，也有经典精神分析会谈会安排一周3～5次。有时应根据来访者的精神状态、发展水平、年龄、咨询方法的需要等加以调整。为什么心理咨询要控制在以周为单位呢？因为我们在孩童时代，被动地接受了一些时间规则，比如什么时候吃饭、什么时候睡觉、什么时候醒来等。通过这种方式我们得以建构体验到的世界，学会把这个世界看成是可预测的，因而也是可依赖的。心理咨询的过程需要持续一个比较长的时间段，将每次的咨询设定在每周某一个固定的时间内进行，能够再现从规律中重新建立对世界的体验的过程。

2. 时间设置的心理学意义

时间设置除了有利于咨询安排工作外，还具有以下几个方面的心理学意义。

（1）体现出对来访者的尊重。稳定的时间设置可以满足来访者希望被别人重视、认可和尊重的心理需要。由于时间设置的存在，咨询师必须在设置的时间内全身心投入关注来访者并帮助来访者的咨询过程中，这个咨询的时间段从开始到结束都是属于来访者的，是专用于为来访者服务的。

（2）使咨访双方产生安全感。对来访者来说，稳定的时间设置意味着他们可以在特定的时间内稳定地见到咨询师，不会被咨询师抛弃，他们会重新建立起外部世界是可以预测和理解的认知。对咨询师来说，时间设置为他们提供了稳定的工作环境，就像很多从事其他工作的人也比较倾向于选择稳定的工作一样，当一个咨询师本身没有稳定感和安全感的时候，他们是很难助人的。

（3）使来访者产生一种分离体验。每次面谈结束也模拟了一种分离，而面临与咨询师的短暂分离，来访者可能会产生焦虑、愤怒、失落等负性情绪体验。时间设置可以让来访者更好地珍惜和利用咨询时间，让来访者在非咨询时间学习去感受和容纳自己的情绪，学习如何处理分离期间的焦虑，避免对咨询师产生依赖，从而慢慢地学会独立。

（4）使咨访双方都保持一种现实感。心理咨询通过咨访关系起作用，在咨询中会发展起来移情关系，时间设置可以让这种移情关系限制在一个框架里，不至于让一个人在现实生活中的现实感下降。时间设置混乱可能会使咨访双方突破咨访关系的边界，破坏咨访关系，甚至导致伦理问题。例如，来访者可能会在咨询以外的时间以非咨询的原因联系咨询师，或者想要和咨询师发展出咨访关系以外的关系。

（5）减少咨询师的职业倦怠。时间设置可以让咨询师能够合理地安排工作时间，在工作和生活之间有清晰的界限，保持一定的自由，以平静、良好的状态投入工作中，减少职业倦怠和耗竭。

3. 突破时间设置的危害

在心理咨询实践中，经常会发生突破时间设置的现象。如果是咨询师突破时间设置，特别是有意识地延长咨询时间，往往表示咨询师可能对这个来访者产生了反移情，想多照顾这个来访者一些；或者表示咨询师产生了无力感，对自己不够自信，想通过延时来弥补自己能力的不足。如果是来访者突破时间设置，特别是想要延时，往往表示来访者的边界感比较模糊，存在分离的困难，希望得到别人更多的照顾和无限的给予，想在咨访关系中得到更多的控制……

一般情况下，来访者突破时间设置的行为更为常见。时间的稳定，可以让咨访双方保持平等的关系，而来访者很难在日常的关系中体会到这种平等关系，所以就忍不住想获得更多的自主感。在意识层面越是担心自己的生命一直处在被掌控位置上的来访者，在潜意识层面就越想在其他的方面获得掌控感，以获得心理上的补偿，而拥有对时间的掌控感，就是一种最好的补偿。很多来访者想突破时间限制，就是认为可以扩充咨访空间的自由度，获得对咨询过程的掌控感。

心理咨询实践证明，除特殊情况外，突破时间设置有着极大的破坏力。在咨询时间总是不稳定的情况下，来访者成长得十分缓慢，愈加不敢信任咨询师，咨询师也愈加感觉到咨询过程的艰辛。来访者很容易把在咨访空间体验到的感觉平行带入日常生活中。因此，当咨询师给了来访者过度的允许时，可能会让来访者在生活中陷入过度退行的状态里出不来，会让来访者更加难以适应社会。

（四）咨询收费的设置

心理咨询是一种消费，付费咨询是理所当然的。合理的收费时刻提醒咨访双方：咨访关系是一种合作的关系。在这个关系中：一方面咨访双方每个人都负有自己的一部分责任；另一方面来访者有获得合理帮助的权力。因此，关于收费问题，如果处理不当，将会严重影响咨访关系的确立。

从精神分析的角度来看，收费属于心理治疗的一部分。收费是为了使来访者重视心理咨询，而免费则会让来访者对心理咨询感觉到无所谓。弗洛伊德认为，酬金具有“牺牲”性质，其意义在于：“酬金是一种可以让病人最大限度提高治疗动机的手段，它表现了病人对于心理治疗承诺的重要性，而酬金的设定应依据病人可以负担的最大程度而定。”另外，美国心理咨询专家迈克里奥德（J. Mcleod）也指出：“收费在心理治疗与真实世界之间架起了一座桥梁，提供来访者完成心理治疗的动力，并不让他们依赖心理咨询师。”

已有研究表明，收费的心理咨询比免费的心理咨询更为有效。因此，心理咨询师一定要走出“酬金内疚”的误区，在咨询一开始就与来访者明确沟通或商议费用的问题，并及时发送费用催缴单。

（五）休假约定的设置

心理咨询，尤其是动力性心理咨询，一般需要较长的时间，在咨询过程中，咨询师和来访者都可能因各种原因导致休假，而来访者很多早年的分离体验，会在咨询师休假期间被唤醒，所以，心理咨询过程中的休假约定也是非常重要的设置内容。有了合理的休假约定，也便于咨访双方讨论请假或变更时间的收费设置，而不与来访者探讨制定请假、变更时间以及收费的标准可能会引起来访者的不满。

休假设置通常是指从心理咨询一开始，咨访双方就要约定双方休假时间保持一致。如果不能够保持休假时间的一致性，当咨询师已经回到工作中时，来访者还未能够回到工作中，休假期间的咨询费用不可以免除，而是按正常的咨询过程进行收费。这种设置看起来是很不人性化的，但却是符合心理咨询伦理的。因为在动力性心理咨询中，来访者一旦确定进入咨访关系后，咨询师留给他的时间就会一直为他保留，不会再把这个时间留给别人，这与租房期间的旅行因为没有退房，而房租照付是一样的。但这样的设置在国内执行是有难度的，因为国外账单发过来是逃不掉的，而在我国有的来访者如果提出休假要求，咨询师也只能让他休假。当然，这也会让一些以休假为修饰的行动失去了被讨论和理解的机会。

（六）网络咨询的设置

网络咨询的设置，应和面对面的心理咨询遵循同样的原则，并且由于网络咨询的规范性不如面对面咨询，所以，咨询师应对来访者更加强调设置的重要性，如网络咨询过程中来访者应专心接受咨询，不能够同时做其他事情等。

（七）咨询设置的变更

任何对于设置的更改都需要有方法学和临床上的根据。咨询设置的变更，需要心理咨询师凭借敏锐的觉察力和正确的判断力，对来访者及自身移情与反移情关系进行正确判断，然后，再与来访者共同讨论更改设置的动机以及设置的具体变更方式。当咨询师觉察到来访者不合理的行为时，咨询师应坚定最初的设置而不能轻易地变更咨询设置，以免打破来访者的安全感，或带给来访者一种咨询师无能的想法，且避免进一步强化使来访者感觉痛苦的行为。

第二节　心理咨询的阶段

心理咨询的过程是一种由若干阶段构成的教育过程、帮助过程和成长过程，每个阶段都有需要完成的任务以及必须遵循的步骤，每个阶段也都存在咨询的重点、难点和注意事项。如何划分心理咨询的阶段，不同的学者存在不同的说法。

一、三阶段划分

在咨询实践过程中，比较常见的做法是把心理咨询的过程划分为三个阶段，即第一阶段的诊断阶段；第二阶段的咨询阶段；第三阶段的结束阶段。

（一）诊断阶段（初期）

诊断阶段的主要任务是，咨询师与来访者建立起良好的咨访关系，咨询师要收集来访者的基本背景资料，认清其存在的主要问题，制定咨询目标。这是一个准备阶段，也是一个很重要的开端。这一阶段又可分为以下几个步骤。

1. 建立良好的咨访关系

心理咨询主要依赖于来访者与咨询师之间能否建立起互相信任、亲密合作的咨访关系，并基于良好的咨访关系，咨询师给予来访者咨询与治疗。

2. 收集问题信息

收集问题信息，这一步骤的主要任务是咨询师深入收集与来访者及其问题有关的资料，理清主次要问题。一般来说，收集的来访者资料越多，对下一阶段进行心理诊断就越有利。

3. 进行初步诊断

进行初步诊断，这一步骤的主要任务是咨询师对来访者的心理问题及造成此问题的原因进行分析和确认。

4. 明确是否转介

明确是否转介，这一步骤需要咨询师明确是否继续接待来访者并给予咨询与治疗，还是将其转诊与转介。来访者是否适宜做心理咨询应在诊断阶段进行确认，当心理咨询师确认来访者不适合或暂不适合自己咨询时，不可对来访者的思想和情绪做出对抗性言行，应尊重来访者的人格和情感，并鼓励来访者在适合的时候再来会谈，同样也不可告知来访者关于咨询师对其问题的初步诊断。有经验的咨询师，一般用客气的礼貌用语进行谢绝或推介，而不轻易涉及来访者问题或症状的实质内容。

5. 确立咨询目标

在进行心理咨询时，心理咨询师要在完成心理诊断的基础上，与来访者共同商定心理咨询目标，让来访者明确了解他通过接受心理咨询，希望能够解决什么问题，应有什么改变，达到什么程度等。

（二）咨询阶段（中期）

咨询阶段是心理咨询过程中的最重要阶段，也是心理咨询师工作任务最繁重以及心理咨询师最能发挥创造性的重要阶段，起着帮助和改变来访者的作用，直接决定着心理咨询的效果。在这一阶段运用何种方法，使来访者产生何种改变，完全与来访者及其所面对的问题有关。此外，由于咨询的理论与方式、方法不同，进行此阶段的步骤也各不相同。咨询师在此阶段的主要任务是帮助来访者分析和解决问题，改变其不适应的认知、情绪或行为，促进来访者的发展与成长。一般来说，这一阶段可能需要的时间较长，咨询师可根据自己的理论倾向，针对来访者的问题，选择适当的咨询技巧和干预技术，或探寻潜意识，或矫正行为，或改变认知，也可以是几种方法结合使用。

（三）结束阶段（后期）

结束阶段是咨询的总结、提高阶段。这里的结束有两种，一种是某一次咨询的结束，另一种是整个咨询过程的结束。对前者，要做好此次咨询的小结和下次咨询的准备，包括布置家庭作业，商定下次咨询的时间和主题。作为整个咨询环节中的每一次咨询都是上一次咨询的继续，虽然新一次咨询还会有上述各阶段，但已经是上一次咨询的深化和提高了。每一次咨询都是相对独立的部分，但又是完整的咨询整体的组成部分。每次咨询实现一两个小目标，把这些小目标汇聚起来，就可以实现预期的咨询目标。对后者，要做好咨询的回顾总结，巩固咨询成果，使来访者把在咨询中获得的成长运用于今后的生活中不断提高自己的心理健康水平。

对于整个咨询过程的结束，要根据咨询阶段的长短不同，结束阶段的开始也有所不同。如原先预定10次会谈之后结束咨询，那么最后两次会谈就应将重点转向于结束阶段的工作；假如是持续一年之久的咨询，则在最后一两个月即应逐步开始准备结束阶段的工作。

二、四阶段划分

徐俊冕将心理咨询的实施步骤分为四个阶段，即开始阶段（包括收集资料、建立咨询与治疗同盟、帮助来访者建立求助动机、制定双方共同遵守的契约）、分析与认识问题阶段、矫正或重建阶段、结束与巩固阶段。

目前，比较流行的阶段划分是科米尔夫妇（S. Cormier，B. Cormier）的四阶段划分。

1. 建立咨访关系阶段

心理咨询师要与来访者建立起一种有效的咨访关系，实际上，咨访关系的建立渗透在各个阶段中。在这一阶段，咨询师需要收集来访者的有关资料，初步了解来访者的个人、环境资源，澄清、理解和界定问题。进入这个阶段的来访者有两个出口：一是进入正式的咨询和治疗；二是被转介。

2. 评估及确立目标阶段

评估及确立目标阶段常常与建立咨访关系阶段同时或稍后进行。心理咨询师要帮助来访者研究、了解自己和自己的问题。在这个阶段，咨询师需要进一步搜集来访者的有关资料，继续建立良好的咨访关系，进一步界定和理解问题，评估及确立目标阶段的任务。

3．干预策略的选择与补充阶段

心理咨询师与来访者要在评估资料的基础上，选择并安排好行动计划或干预步骤，以使来访者达到预期目标。这一阶段的主要任务如下。

（1）咨访双方根据上述要求，设想出各种可能的方案。

（2）对这些方案的优劣进行权衡和评估。

（3）确定一个合适的方案。

4．评估及终止咨询阶段

在评估及终止咨询阶段，需要评估心理咨询师干预措施的有效性，以及来访者取得目标的进展情况。咨询结束的形式一般包括以下三个方面。

（1）咨询目标达到，结束咨访关系。

（2）咨询目标未达到，咨询师提出结束咨访关系。

（3）咨询目标未达到，来访者提出结束咨访关系。

如果是在正常情况下结束咨询，一般要做好以下四项基本工作。

（1）评估目标收获。

（2）处理咨访关系结束的问题。

（3）为学习的迁移和自我依赖做准备。

（4）进行最后一次会谈。

三、五阶段划分

（一）第一种划分

心理咨询的过程可以划分为以下五个阶段。

1．咨访关系的建立

心理咨询师与来访者建立相互依赖、地位平等的咨访关系。

2．信息搜集

全方位搜集来访者的各种信息，并通过对信息的分析，明确来访者问题的大致范围和可能性质，分析时要注重来访者的基本情况、社会文化背景。

3．诊断检查，明确咨询目标

在心理咨询中，最常用的诊断检查工具是心理测验量表，在条件许可和必要的情况下，还可使用生化仪器进行生理测量。在这一过程中，要注意两个方面的问题：一是要注意从总体上对来访者的问题性质做出准确判断。可以运用“心理学三原则”进行判断，即观察来访者的心理、行为与环境是否统一，心理活动是否完整和协调，个性心理特征是否稳定。二是要从细节上对来访者的问题性质予以确认并明确咨询或治疗的目标。

4．选定解决问题的咨询方案

明确咨询目标后，要选定解决问题的咨询方案。

5．追踪反馈，巩固和发展咨询成效

追踪观察可采取多种方式进行，其中通信征询是最简单易行的方式。

（二）第二种划分

心理咨询的过程比较常见的也可以划分为以下五个阶段。

1．进入和定向阶段

在进入和定向阶段，咨询师需要完成以下任务。

（1）要与来访者建立初步的咨访关系。
（2）要收集来访者的相关资料，初步界定来访者的问题，明确来访者的咨询需求。
（3）要初步了解来访者的个人和环境资源。
（4）要评估来访者是否适宜做心理咨询，决定是否接案。
（5）如果接案，需要做出咨询安排。

2. 问题和个人探索阶段

在问题和个人探索阶段，咨询师需要完成以下任务。
（1）要与来访者建立起良好的咨访关系。
（2）要继续收集来访者的相关信息，进一步定义和理解来访者的问题。
（3）要深入了解来访者并协助来访者进行自我探索。

3. 目标和方案讨论阶段

在目标和方案讨论阶段，咨询师需要完成以下任务。
（1）要激发来访者改变的动机。
（2）要处理来访者的期望和目标之间的关系。
（3）要明确现有的干预手段和自身能力的局限性。
（4）要与来访者商定咨询目标，并以来访者为主，咨询师为辅。

4. 行动和转变阶段

在行动和转变阶段，咨询师需要完成以下任务。
（1）要避免来访者成为被动、接受和依赖的角色。
（2）要保持灵活性。
（3）注意迁移治疗在现实生活中的应用。
（4）经常评估，即根据确定的咨询目标，评估现有的咨询和治疗取得了怎样的进展。

5. 评估和结束阶段

在评估和结束阶段，咨询师需要完成以下任务。
（1）评估目标收获。
（2）处理咨访关系结束时来访者可能发生的问题，即分离性焦虑。
（3）为来访者的学习迁移和自我依赖做准备。
（4）与来访者做最后一次会谈。

编者倾向于五阶段的划分方法：第一阶段为建立咨访关系；第二阶段为进行心理评估诊断；第三阶段为商定咨询目标与方案；第四阶段为实施心理咨询；第五阶段为咨询效果评估。在后续的相关章节中，将按照上述五阶段划分法来研究、探讨心理咨询的全过程。

四、六阶段划分

卡瓦纳把心理咨询过程划分为信息的收集、评价、反馈、咨询协议、行为改变和结束六个阶段。学者汤宜朗、许又新也将心理咨询过程分为六个阶段，即信息收集阶段、评估阶段、信息反馈阶段、咨询协议阶段、行为改变阶段和终止咨询阶段，并且认为前三个阶段的重点在于收集整理对咨访双方都重要的信息，而这本身就具有治疗作用，后三个阶段的重点在于帮助来访者改变行为，使之恢复具有创造性的生活。另外，学者张人骏等人认为心理咨询过程可以按照确定问题、提出假设、检查假设、采取行动、参与行动以及评价划分为六个阶段。

除了上述几种阶段划分外，学者马建青还认为心理咨询的基本阶段应该包括八个阶段，即建立咨访关系、收集资料、澄清问题、确立目标、制定方案、实施行动、检查反馈、结束巩固。

思考·探究

1. 在心理咨询过程中，如何保障心理咨询师的人身安全和名誉声望？
2. 如何应对心理咨询过程中来访者的脱落？

第五章　心理咨询的实施操作

心理咨询的实施可以按照心理咨询过程五阶段划分法来进行，第一阶段要建立咨询师与来访者之间良好的咨访关系；第二阶段，在咨访关系建立的基础上，才可以搜集信息资料，开展各种测查，对来访者的问题进行心理评估与诊断；第三阶段，根据诊断结果，咨询师要与来访者商定咨询目标与方案；第四阶段，按照方案的设置实施心理咨询；第五阶段，在每次咨询和全部咨询结束后，都要对咨询的效果进行及时的评估。

第一节　建立咨访关系

关于什么是咨访关系，在心理咨询领域并没有形成共识，甚至大多数心理咨询师在谈及咨访关系时，都无法进行明确的定义。对咨访关系内涵与外延的描述主要有三种类型：一是认为咨访关系应当包括咨询师和来访者双方在咨询中所表现出来的所有有意识和无意识的情感、态度和行为；二是将第一种类型的外延进行适当窄化，把咨询师所使用的各种干预技术排除在外，认为咨访关系是一方对另外一方所表现出来的情感和态度，以及表现这些情感和态度的方式；三是将第二种类型的外延做进一步窄化，只强调情感和态度，甚至只包括共情、真诚和无条件积极关注。

本书倾向于认为咨访关系是需要心理帮助的人与能给予这种帮助的人之间结成的一种特殊的人际关系，这种特殊的人际关系表现为一种情感的联结、内心的沟通以及人际间的相互影响。心理咨询给来访者的心理支持和帮助，正是通过这种特殊的咨访关系起作用的。

一、咨访关系的作用

在心理咨询过程中，咨访关系是重要的核心因素。心理咨询不同于药物治疗，咨询师不可以对存在情绪敌对、内心猜忌和不信任的来访者采取强制的措施，促使其接受咨询。即使有些来访者勉强前来咨询，但由于其内心存在较强的防御和戒备，针对咨询师的态度与行为仍然会表现出不合作、不协调，最终必然导致心理咨询的效果不佳。因此，建立良好的咨访关系不仅仅是咨询初始阶段必须进行的重要环节，也是贯串于整个心理咨询过程中每一阶段的重要工作。

良好的咨访关系就是一种咨询师与来访者之间相互信任、相互理解、相互接纳、相互卷入的关系。在这种关系中，一方面，咨询师要理解、同情来访者所发生的事情，相信来访者，使来访者对咨询充满希望；另一方面，来访者要接纳、信任咨询师，承认并尊重咨询师的权威，积极配合咨询师，执行咨询师提出的咨询方案和措施。只有在咨询师与来访者之间形成这样一种理想的咨访关系，才可能通过咨询师和来访者的共同努力实现咨询目标。

良好咨访关系的具体作用包括以下几个方面。

1．成为有效心理咨询的前提条件和基础

良好咨访关系是心理咨询过程的第一步，也是心理咨询取得良好效果的基础。伯图里诺（B. Bertolino）在《问题青少年的咨询》一书中，提出了咨询要取得效果必须具备四个要素：一是认识来访者的长处，起40%的作用；二是良好的咨访关系，起30%的作用；三是咨询技巧，起15%的作用；四是对咨询的期望，起15%的作用。从他的分析中，可以发现良好的咨访关系对咨询所做的贡献其实远远不止30%。“认识来访者的长处”是一种用来促进良好咨访关系形成的方法，应该属于良好咨访关系的范畴；而对咨询的期望，在很大程度上是建立在良好咨访关系基础之上的，只有具备了良好的咨访关系，才可能使来访者对咨询抱有很大的期望。因此，如果将这三项相加，良好咨访关系对咨询取得效果的贡献可以达到85%。

2．能够减少来访者的防御心理

心理咨询的根本目标是助人自助。自助的前提是来访者能意识到自己的心理问题和困惑，有自我改变的意愿和动力，主动寻求咨询师的指导和帮助。来访者能够在咨询过程中提供真实、全面的信息，尤其是与问题有关的信息，咨询师才能对来访者的问题表现和性质等做出准确的评价，咨询才能取得良好的效果。然而，由于来访者在来心理咨询室之前，可能对接待他的心理咨询师一无所知，他们不知道这个咨询师是不是值得自己信任，能不能为自己提供所需要的帮助。在这种情况下，他们多多少少会有不同程度上的防御心理，他们会选择性地告诉咨询师一些问题，有时还会“美化”那些问题。例如，“虽然我有这样的问题，但没有你想象得那样严重”，这时咨询师想要做出准确的判断是十分困难的，最终可能造成咨询的偏差。来访者的防御心理，只有在良好咨访关系建立之后，只有在咨询师通过他们的“信任测试”之后才有可能逐渐解除。随着咨访关系的逐渐建立，来访者的问题也会不断显现，咨询进程得以逐渐推进。

3．使来访者对咨询师本人产生认同感

心理咨询能否成功，关键在于咨询师本人是否被来访者所接受。如果咨询师不被来访者所接受，来访者就会丧失求助动机，咨询师所拥有的理论与技术则无用武之地。“亲其师，才能信其道。”最初来访者只可能对咨询师的一部分态度产生认同感。认同是来访者在咨询师认真负责及真诚关注的态度感召下产生的，在咨访关系进一步发展的基础上，认同的范围与程度会发生变化。认同是使对方做出改变的基本要素。只有建立良好的咨访关系，来访者才能获得安全感与信任感，以接纳的态度对待咨询师，认同咨询师的观点，相信并接受咨询师的解释，愿意积极配合咨询师，在咨询师的指导和帮助下发现自己的潜能，学习和尝试新的行为方式，使自己的行为改变成为可能。

4．促进来访者产生积极的情绪体验

在咨询过程中，咨询师能对各种各样的情况做出反应，这些反应往往超出了来访者的预料。比如并不指责来访者表现出的不适宜行为。这会有助于咨访关系的进一步发展，使来访者对咨询师更加信任，并逐渐产生出希望这种关系会比以往任何一种关系都更能让来访者自己从中受益的想法。在这种联盟关系中，来访者也在学习咨询师所表现出来的积极反应，并将所学应用到他与其他人的关系中去。另外，咨询进行一段时间后，会发现来访者对自己的看法变得更为积极了，而这种变化的产生非常明显与他们对咨询师的关心、价值观等的体会有关。咨询师完全接受来访者“坏”行为的态度与能力，对来访者产生了极大的影响，它减轻了来访者的心理压力，同时也为来访者接受咨询师的态度，提高他们对自己的认识提供了机会，来访者自尊心的提高与其积极的情绪体验相互影响、相互促进。

5．使来访者产生移情式改进

移情是一个心理咨询常用的概念，在这里是指来访者以积极尝试适宜行为的方式取悦于咨询师，这是良好咨访关系内化的另一种产物。如果来访者的行为改变没有充分的基础，那么他们的这种改变只能是暂时的、不稳定的。尽管如此，这毕竟是对咨访关系的一种积极的反应。而且一旦当来访者表现出这种行为时，他们是很容易接受来自内部和外部的强化的，这些强化又有可能促使其新的反应方式和行为逐步固定下来。这样看来，这种产生于相互信任关系基础上的移情式改进也是有可能变成持久的改进的。

6．让来访者对咨询充满希望

来访者在开始时一般都对心理咨询充满很大的希望，但是随着咨询的进行，来访者对咨询的希望也会发生变化，其中很重要的因素就是来访者是否相信咨询师。只有与来访者建立了良好的咨访关系，来访者才会相信咨询师，并把咨询师当作专家、权威来看，才会坚持执行咨询师提出的咨询建议和措施。

7．增加来访者继续前来接受咨询的意愿

来访者必须坚持一段时间的咨询才能取得咨询效果。实际上，在心理咨询过程中来访者中断咨询的比例却非常高。影响来访者是否愿意继续接受咨询的因素有很多，如来访者对心理咨询的看法和观念，来访者的经济承受能力等，但更重要的是咨询师和来访者建立的咨访关系。

二、咨访关系的模式

建立在科学基础上的心理咨询已有近百年的历史，但作为科学来到我国却是近年来的事情。面对国外诸多的心理咨询学派，尤其是这些学派间的理论纷争，不少咨询人员时常会感到困惑。比如，国外有一些心理咨询学派强调咨访关系的指导性，而有另一些学派则强调其非指导性，还有的学派则强调二者兼而有之。这些学派在理论上的固有分歧和争论，恰恰向我们展示了咨访关系的不同模式。

1．根据不同疗法中咨访双方的地位划分

（1）朋友关系模式。来访者中心疗法的重点集中在创造一种良好的关系氛围，使来访者能够自由地探索内在感受，来访者是处于主动地位，咨询师是处于被动地位，咨询师通过倾听、真诚、关切、尊重等来解决来访者的心理问题。求助者被称为“来访者”而不是“病人”，强调平等，强调来访者的主体地位，咨询师甚至只作为跟随者。在这种关系模式中，咨询师很像是来访者的一位朋友。

（2）医患关系模式。精神分析疗法通过自由联想、释梦等方法挖掘来访者的病因，咨询师将病因呈现给来访者，解析病因中的无意识成分，使来访者正视自己的心理问题，从而达到治疗的目的。咨询师有绝对的权威，支配、指导来访者，来访者处于被动地位。咨询师即医生，来访者即患者，其咨访关系是医患关系。在这一关系模式中，咨询师在挖掘来访者病因时的角色很像是一名侦探。

（3）改造者与被改造者关系模式。行为疗法中咨询师与来访者之间是一种改造者与被改造者之间的关系。咨询师要设法动员来访者参与行为分析、方案设计和评价，通过行为评估、治疗和随访三个阶段使来访者的心理问题得以解决。心理咨询的过程是一种再教育的过程。由于来访者的行为改变是在咨询师的指导之下完成的，咨询师的角色很像是一名教练。

（4）教育者与被教育者关系模式。理性情绪疗法中咨询师与来访者之间并不是一种完全平等的关系，而是一种“高度指导”与“被指导”的关系。咨询过程是主动指导式的，咨询师必须以指导者的身份出现，与来访者建立“教育与被教育者”的关系。理性情绪疗法创立者艾利斯（A. EIlis）认为咨询师与来访者之间的良好关系必须建立在理性观念之上，咨询师必须树立权威，占据指导地位，在这种关系上对来访者进行指导和说服。在这一过程中，由于咨询师要对来访者的不合理信念做分析，所以，咨询师的角色有时很像是一名律师。

（5）合作关系模式。贝克认知疗法的咨访关系是一种合作关系，咨询师和来访者齐心协力来改变歪曲的认知。在咨询过程中，咨询师主要起着一种引导的作用。从第一次会谈开始，咨询师就要和来访者建立必要的相互信任和情感协调，并表示对来访者的尊重和与来访者合作的意愿。在咨询过程当中，咨询师要注重倾听来访者的心声，始终保持开放的态度来面对来访者的反馈、建议和来访者关心的事情。在这种关系模式下，咨询师就是一名合作者。

2. 根据不同疗法中指导成分的多少划分

（1）指导（权威）关系模式。理性情绪疗法和行为主义疗法属于指导模式，也称为权威型模式，都强调咨询师的主动调控作用，强调咨询师主动影响来访者。在来访者眼里，咨询师是其寻求帮助的专家，因而对咨询师言听计从；而咨询师则视来访者为患者或有问题的人，不断地给来访者以一定的认知辅导和行为操作训练。两种疗法的区别在于理性情绪疗法注重咨询师帮助来访者进行内在认知结构的改善，而行为主义疗法则强调对来访者行为的矫正和塑造。

（2）非指导（平等）关系模式。来访者中心疗法是一种典型的非指导模式，也称为平等型模式。咨询师不以专家自居，而是一个有专业知识的伙伴或朋友，反对操纵和支配来访者。在这种咨访关系中，咨询师和来访者是完全平等的。来访者视咨询师为值得信赖的倾诉对象；咨询师注重的则是倾听和理解，扮演着一种起催化作用的角色，促进来访者自我领悟。

（3）有限指导（诱导）关系模式。贝克认知疗法和精神分析疗法的咨访关系模式则是介于指导和非指导之间，是一种有限指导模式，也称为诱导型模式。咨询师与来访者所缔造的关系往往是一种合作式的联盟关系，并不是用直接的、教导式的方式来影响来访者，而是运用一种潜在的、无知觉的探讨和分析来诱导来访者发现问题。这是一种介于平等型和权威型之间的咨访关系，它既不像平等型关系那样一味地强调来访者的自我领悟而不给其适当指导，又不像权威型关系那样不考虑来访者所具有的潜在能力而过多地给予指导。实际上，这是一种将咨询师的指导和来访者的自我领悟适当融合的咨访关系。钟友彬的认知领悟疗法就是通过建立这种关系来给来访者以认知领悟和认知辅导的，因此，它也属于诱导关系模式。

三、咨访关系的特征

咨访关系是一种咨询师对来访者的帮助关系，它不同于一般的人际关系，具有自己显著的特征。对咨访关系的特征，有多种观点。

1. “十特征”观点

根据心理学家舍特泽（Shertzer）等的观点，咨访关系具有10个基本特征，这10个特征同时揭示了咨访关系与其他关系的区别。这些特征如下。

（1）咨访关系是有深刻意义的。咨访关系的意义是参与双方所赋予的，两者都接受这种关系的价值。之所以是有意义的，是因为它是个人的、亲密的而又恰当的关系，不同于其他的社会交往。它能通过引发焦虑和降低焦虑以及相互的自我承诺来达到一定的目的。

（2）感染是咨访关系的重要表现。这种感染是相互的，因为双方在咨访关系中，都自我专注地探索自己的思想、感情或态度，并都自我暴露，敏锐地感受彼此。首先是在咨询师的感染下，来访者进行自我暴露、自我探索；其次是在来访者的感染下，咨询师采取相应的对策；最后是在咨询师的感染下，来访者的态度、认识、情感和行为方式发生变化。

（3）这种关系保持个人完整性。在咨访关系中，无论是认识或情感，双方都要相互忠诚，互相尊重。双方都把对方视为可信的、可靠的个体。

（4）咨访关系是在双方认同的基础上形成的。双方态度的认同或默认是很有必要的，虽然个体可以被强迫进入某种关系，但不可能被强迫接受帮助或变得对自己有帮助。没有压力、双方认同是咨访关系的特点之一。

（5）咨访关系的形成原因是来访者有各种不同的需要。咨访关系实际上开始于来访者的需要，他们的需要多种多样并因人而异，如获得信息的需要、获得建议的需要、获得理解的需要、接受咨询的需要等。因为他们缺乏专业知识或能力，感到困惑、无能、焦虑或低效，所以他们寻求帮助。咨询师则通过他们成熟的个性、专业的方法或技能、丰富的经验、真诚的态度等来帮助来访者。

（6）咨访关系的构建是通过沟通和交互作用的方式完成的。沟通是帮助过程的核心部分，不仅是言语方面的沟通，还包括非言语方面的沟通。在这个过程中，双方发生交互作用，任何一方都会被另一方的言语和非言语的信息所影响，而且这种作用过程是有多种形式的，如信息的交流、认识的交互作用、情感的交互作用。这种交互作用也是经历了很多的阶段，包括积极的和消极的经验。显然，双方的交流越清晰和清楚，咨访关系越有意义。

（7）咨访关系是一种结构化的关系。与其他社交关系不同，咨询过程中咨访关系是一种结构化的关系。这种关系有确定的目的和程序。咨询师在咨询过程中有严格计划性，如时间计划、方法计划等。这种关系还包括工作的基本构架，如咨询时间的约定、费用约定、任务完成约定、相互信任约定、保密性约定等。双方都有责任维持基本的结构，结构对于期望的咨询效果有重要作用。

（8）合作是咨访关系的重要标志。来访者和咨询师朝着一个共同接受的目标一起工作，为了达到这个目标，他们之间的合作是必需的。这种关系不是一方支配另一方的关系，如师生关系、领导和下属的关系等，而是一种相互合作的关系。在咨询过程中，来访者也有很多要求和建议，如来访者有权拒绝似乎不合适的技术，建议采纳哪些合适的技术等。另外，咨询师要根据来访者的具体表现采取具体的程序。他们全部的技能服务于来访者的需要，给予并支持来访者自主选择的权力。咨询师的任务就是让来访者得到情感上的支持并充分表达自己的观点、问题。这一合作的努力加强了咨访关系。

（9）咨询师有明显的可接近性。这是与其他关系不同的重要特点。在这种关系中，咨询师必须有人际接近性的特点，能够接纳他人以及他人的想法、情绪等，拒绝人际接触和人际排斥是这种关系所不能接受的，而且咨询师没有不适当的恐惧、怀疑和焦虑，情绪具有稳定性。

（10）改变是咨访关系的目标。在咨访关系中，双方的目标是改变来访者的行为或认知，这一点是十分明确的。咨询成功与否的标准也要参照这种目标达到的程度。

2．“四特征”观点

有学者认为咨访关系的特征包括专业性、合作性、职业性和独特性四个方面。

（1）咨访关系是一种专业关系。心理咨询师需要经过专业培训和资格认证，具备心理学、心理咨询和治疗等方面的知识和技能。心理咨询师在咨询过程中需要根据来访者的情况进行评估、分析和干预，因此需要熟练掌握各种心理咨询技巧和方法。同时，心理咨询师还需要遵守职业道德和规范，保护来访者的隐私和权益。

（2）咨访关系是一种合作关系。在心理咨询过程中，来访者和心理咨询师是平等的合作伙伴，共同致力于解决来访者的问题和促进来访者的成长。心理咨询师需要尊重来访者的意愿和选择，与来访者共同制定咨询目标和计划，并积极引导来访者参与到咨询过程中来。通过合作，来访者和心理咨询师可以共同实现咨询目标，达到双赢的效果。

（3）咨访关系是一种职业关系。心理咨询师是经过专业培训和资格认证的职业人士，需要在咨询过程中承担起自己的职业责任和义务。心理咨询师需要遵守职业规范和法律法规，保护来访者的隐私和权益，同时还需要接受专业机构的管理和监督。

（4）咨访关系是一种独特的关系。每种咨访关系都是独一无二的，因为每个来访者都是独特的个体，需要独特的解决方案。心理咨询师需要根据来访者的情况进行个性化的咨询方案设计，并灵活运用各种心理咨询技巧和方法。同时，心理咨询师还需要关注来访者的情感状态和心理变化，及时调整咨询方案和策略。

3．“内外特征”观点

还有学者从内、外部对咨访关系的特征进行以下描述。

（1）咨访关系的外部特征：①明确的目的性。咨访双方对为什么结成咨访关系，结成这种关系的目的是什么，都非常明确。②非强制性。咨访关系的建立、维持和发展以双方的共同意愿为前提。③职业性。来访者与咨询师是在特定的时间、特定的地点为特定的目的发生职业服务性质的联系，除此之外，双方不再有别的关系。④人为性。咨访关系被有意识地建立、发展、维持、利用。

（2）咨访关系的内部特征：①信任和理解。在这样的氛围下，来访者与咨询师之间能够坦诚相待，把自己无顾虑地交托给对方，从而增进自我探索。②情感联系。在咨询中，咨询师总是设法创造一种能够自由表达情感的气氛，促使来访者充分地表达情感，同时也用一颗“感受情感的心”去体验对方的感受。③工作取向。双方对咨询目标有一致的认可，对于达到目标要完成的任务有共识，并在会谈的过程中自觉地把焦点集中于治疗事物。④承诺感。咨访双方都愿意对咨询目标做出承诺，愿意为之付出心血和努力。

（3）内部特征与外部特征的关系：内部特征并非一开始就存在，而是逐渐发展出来的。外部特征为内部特征的发展准备了一些条件，但仅有外部特征并不足以保证内部特征一定出现。

4．“五特征”观点

对咨访关系特征的理解，本书倾向于以下描述。

（1）咨访关系是一种特殊的工作关系。咨访关系是一种人际关系，但又不同于一般的人际关系。咨询师与来访者之间的影响相互依存、相互联系。咨询师通过专业能力、人际吸引力、可信任性影响来访者，而来访者本身具有的特征也可增强或调节咨询师的影响效果，这种相互影响只在特定的时间、特定的地点直接发生，一旦咨询终止，这种关系就不存在了。如果咨询师接受来访者工作以外的聚餐等邀请，来访者的动力就会发生很大的改变，而这种动力改变对咨询效果来说是非常不利的。

（2）咨访关系是一种具有保密性的关系。保密性是咨询师与来访者双方产生信任关系的前提。保密既是职业道德的要求，也是咨询工作的需要。临床心理学家帕特森（R. J. Paterson）在谈及心理咨询中人际关系的特点时曾指出：咨访关系完全是一种在特定的时间期限内，具有保密性的特殊关系，这也是咨访关系不同于其他社会关系的特征。帕特森还指出，虽然咨访关系被限制在一定的时间范围以内，但这种关系的密切程度和深度却超过了一般的社会友谊关系。咨询过程中，经常会涉及来访者的缺陷或隐私，会涉及单位、家庭内部的矛盾冲突。因为这种关系是在没有任何威胁的情况下小心地建立起来的，咨询的气氛使来访者有安全感，保证了其自我暴露和自我探索的进行。如果这种暴露得不到应有的保护和尊重，咨访关系就会复杂化。

（3）咨访关系以来访者保持一定强度且持续的求助动机为前提。来访者具有一定强度且持续的求助动机是咨访关系建立和发展的前提。当来访者遇到了他无法独自解决或无法通过其他途径加以解决的难题，或者来访者对自己感到不满，需要别人给予特别的帮助或支持时，来访者的求助动机就会产生。咨询的根本目标是助人自助，那么自助的前提是来访者能意识到自己的困惑或问题，有自我改变的意愿和动机，并积极主动地寻求咨询师的帮助。没有求助动机，咨询效果就无从谈起，当然，缺乏来访者的意愿和合作，咨询师也难以与来访者建立良好的咨访关系。

（4）咨访关系是一种同盟关系。为采取共同行动而缔结盟约即同盟。咨访关系是一种具有联盟性质的人际关系，其目的是帮助来访者尝试改变自己，以更合适的方式去思考与行动。通过这种联盟的内化，让来访者去尝试改变自己。联盟关系之所以会促使来访者试图改变自己，是由于联盟关系能够使咨询师无条件接受来访者，而来访者体验到咨询师对他的这种无条件接纳，其自尊心得到提高并激励他去完善自己。联盟的敌人其实是来访者自我意识的一部分，而非第三者，因为来访者往往不能接受自己的某些方面，并为此感到痛苦、烦恼和焦虑。

（5）咨访关系是一种动态的关系。在咨询的不同阶段，咨访关系是一种不断变化着的动态关系。在咨询初期，咨访关系处在逐步建立阶段，会随着咨询进程发生微妙的变化；在咨询中期，咨询师开始更多地运用影响技术，引发和处理来访者的重大情感和行为问题，这时咨访关系变化比较大；到了咨询后期，咨访关系又受分离焦虑、来访者的自我接纳等因素的影响。由此可见，咨访关系是咨询师与来访者的互动关系，它是根据咨询需要而不断变化的。

四、咨访关系的建立

良好咨访关系的建立有赖于咨询师和来访者两方面的因素：一方面是来访者的努力、他们的迫切愿望和对心理学的一般信任；另一方面是咨询师的努力，这有赖于他们的责任心、工作能力、知识的广度与深度以及自身的性格特点。其中，咨询师的态度和品格、技术应当起着主导作用，咨询师的态度是建立良好咨访关系的关键。能否建立起积极的咨访关系，咨询师担负着重要责任。

1. 咨询师应具备良好的咨询态度

来访者最初往往比较紧张，咨询师对来访者的态度直接影响到来访者对咨询师是否信任。热情友好的态度给人以亲切感，可有效拉近咨访双方的距离，特别是当来访者受心理困扰、走投无路时，往往会抱着满腔希望而来，咨询师热情友好的态度本身就是一种力量与安慰，能在很大程度上降低其焦虑水平。咨询师的基本态度包括：真诚、尊重、共情和积极关注（将在后面讨论）。咨询师还应具备相应的咨询技能，如关注、倾听等基本技能。

2. 注意初次会谈的技巧

在初次会谈时，咨询师既可以向来寻求指导和帮助的来访者进行简明扼要的自我介绍，也可以用微笑或一个引导来访者坐下的手势等形式开始咨询。在简短的自我介绍后，可以允许有短暂的沉默，主要目的在于给来访者一个整理思绪的机会，使他从一开始就能完整地表达自己想说的话。在初次会谈时，咨询师可以就咨询的性质、限度、角色、目标以及特殊关系等向来访者做出解释。解释的内容包括时间的限制、会谈的次数、保密性、正常的期望等。对这些问题的说明，可以减少来访者的困惑，减轻因此而引发的焦虑，也使来访者不至于对咨询产生不当或过高的期望。在初次会谈中，也有必要澄清保密性的问题，对咨询过程中必要的记录给予说明，对所谈内容和隐私权的保密与尊重做出肯定性承诺，以此消除来访者的戒备心理。

3. 保持与来访者之间的界线

开始建立咨访关系的有效方法之一就是考虑如何创造和保持来访者与咨询师之间的界线。从通常意义上来说，一个界线就标定了一片领域的限度，并且标定了一片领域或空间的结束与另一片领域或空间的开始之间的划线。在心理咨询中，“界线”的概念显然是一种隐喻，因为心理咨询室中不存在实际的界线的路标或划线。在心理咨询情境下，可以根据不同维度的关系来确定界线。这些纬度包括：①时间。一个心理咨询周期的开始和结束。②物理空间。来访者与咨询师之间坐的距离应该有多远，他们的“个人空间”有多大。③信息。来访者应该对咨询师本人有多少了解？④亲密性。咨询师与来访者在情感上应该有多亲密？这种关系中的亲密程度可以扩大到身体接触吗？⑤社会角色。如果咨询师与来访者在其他场合碰面，咨询师应该如何对待来访者？如果来访者要求在心理咨询之外与咨询师建立一种关系，咨询师应当怎样应对来访者的这种要求呢？

界线可以是严格固定的，也可以是有渗透性的。由于咨询师的个人风格不同，他们对于界线的规定也不同。有些人喜欢严格规定的界线，而其他人喜欢更为灵活的界线。精神分析师朗斯（R. Langs）曾经强烈赞成严格遵从心理咨询中清晰规定的界线，并且要把它视为一项核心原则。朗斯相信明确的界线可以创造出一种坚固的框架，来访者在其中能感受到安全，敢于探索痛苦的过往经历。然而许多人本主义取向的咨询师不太相信使用界线的理念可以作为与来访者关系保持一定分离状态的理由。也有的学者认为“我们需要跨越界线来测量心理咨询过程的真正本质，而严格界线通常所推崇的心理咨询师的超然态度，其本身就是一种潜在的滥用”。毫无疑问的是，在划定界线过少和界线过多的咨访关系中都存在着许多危险。对于每一种具体的咨访关系，究竟什么才是最为理想的界线设置？根据相关学者的研究显示，个体有不同的界线需求以及不同的界线“宽窄”，对于某一个来访者或咨询师合适的界线设置也许不适用于另一个人。

4. 自我觉察

咨询师需要具备正确和敏锐的自我觉察能力。不论哪种咨询理论取向，产生咨询效果的主要手段是人或咨询师本身。要成为一名咨询师，就要以灵活的和有回应的方式与寻求帮助的来访者互动。咨询师并没有可遵循的固定脚本，咨询师所做的几乎每一件事都是临场发挥的。因此，咨询师必须能够将自己作为一种资源来使用，对自己内部情感状态转变的可能的重要性保持敏感，理解自己的行为可能怎样被他人觉知，拥有维持新鲜感和警觉感的策略。有效的咨询要建立在咨询师和来访者之间关系的质量基础之上，一名咨询师需要经常延展和挑战作为助人者建立咨访关系的能力，应对终结、面质、深度关注的体验、打破僵局的复杂性。在咨询情境中，咨询师的自我觉察包括以下几个方面。

（1）对来访者的觉察。自我觉察可以帮助咨询师更好地从来访者的立场或角度，对来访者的需要、认知和情感进行鉴别，更加客观地体验来访者的心理发展过程，真实地领悟到社会、文化、家庭对来访者的行为所产生的影响，从而在改变来访者方面发挥更为有效的作用。咨询师不仅要能听懂来访者说的话，理解其字面意义，更为重要的是通过观察来访者的衣着、面部表情、肢体语言等挖掘其背后的意义，把来访者现在的应对方式和早年的创伤经历连接起来，揭示其心理动力。

（2）对咨询师自身的觉察。咨询师应敏锐地对自身出现的想法、冲动和感受有所觉察，并迅速地探究其与自身的内在心理结构和以往的生活经历之间的关系，辨别自己的心态、言行是出于自己的评价和感觉系统，还是出于对来访者的真正理解。常见的问题是咨询师在自己的主观世界中，通过自己的经历、经验、观念、态度对来访者进行劝诫、安慰、分析、教导；所说的语言是基于自己的角度和立场，而较少考虑到来访者的真实心理。此时，咨询师需要觉察自己，刚才的一言一行投射出了自己哪方面的感情？出于自己什么样的角度？这些言行从哪里来，又要到哪里去？要达到什么目的？为什么要这样说？这样做？只有这样把自己“内视”清楚，才能更好地了解、客观而准确地把握来访者的内心世界。

（3）对咨访关系的觉察。咨询师需要从与来访者的互动中觉察咨访关系内在的心理动力模式，这一模式是来访者过去生活的重现，也是咨询师过去生活的重现。如果一个咨询师缺少自我觉察能力，使得咨访关系变成了一种无意识的工作关系，此时的咨询往往就是利用来访者满足咨询师的需要，而不是满足来访者的需要。例如，来访者将咨询师视为自己现实生活中强大的父亲或母亲，咨询师就会认同来访者的这种需要。然而，来访者的本意是想摆脱这种依赖，所以基于这种咨访关系的心理咨询必然是无效的。

5. 理解咨询过程

除自我觉察之外，咨询师需要建立一个理解自己所作所为的理论框架。作为一名咨询师，关键之处在于使用一致的、有意义的和有助于与来访者进行沟通的概念和观点。因为前来咨询的人往往是困惑的和令人困惑的。他们或许已经竭尽自己所能，求助自己的家人和朋友；他们或许身处危机之中，感到一切都混乱不堪和失去控制；他们或许很担忧某些预感到的事情将发生在自己身上；他们或许以某种方式将整个烂摊子推给咨询师。此时，作为咨询师自身需要具有能够掌控现实的安全感。

6. 实践经验

实践经验有三种类型：第一种，与他人共享自己的个人经验和聆听他人的经验；第二种，与学习同伴一起练习咨询和助人技巧；第三种，扮演真正的咨询师角色，直接面对带着问题前来寻求帮助的来访者。当学习实践经验时，成为一个小型的同辈学习群体的成员是非常有必要的。这一群体定期聚会，营造出信任和诚实的氛围，在这个群体中的每一位成员可能被支持，也可能被挑战，在群体互动中学会给予和接受反馈，并模仿好的咨询实践活动。

7. 接受督导与自我成长

作为咨询师，需要在接受专业训练和开展助人实践的过程中不断寻求机会，进行自我反省，接受专业督导，促进自我成长。在现实中，很少有人是在理想的、没有任何伤害的环境中长大的。当然，有心理创伤的人并非不能成为出色的咨询师。但是，有时咨询师以往的心理创伤的确会妨碍咨询师与来访者建立和发展建设性的咨访关系。当咨询师想要进入来访者的生活过多时，就需要问问自己，我所做的是否真的在帮助对方，使其有能力按照自己的意志做出选择？我的助人动机究竟是想要满足自己的需要，还是真的为满足来访者的需要？我要满足来访者的成长需要，还是其他需要？如果咨询师对此缺乏自觉意识，而且没有机会修复以往的心理创伤，就很容易有意、无意地以“咨询”为借口，使用咨访关系满足自己的心理需要。

五、咨访关系的影响因素

1. 来访者因素

来访者因素对咨访关系的建立、咨访关系的水平高低有重要的影响。

一般认为，来访者的认知动机性因素影响了咨访关系的建立以及咨访关系水平的高低。例如，在精神分析治疗中，治疗动机可以预测咨访关系的水平。

许多研究认为，改变的必要条件是来访者体验焦虑和困难的意愿。咨访关系与来访者愿意承担的责任有关。例如，由咨询期望量表（Expectation about Counseling–Brief，EAC–B）所测量的个人责任与咨询效果和咨访关系高度相关。这意味着在治疗中积极主动的来访者比那些完全依赖咨询师的来访者更容易建立牢固的咨访关系。

来访者人际关系的好坏，与咨访关系的建立以及咨访关系水平的高低也有关。根据有关综述，来访者对人友好的关系特点或者形成亲密关系的能力和咨访关系呈正相关，而社会关系或者人际关系不良的来访者以及对人有敌意的来访者，与咨询师之间形成咨访关系会比较困难。

2. 咨询师因素

在咨访关系中起主导作用的是咨询师，咨询师是咨访关系的决定性因素，因此，在咨询的全过程中，咨询师要根据人际交往的原理，采用有助于形成良好咨访关系的态度和技巧，建立、发展并维护良好的咨访关系。

一般来说，咨询师的专业水平、值得信赖感、吸引力以及咨询师与来访者是否融洽等与咨访关系有中等程度的正相关。咨询师的温暖、理解、胜任感和对来访者的尊重会提高咨访关系的水平。但是，咨询师的专业水平与咨访关系的相关性还存在一些争议。例如，有研究发现咨访关系的目标、任务维度和咨询师的训练水平相关，但是情感维度与咨询师的训练水平无关，而实验心理学家斯特鲁普（J. R. Stroop）较早的研究认为咨询师的经验与咨访关系没有关联。

咨询师自身的积极品质，相较于紧张、挑剔、严厉、僵化，真诚、可靠、自信、友好、开放等个人特征会加强咨访关系。另外，咨询师对心理咨询的过分结构化、不恰当的自我表露、不恰当的移情解释以及时机不当的沉默对咨访关系都有消极的影响。

咨询师需要特别注意是否真正与来访者建立了朝向同一目标的合作关系。不少研究发现，咨询师与来访者之间往往存在重要的分歧，如对治疗的期望、心理疾病形成的原因以及解决方式等。这些分歧是影响来访者对咨询师助人性觉察的重要原因。要解决这些分歧，首先需要调整的是经过严格训练的咨询师而不是来访者。

六、咨询师的基本态度

如何建立良好的咨访关系，各个心理学派可谓“八仙过海，各显其能”，在方法、技巧上各有特色，但是，咨询师的态度才是影响良好咨访关系建立的最重要的因素。

（一）真诚

真诚（genuineness）是指在咨询过程中，咨询师不把自己藏在专业角色的后面，不戴假面具，而要以“真正的我”出现于来访者面前，开诚布公，表里如一，真实可信地投身于咨访关系。

1. 真诚的含义

真诚是一种咨询的技术或方法，更是一种人生态度。真诚具有两方面的含义，既包括咨询师真诚地对待来访者，也包括咨询师真实地对待自己、真实地展现自己。咨询师的真诚既可以为来访者提供一个逐渐地开放自己、表达自己、袒露自己的榜样，也可以为来访者营造一种安全氛围。咨询师能够恰当地表达真诚，不仅是一种技术，更是一种艺术。

当然，咨询师在表达真诚时也要注意以下三个方面。

（1）真诚要有助于来访者成长，应符合对来访者负责的原则，而不是实话实说。

（2）真诚不是咨询师的自我发泄。咨询师过多地宣泄自己不是真诚的表现。

（3）真诚应实事求是。咨询师在来访者面前，要既不夸大自己，也不妄自菲薄。

2. 真诚的组成

真诚至少有五个组成部分。

（1）支持性的非言语行为。这些行为如眼神等，可以透露出咨询师对来访者的真诚。

（2）不显著的角色行为。咨询师并不能回避自己作为助人者的角色，但真诚要求咨询师不要过分强调自己的权威或专家的角色。

（3）一致的言语、情绪与行为。在咨询过程中，咨询师的言语、行为和情绪情感真实且相互统一。

（4）自然表达的能力。咨询师在没有任何考虑要怎样说和怎样做的情况下，能够自然地表达自己。但这种表达不是让咨询师说出任何的想法和情感，尤其是负面情感。

（5）适度的开放和自我暴露。为了缩短咨询师与来访者的心理距离，帮助来访者形成新的视角，增加来访者的开放程度，咨询师可以向来访者暴露自己某方面的情况，但这种开放和暴露必须适度。

真诚是内心的自然流露，不是靠技巧所能获得的，真诚建立在对人的乐观看法、对人有基本信任、对来访者充满关切和爱护的基础上，同时也建立在接纳自己、自信谦和的基础上。真诚是咨询师的一种素质，这种素质是潜心修养不断实践的结果。

（二）尊重

尊重（respect）是指咨询师对来访者的现状，包括价值观、人格特点和行为方式等予以接受、悦纳，认为来访者是一个独特的、有价值的人，是一个有潜能并可以改变的人，而不管他是一个怎样的人。尊重是咨询师对来访者的无条件接纳，这种接纳可以给来访者创造一个安全、温暖的氛围，让来访者获得一种自我价值感，能够最大程度地表达自己。对那些渴望被接纳、尊重和信任的来访者来说，尊重的助人效果将更加明显。

为了充分体现咨询师对来访者的尊重，在心理咨询过程中，咨询师要注意以下几点。

（1）能够接纳一个既有优点又有缺点的来访者，接纳一个价值观可能和自己不同甚至差距很大的来访者。

（2）不管来访者的性别是男性还是女性，家庭是贫穷还是富裕，地位是高贵还是低微，都要一视同仁。

（3）对来访者要热情相待，礼仪周全，不可以轻视或怠慢。

（4）要信任来访者，而不是怀疑来访者。

（5）要保护来访者的隐私，没有经过来访者的同意，不可以在任何场合透露来访者的任何信息。

（三）共情

共情（empathy）是指咨询师认识来访者内心世界的态度和能力，是指咨询师能设身处地地从来访者的角度，理解来访者的感受，并向来访者表达出来。咨询师通过共情可以产生与来访者同样的感受和体验，而当咨询师共情地回应时，来访者会感到自己被咨询师理解和接纳，这样有助于良好咨访关系的建立。通过共情，咨询师可以尝试了解来访者，也可以协助来访者进行自我探索、自我了解和自我表达。

咨询师如何贴切地使用共情呢？

（1）咨询师应把自己放在来访者的处境中来尝试感受他的各种心理体验。

（2）当咨询师不能肯定自己对来访者的理解是否准确时，可使用探索性的语气进行表达，并请来访者对自己的理解进行检验和修正。

（3）咨询师共情的表达应因人而异，做到适时、适度。

（4）共情的表达既可以是言语的，也可以是非言语的，有时非言语的表达更有效、更简便。

（5）共情是指咨询师体验来访者的内心“如同”体验自己的内心，但永远不要变成“就是”。这样，咨询师的共情才能出入自如，恰到好处。

共情有五个水平。

水平一：没有理解，没有指导。咨询师的反应只是一个问题、否认、安慰或建议。

水平二：没有理解，有些指导。咨询师的反应只注重信息内容而忽略了情感。

水平三：理解存在，没有指导。咨询师对内容、意义或情感都做出了反应。

水平四：既有理解，又有指导。咨询师对来访者做出了情感反应，并指出对方的不足。

水平五：理解、指导和行动都有。咨询师对水平四的内容均做出了反应，并提供了行动措施。

以下为一个示例。

来访者：“我已经尝试和我父亲和睦相处，但实在行不通，他太严厉了。”

咨询师不同水平的共情反应如下。

水平一：“我相信将来会行得通的。”（安慰和否认）“你应该努力去理解他的观点。”（建议）

"为什么你们两个不能相处呢?"（问题，指责）

水平二："你与父亲的关系正处在困难期。"（注重信息的内容）

水平三："你尝试与他相处，但不能成功，因而感到沮丧。"（注重内容和情感反应）

水平四："你似乎无法接近父亲，所以感到沮丧。你想让他对你宽容些。"（有感受，并揭示来访者内心的渴望和感受）

水平五："你似乎不能接近父亲，所以感到沮丧。你需要他对你宽容些。你是否可以采取一个步骤，向你的父亲表达出你的这种情感?"（水平四的基础上加上行动措施。经验丰富的高级心理咨询师才能直接到这一步）

通常我们所说的标准的共情表达方式指的是水平三，也称为初级共情。常用句型："我感到因为……（内容），所以你感到……（情感）"。

共情的核心在于为来访者提供"矫正情感体验"，重要的是咨询师对来访者及其情感的接纳，要避免任何使来访者听起来像是批评的评论。共情水平的提高、共情特质的获得是一种学习、实践的过程，是用心修养的过程。咨询师的人格力量有时比他的技术水平更有影响力。咨询师丰富的知识、人生经验和社会阅历对达到共情会有帮助，咨询师本身的生活态度、个性品质等也与共情的层次有关。

（四）积极关注

积极关注（positive regard）在罗杰斯早期的文章中被称为"无条件积极关注"（unconditional positive regard）。也有人称之为正向关注或积极关怀。积极关注是指咨询师以积极的态度看待来访者，对来访者的言语和行为的积极面、光明面或长处给予有选择的关注，利用其自身的积极因素促使来访者发生积极变化。有效的积极关注是从消极面中发现积极面，不是一般地讲有长处、没问题；不是认为问题没有解决的办法，强化来访者的消极观念；不是撒谎，而是讲实话，发现来访者确实存在的长处。

咨询师能否对来访者予以积极关注及其程度如何，反映出咨询师对来访者的一种基本认识或人性观：来访者是可以改变的，并且他们身上已经具有这样或那样的长处、优点，存在一种向上成长的潜力，通过自己的努力以及外界的帮助，都有可能比现在更好。不仅是罗杰斯倡导的来访者中心疗法提倡积极的关注，所有有效的心理咨询和治疗理论中都包含这样的信念，即通过咨询和治疗，能够使来访者产生积极的变化。

受到积极关注的来访者，会产生以下感受：①咨询师是真心想帮助我的；②咨询师把我挺当回事；③当我和这位咨询师在一起时感觉很好；④这位咨询师对我讲的话不使我感到厌烦或不舒服。

咨询师可以从以下四个方面来发现来访者的亮点并予以鼓励：①针对来访者咨询中的表现予以赞许；②针对来访者身上某些长处、优点予以肯定；③可以对来访者的进步给予表扬；④可以让来访者进一步认识自己的能力、潜力。

当然，咨询师在咨询过程中，要防止出现两种极端倾向。一是脱离实际，盲目乐观。有些咨询师对来访者的积极关注，完全脱离实际，无中生有，异想天开。二是过分消极、悲观。这既没能帮助来访者摆脱已有的负性情绪，也没有使来访者得到改变现状的指导，是与咨询的本质背道而驰的。

综上所述，当咨询师具备了真诚、尊重、共情、积极关注等基本态度时，就可以为来访者提供一个完全自由、温暖的良好咨访关系。来访者感受到自己被接纳、被信任，就会减少防卫，真实地表露自己，畅快地表达自己的喜悦、兴奋或是软弱、失败与过错，就可以发现与认识真正的自己，在咨询师的支持下，学习发挥自己的潜能，有效地面对困扰和处理问题。

第二节　心理评估诊断

一个心理咨询师要想切实帮助解决来访者的心理问题或心理障碍，就必须对来访者的智力、情绪、个性、个人生活史、目前生活状况、人际关系、工作性质等有一定的了解，同时对来访者的心理问题或心理障碍的形成发展、严重程度以及其他的心理活动的影响有一个确切的判断，才能选择最恰当的咨询方法和制定符合来访者实际情况的咨询方案。

因此，当来访者第一次前来寻求心理咨询时，咨询师首先需要做的就是对来访者的问题进行准确的心理评估诊断。这是一切心理咨询的基础，因为不澄清来访者的问题，咨询就无的放矢。所以，这项工作完成得如何将对后续的整个咨询过程产生重要的影响。

一、心理评估诊断概述

（一）心理评估诊断的内涵

心理评估是指在心理咨询和心理治疗过程中，咨询师根据观察、会谈和心理测验等多种方法所获得的信息，对个体某一心理行为所做的全面、系统和深入的客观评定与估测。而心理诊断则是从医学上借用来的术语，它是指咨询师在生物、心理、社会医学三轴观点的指导下，运用心理学的理论、方法、技术及工具，对个体或群体的心理过程、心理状态、个性倾向、个性特征及行为表现等方面进行描述、分类、鉴别和评估，以确定其性质和程度，即根据心理检查和评估的结果，依据公认的心理健康问题诊断分类标准，对来访者心理问题的原因、性质和程度做出判断，并将其心理问题归入某一具体类别，同时给予一个诊断学名称的过程。心理诊断还有广义与狭义之分，其中广义的心理诊断既涉及正常成人和儿童的心理能力和个性的测评，也涉及精神病人的辅助诊断，而狭义的心理诊断专指为心理咨询和心理治疗服务而进行的心理测评工作，所以也可以称为临床心理诊断。

心理评估与心理诊断存在四个方面的差异。一是心理评估是一个解决问题或回答问题的过程，强调过程性，表现出动态性、变化性的特征，而心理诊断要求对心理问题进行归类，强调结果，表现出确定性和静止性的特征。二是心理评估对来访者心理进行全面性评价，把握来访者各种心态和个性特征以及心理健康水平，而心理诊断则是对来访者心理问题的性质、程度和原因做出判断，具有侧重点，表现出单一性。三是心理评估的对象指向正常心理中的心理健康的人群，而心理诊断的对象则更多地指向心理不健康的个体，甚至指向中、轻度心理异常的群体。四是心理评估的目的较多，如可以预测个体的未来成就，并作为人力资源部门选拔人才的方法；也可以为司法鉴定提供必要的依据；还可以协助做出心理诊断或医学诊断，作为心理咨询与心理治疗效果的指标；在临床上也可以指导制定心理障碍或医学疾病的防治措施，估计心理障碍或医学疾病的预后。而心理诊断的主要目的是为心理咨询与心理治疗服务。

事实上，在心理咨询与心理治疗的实践过程中，心理诊断既可以理解成对结果的性质和程度的判明和断定，是一种定性或定量的结论，也可以理解成是一种不断深入探索心理偏离原因及评估咨询与治疗效果的过程，而且这一过程贯穿了整个心理咨询与心理治疗的始终，因此，心理诊断更确切的表达形式应该是“心理评估诊断”。

（二）心理评估诊断的理论依据

心理评估诊断依据的理论是心理学理论，遵循的模式是心理学模式。心理评估诊断根据心理学各科的理论，运用心理学的方法和技术，对来访者的心理状态与外在行为特征进行全面 的评估和鉴定，以确定心理问题的症结所在。但由于心理学的理论学派较多，对心理评估诊断的理解和侧重差异也较大，如行为主义认为首先要诊断出异常行为作为“靶目标”，认知主义则要找出错误的认知模式，而精神分析理论却要求诊断出来访者潜意识中的冲 突、早年心理发展中所经历的“创伤”。

（三）心理评估诊断的技术和方法

心理评估诊断的技术和方法，随理论学派的不同会产生一些差异，但归纳起来有以下五种，即观察法、测量法、产品分析法、摄入性谈话法和综合分析法。这五种方法经常被不同理论学派背景的临床心理学工作者所共用。当然，除了这些方法外，还有格式塔学派的现象学法、人本主义的整体分析法等也逐渐为临床心理学工作者所偏爱。

（四）心理评估诊断的标准

心理评估诊断的标准繁多，至今还没有形成统一完整的体系。横向上，目前已经出现了经验性标准、心理测验标准、社会常态标准和社会适应标准四类标准体系；纵向上，临床心理学工作者除了在正常心理领域内坚持采用心理学的评估诊断体系外，凡涉及异常心理的鉴别、分类时，他们仍不得不借鉴精神疾病分类的许多名词及其诊断标准，即运用医学诊断标准作为深入地识别轻度、中度以及重度异常心理的依据。因此，心理评估诊断如果要发展成为一门完全脱离临床医学而独立存在的学科，首先就必须在正常心理与异常心理的两大领域，按照心理学自身的理论体系建立起自己的诊断标准，特别是在异常心理领域，必须依照心理学的模式而非医学的模式，制定出既区别于精神病学又适合于心理咨询与心理治疗的评估诊断标准。

（五）心理评估诊断的任务

心理评估诊断的第一个任务是判明心理问题的性质。主要包括三个方面：首先要根据“心理学三原则”（一致性原则、统一性原则、个性相对稳定性原则）来进行异常精神活动的排除诊断；其次要对心理不健康状态做出分类诊断，按照严重程度分为一般心理问题、严重心理问题和神经症性心理问题三级；最后要对导致心理不健康的原因进行社会、认知、生物学三个方面的病因诊断。临床实践表明，单因素致病的可能性较小，而且各类原因也不是同等程度地发生作用，因此，心理评估诊断必须在病因综合体中找出经常发生的和起主要作用的原因，并对主要因素与从属因素的关系做出明确的解释。心理评估诊断的第二个任务是用于研究和交流。某一特定的诊断将一致性地应用于有某一特定症状的任何人。面对一个诊断，临床心理工作者之间可以进行更简洁的交流，明白这个诊断的含义、病因以及最有效的治疗方法是什么。

（六）心理评估诊断的过程

心理评估诊断的过程按照诊断的形式可以分为初诊、复诊、会诊和转诊四个方面，但初诊、复诊、会诊和转诊之间不是连续的过程关系，只有初诊和复诊之间关系较为紧密，是成熟的、高水平的诊断者一般都要完成的两个诊断过程。会诊和转诊是在特殊情况下发生的，不一定在每次诊断过程中都使用。

如果从具体操作实施来看，心理评估诊断的过程主要包括建立心理评估诊断的同盟关系、确定评估诊断目的、收集资料、分析资料、问题定性和定量、病因诊断等六阶段，这六个阶段是一个内在的逻辑整体。一般认为，同盟关系的建立是评估诊断过程的起点，诊断目的的确定是评估诊断过程的动力，信息资料的收集是评估诊断过程的必备条件，信息资料的分析是评估诊断过程的关键环节，定性诊断和定量诊断是评估诊断的最高目标，病因诊断则是评估诊断的深入环节，也是提高心理评估诊断质量的重要措施。

二、医学诊断概述

（一）医学诊断的内涵

医学诊断依据的理论是医学理论，遵循的模式是医学模式。医学诊断根据基础医学和临床医科的理论知识，运用问诊、听诊、望诊、触诊、叩诊及临床仪器诊断的方法，来判定患者的疾病种类和严重程度。医学诊断的依据主要是患者的症状和体征，其中症状是指在疾病状态下，机体生理功能发生异常时患者的感受，而体征则是指患者患病后机体的体表或内部结构发生了可以观察到的或感触到的改变，症状可以通过问诊获得，体征则可以通过体格检查获得。

精神医学是临床医学的一个分支，对精神疾病的诊断必然遵循医学的诊断模式。从事心理咨询与心理治疗的临床心理学工作者必须了解精神病学的基本知识，才能进行有效的医学诊断。针对精神性疾病的医学诊断，包括采集病史和进行精神状态检查两个重要部分，同时为了进行鉴别诊断，还必须进行必要的体格检查和实验室检查，如可以根据病情进行脑电图、头颅平片、脑超声波、脑CT（一种较先进的医学影像检查技术）、脑血管造影以及高级神经活动和生物化学等方面的检查。通过医学诊断，可以分辨出来访者是精神病人、神经症病人，还是带着各自烦恼、问题的正常人。

（二）医学诊断的标准

在精神医学中使用的医学诊断标准较多，常用的有三种：一是由中华医学会精神病学分会牵头制定的CCMD-3；二是由美国精神医学学会编写的DSM-V；三是国际通用的，由世界卫生组织出版的ICD-11。在心理咨询与心理治疗中，根据这些标准进行医学诊断后所得出的结果，一般只有一个维度，即诊断的结果明确表明来访者是正常或不正常、有病或没病。

（三）医学诊断的任务

在心理咨询与心理治疗的前期活动中，必须运用医学诊断完成两项任务。第一项任务是要判断来访者是否罹患精神障碍，检查项目如下。

（1）来访者的一般表现，如意识状态、定向力以及与周围环境的接触和日常生活状况。

（2）来访者的认知活动中是否有知觉障碍和思维活动障碍。

（3）来访者的情感活动中有无情感高涨、情感低落、情感淡漠、情感倒错、病理性激情等障碍。

（4）来访者的意志活动中有无意志减退或增强、本能活动减退或增强，有无兴奋、冲动、木僵及怪异的动作行为，以及与其他的精神活动配合的程度如何。

在以上检查中，必须对来访者有无自知力、幻觉和妄想等症状做出明晰的诊断。

第二项任务是要针对来访者存在的精神障碍，鉴别或排除由脑器质性疾病、躯体疾病以及精神活性物质所致。

三、医学诊断与心理评估诊断的关系

心理咨询和心理治疗的主要操作过程是心理学的而不是医学的，但是，完全脱离医学诊断，像来访者中心疗法那样，不分辨来访者是精神病人、神经症病人或正常人，同样对待，心理咨询与心理治疗也就失去了科学依据。临床实践表明，医学诊断与心理评估诊断在心理咨询和心理治疗的过程中，存在着相互依存、相互验证的互补关系。

1．医学诊断是心理评估诊断的前提与基础

一方面，医学诊断的结果可以决定来访者能否接受心理咨询和心理治疗。任何治疗活动的开始，都必须首先进行医学诊断。通过医学诊断，在排除来访者躯体上的器质性病变和心理上的相对异常与绝对异常等病理性变化的基础上，才可以实施心理评估诊断。后续的心理评估诊断可分为两个层次：第一层次的心理评估诊断是要将正常心理区分为健康的心理和不健康的心理；第二层次的心理评估诊断则要继续将不健康的心理细分为一般心理问题、严重心理问题和神经症性心理问题。

另一方面，精神医学中的心理评估诊断处于辅助地位。医学诊断可以对绝对异常心理的重性精神病、相对异常心理的人格障碍和神经症等各类精神障碍，进行归类与鉴别性的诊断，而心理评估诊断只能起辅助的评估诊断作用或对其疗效和预后进行一些评定。异常心理的患者在经过系统的药物治疗后，只有已经达到康复期的水平时，心理咨询与心理治疗的作用才开始出现，心理评估诊断的地位也才会有所提升。

2．心理评估诊断是医学诊断的后续和深入

一方面，心理评估诊断对临床治疗的疗效具有评定作用。经过医学诊断确诊为绝对异常的心理，在经过药物治疗后，必须运用心理评估诊断进行疗效的评估，为进一步的医学诊断和医学治疗提供有用的信息。

另一方面，心理评估诊断有助于选择合适的心理治疗。经过医学诊断确诊为相对异常的心理，属于药物治疗与心理治疗可以同时进行的范畴，但在实施心理治疗之前必须对来访者进行心理评估诊断，从生理、认知、情感和行为四个层面，按照时间、空间两个维度去收集资料，分析导致其心理异常的社会原因、生物原因和心理原因，并科学地选择合适的心理治疗方法。

总之，医学诊断与心理评估诊断在心理咨询与心理治疗中，处于同等重要的地位，两者既相互独立，依据各自的理论模式形成各自的诊断结果，又相互补充，促进不断形成接近来访者客观心理状态的综合的诊断结果。因此，在临床实践中，只有适时、准确地选择运用医学诊断与心理评估诊断，才能避免心理咨询活动的失败。

四、心理评估诊断的注意事项

1．要重视诊断依据

心理学各个基础学科所验证了的规律是心理评估诊断方法的出发点，所以，心理评估诊断的提出和方法设计都应以各个基础学科的规律和操作原则为依据。当然，心理评估诊断还要接受临床实践的检验。

2．要重视鉴别诊断

心理咨询与心理治疗的对象和范围是很广泛的。一般来说，除了脑器质性病变的患者、精神病患者以及有某些人格障碍的人以外，大多数来访者可以进行心理咨询与心理治疗，只不过适宜程度有所差别。因此，心理咨询与心理治疗工作的第一步就是要对来访者进行有关脑器质性病变、精神疾病以及人格障碍的鉴别诊断，一旦发现来访者有这些病症，则必须将他们转介到神经科或精神科诊治。一个心理咨询与心理治疗工作者是否具备必要的医学（尤其是精神医学）知识和临床经验，将直接影响到他对来访者问题（特别是重性心理疾病）的鉴别诊断，进而影响心理咨询和心理治疗的效果。

3．要重视信度和效度

任何单项测定均应有可比较的常模，常模必须是通过信度和效度都靠得住的量表或测验做出的。心理测验要正确选择测验材料。任何心理测验都有一定的适用范围，超出一定的范围，测验的效度和信度就不可靠了。

4．要重视逻辑关系

单项分析要考虑其他因素，多项分析要突出重点，找出重点与非重点因素的逻辑关系。诊断几乎无法根据一个单项测定而得出，它只能是对多项测定进行综合分析的结果，这就要求各单项测定之间必须有内在逻辑性。同时，测定结果与临床症状应有相对一致性，为此，测定必须接受内在逻辑性和相对一致性的检验。

5．不要滥用心理测验

心理测验是为了帮助诊断和分析，如果通过与来访者的交谈，对其问题已形成明确的看法，就可放弃不必要的心理测验。在进行心理测验时，专业人员要有标准的指导语、标准的答案和统一的记分方法，不可因人而异。同时要使来访者打消思想顾虑，如实地完成测验项目。

五、来访者资料的搜集

搜集来访者资料的途径有：摄入性会谈与记录、观察与记录、访谈与记录、心理测量、问卷调查记录、实验室记录（心理、生理）等。这里主要介绍观察法、会谈法与心理测验法。

（一）观察法

观察法是指通过视觉或电子摄像设备等对来访者的行为进行有目的、有计划的观察，获得相应资料的方法。

1．观察法的种类

根据观察的途径，观察法可以分为直接观察和间接观察（如通过摄像、录像设备等）；根据咨询师是否参与来访者的活动，观察法又可以分为自然观察与控制观察两种形式。这里讨论自然观察法和控制观察法。

（1）自然观察法。这是心理评估诊断中最基本、最普遍的一种方法，它具有方便、灵活的特点，在临床诊断及疗效判定上具有非常重要的实用价值。由于这种形式的观察是对来访者的自然表现进行观察，来访者不会受到外界的影响、干预或控制而处于一种特殊的身心状态，从而保证得到真实状态下的观察结果。例如，一个学生被认为存在注意缺陷，通过实际观察却发现，该学生在自己比较感兴趣的科目上可以集中注意力听讲，在看自己感兴趣的动画片时也可以长时间地集中注意力，因此，观察的结果不支持该学生存在注意缺陷。自然观察法虽然很有效，但咨询师必须到来访者的自然生活环境中对其进行观察，这必须消耗一定的时间和精力，因此在具体实施时存在一定困难。

（2）控制观察法。也称模拟观察法，是指咨询师设置一定的情境、控制来访者的条件，在这样的情境中对来访者的行为改变进行观察。控制观察法常常用于与焦虑有关的行为，如在回避行为的测试中，患有某种恐惧症的来访者会被要求接近他的恐惧对象（如蛇、老鼠、蜘蛛等），或与他害怕的对象同处一室，咨询师可以观察来访者与害怕对象的距离以及相处时间。为了避免来访者发现自己被人观察而受到干扰，常常使用单向玻璃设计的观察室。控制观察优于自然观察之处在于它相对经济。在控制观察中，咨询师可以对干预前后的目标行为进行量化处理，因而它在干预效果评估中很有用。此外，在控制观察中由于来访者处于标准条件下，观察到的结果有可比性，从某种意义上讲，也更有科学性。

2．观察的主要内容

观察的主要内容因目的而异，一般包括以下几个方面。

（1）仪表，即穿戴、举止、表情。

（2）身体外观，即胖瘦、高矮、畸形及其他特殊体形。

（3）人际沟通风格，如大方或尴尬、主动或被动、易接触或不易接触。

（4）言语，包括表达能力、流畅性、中肯、简洁、赘述。

（5）动作，如过少、适度、过度、怪异动作、刻板动作。

（6）在交往中表现出的兴趣、爱好、对人对己的态度。

（7）感知、理解和判断能力。

（8）在困难情境中的应对方式。

特别要强调的是，观察法的一个重要特点就是收集非言语信息，对与非言语沟通有关的所有方面都应给予足够的重视。会话中有意的手势、动作、身体姿势、面部表情等，以及无意的言语模式，如音调的抑扬顿挫和语速变化等特征，都表达了与语词相同或语词以外的信息。这些信息提供了心理评估诊断的重要线索。

3. 观察法的优缺点

观察法作为心理评估诊断的基本方法贯串于心理评估诊断的全过程，并在其中起着十分重要的作用。其优点主要有以下几个方面。

（1）收集的资料比较全面。咨询师只要善于洞察和捕捉，就有可能从观察中发现问题，找到有用的信息线索。这些可以为以后透过现象进行深入思考，分析其实质创造条件。

（2）通过观察所得到的结果较真实，资料可靠性高，观察是收集原始资料的基本方法。通过观察某些行为表现的发生、发展的具体过程并进行细致的系统记录，可以使咨询师获得最原始的资料。这是进一步进行心理诊断、咨询与治疗的基础。

（3）观察法是验证心理评估诊断、咨询效果的重要手段。心理评估诊断的正确与否、心理咨询的效果如何，虽然可以通过多种方法进行验证，但科学的观察是检验诊断有效性的重要途径。

当然，和其他方法相比，观察法也存在许多局限性。

（1）观察只能针对个体的外显行为，对于个体内隐的心理过程，如认知评价、态度、情感等难以通过观察法进行研究，而这些内容往往是心理咨询工作者非常感兴趣的。

（2）个体的外显行为可能是多种因素共同作用的结果，经常带有一定的偶然性，因此观察结果不易重复。如果感兴趣的行为发生频率较低，应用观察法需要花费大量的时间和精力。

（3）对于某些隐私行为的观察会非常困难而且可能是不道德的。并且，观察结果的有效性还取决于咨询师的观察能力、判断能力和对信息的筛选能力。

（二）会谈法

会谈是指两个人或多个人为达到某种目的而在彼此之间进行的一种以对话为主的交流。根据会谈的目的和功能，可以将会谈划分为以下几种形式。

（1）摄入性会谈：收集资料，是病史的采集法，是以问题为中心的会谈。

（2）鉴别性会谈：通过观察和交谈确定使用什么测验。

（3）诊断性会谈（也称为评估性会谈）：针对来访者的问题做出正确的分析和判断。

（4）治疗性会谈：针对心理问题或行为问题进行会谈，属于心理治疗的一种。

（5）咨询性会谈：这类会谈涉及的常常是正常人的某些问题，如职业选择等。

（6）应急性会谈：当来访者发生意外时，如遭遇绑架等，咨询师用应急性会谈给予帮助。

会谈法又称访谈法或晤谈法，从广义上来说，就是指通过咨询师和来访者的谈话，采用回答问题或问卷的方式来收集个案材料或了解某些人、某些事或某些行为及态度等的一种方法。在心理咨询的临床应用上，最常使用的有以上六种类型的会谈。这里主要介绍摄入性会谈和诊断性会谈。

1．摄入性会谈

摄入性会谈就是为收集资料而进行的一种会谈，即通过会谈了解来访者的病史，了解其健康状况、工作状况和家庭状况等。通过摄入性会谈可以收集以下资料。

（1）一般性资料。包括人口学资料、生活状况、婚姻家庭、工作记录、社会交往、娱乐活动、自我描述及来访者内在世界的重要特点等方面。

（2）个人成长史资料。包括婴幼儿期、童年生活、少年时期生活、青年期等不同时期的情况以及个人成长中的重大转变以及现在对他的评价。

（3）身体、精神及社会工作与社会交往状态。

咨询师不管从哪方面着手去归纳和解释获得的资料，都必须首先要验证资料来源的可靠性。所谓资料来源的可靠性，是指报告人不是来访者本人，而是其亲友或转诊的中介人，经常出现对客观问题不能按专业要求作出评估的情况，要对其去伪存真地审视并附加说明。中介人若是心理咨询人员，其提供的某些资料，很可能包括一些初步诊断性结论，对这些结论性资料也应进一步核实，经过核实后的资料才能被视为可用资料。

影响资料可靠性的可能因素包括：①会谈知识或技能有误，可能对来访者形成暗示；②因来访者的个性特点或会谈方法使用不当，产生阻抗或言不由衷；③咨询师早期接触中形成的“刻板印象”的影响。因此，咨询师如果发现早期印象与新发现的资料不一致，不可固守己见，必须尊重新资料，不断验证或修正。

验证临床资料可靠性的办法包括：①补充提问（包括来访者信息不实和中介人提供的资料不可靠）；②使用心理测验对照；③比较同一性质的资料不同来源的一致性。

资料或数据本身并不包含太多的意义，它们的意义是咨询师赋予的。当咨询师赋予某种资料以具体意义时，一般采用三种方法：①就事论事，但是这种方法并不能揭示该事件的全部含义；②相关分析，分析与事件相关的因素，诚然，根据事件之间的相关性去分析问题的方法是可取的，但它总带有猜测性质；③分析迹象，就是把事实作为一种结果，作为一种症状，而进一步去寻找原因。这里必须指出的是，上述三种方法得出的推论只是可能性，在没有得到更多的资料验证之前，都只能作为假设存在。

不同的人对呈现的资料的理解是不一样的：①非专业人员习惯于从自然的角度看问题；②持病理学观点的心理学家侧重于从来访者混乱的情绪、思维看问题；③持行为主义观点的心理学家经常从学习、行为或认知方面看问题；④生物学家喜欢从人的发展生成角度看问题；⑤生态学家一般从人与环境失衡的角度看问题。

各类资料可能是互相交错的，往往给咨询师的思考和判断带来不便。按资料性质进行分类整理，容易判断不同资料之间的纵向、横向以及逻辑关系（表5-1）。

表5-1　不同性质临床资料的时间顺序分类表

事件发生时间顺序	事件性质			
	环境生活事件	认知	情绪	行为
年　月　日				
×××				

另外，各类资料还可以按心理问题的三个方面进行整理：①来访者个体方面的情况（生物特性、

心理行为、自我意识及其表现）；②有关来访者的环境条件（人事关系、工作环境、生活物质条件）；③他人对来访者的评价（对他的一般印象、对治疗情况的评价）。

在摄入性会谈过程中，除了资料的收集，咨询师还可以了解来访者的精神状态和行为特点。一般可以从以下6个方面入手：①外表和行为；②交谈过程中的语言特点；③思维内容；④认知过程及功能；⑤情绪；⑥灵感与判断。

在摄入性会谈过程中，也可以收集到来访者的以下问题：①发生了什么事情？包括事情的具体情况，这样的或类似的事情以往是否经常发生，频率和强度如何，是在什么样的情况下发生的等。②问题是何时发生的？包括是什么时候开始的，其时间顺序的重要线索是什么，问题发生前后的情境如何等。③问题在何处发生？包括问题发生的地点、发生时与何人在一起等。④来访者对问题的反应是什么？包括来访者对问题的认知反应、情绪反应和行为反应等。

2. 诊断性会谈

诊断性会谈是指咨询师通过与来访者的会谈，弄清来访者问题的性质、程度、根源与实质的过程。以有或没有固定的程序作为区分标准，诊断性会谈的方式可以分为结构式（标准化）会谈和非结构式（非标准化）会谈。

（1）结构式会谈是由咨询师按所需资料的要求，编制出详细的会谈主题或大纲，会谈过程中按照同样的措辞和顺序向每一个来访者询问同样的问题，要求来访者按所提问题逐一回答。结构式会谈的优点在于它使用标准化的程序，不同的咨询师只要经过适当的培训，其进行的会谈方式和获得的会谈结果应该是具有可比性的。此外，结构式会谈积累了较多信度和效度方面的证据，因而它广泛应用于心理咨询、药物治疗和其他干预手段的效果评估。目前心理学家已经设计出许多现成的会谈程序供评估人员使用。

（2）非结构式会谈也称自由式会谈，这种会谈预先无须确定会谈的主题或大纲，咨询师可以根据自己的判断探索各种与会谈目的相关的话题，让来访者自然而然地说出他想说的话。非结构式会谈的优点在于方法上比较灵活，可以使来访者在谈话中不知不觉地、较无戒心地吐露出一些内心的真情实意，从而使咨询师获得一些比较深层次的、对诊断较有意义的资料。但如果咨询师控制不当，非结构式会谈容易偏离主题，因而对经验不足的咨询师来说较难把握这种会谈方式。事实上，完全非结构式的会谈在临床评估上也是很少使用的，通常咨询师在实际使用时会采用半结构式的会谈方式。半结构式会谈预先会确定会谈提纲，但询问的方式和次序可以灵活进行，因此可以说它是介于结构式与非结构式会谈之间。

事实上，摄入性会谈、诊断性会谈经常与前面提及的对来访者进行的观察同时并行。

（三）心理测验法

心理测验是依据心理学理论，使用一定的操作程序，通过观察人的少数有代表性的行为，对于贯串在人的全部行为活动的心理特点做出推论和数量化分析的一种科学手段。无论是进行临床诊断，判定疗效，还是进行心理咨询和心理治疗，都必须以心理测验为基础。

首先，心理测验测量的是人的行为，严格地说，只是测量了人做测验的行为，也就是个人对测验题目的反应。在这个意义上，测验即引起某种行为的工具。其次，心理测验在测量个别差异的时候，往往只是对少数经过慎重选择的行为样本进行观察，来间接推知被试的心理特征。再次，为了使不同的被试所获得的分数有比较的可能性，测验的条件对所有的被试都必须是相同的。最后，个人在测验中所得到的原始分数并不具有什么意义，只有将它与其他人的分数或常模相比较才有意义。

1. 心理测验的性质

把心理测验同物理测量混为一谈，是导致人们对心理测验产生种种误解的主要原因。由于心理现象比物理现象更加复杂，测量起来也更困难，因此心理测验具有独特的性质。

（1）间接性。科学发展到今天，我们还无法直接测量人的心理活动，只能测量人的外显行为，也就是说，我们只能通过一个人对测验项目的反应来推断出他的心理特质。

（2）相对性。在对人的行为进行比较时，没有绝对的标准，我们有的只是一个连续的行为序列。所谓测验就是看每个人处在这个序列的什么位置上，由此测得一个人智力的高低、兴趣的大小或性格的特性等。

（3）客观性。测验的客观性实际上就是测验的标准化问题。测量工具必须标准化，这是对一切测量的共同要求。心理测量的标准化包括以下内容：首先，测验用的项目或作业、施测说明、施测者的言语态度及施测时的物理环境等，均经过标准化，测验的刺激是客观的；其次，评分记分的原则和手续经过了标准化，对反应的量化是客观的；最后，分数转换和解释经过了标准化，对结果的推论是客观的。

2．心理测验的分类

心理测验种类较多，据统计，仅以英语发表的测验就已达5000余种。其中，有许多因过时而废弃不用；有许多本来就流传不广，鲜为人知；有一部分心理测验因应用广泛，经过再修订，并为许多国家译制使用。为了方便起见，可以从不同的角度将心理测验进行归类。

（1）按测验的功能分类。

①智力测验：这类测验的功能是测量人的一般智力水平。如Binet-Simon Intelligence Scale（比奈-西蒙智力量表）、Stanford-Binet Intelligence Scale（斯坦福-比奈智力量表）、Wechsler Scale（韦克斯勒量表）等，都是现代常用的著名智力测量工具，用于评估人的智力水平。

②特殊能力测验：这类测验偏重测量人的特殊潜在能力，多为升学、职业指导以及一些特殊工种人员的筛选所用。常用的如音乐、绘画、机械技巧以及文书才能测验。这类测验在临床上应用得较少。

③人格测验：这类测验主要用于测量人的性格、气质、兴趣、态度、品德、情绪、动机、信念等方面的个性心理特征，即个性中除能力以外的部分。一般有两类：一类是问卷法，一类是投射法。前者如MMPI、16PF（卡特尔16种人格因素问卷）、EPQ（艾森克人格问卷），后者如RIT（Rorschach Inkblot Test，罗夏墨迹测验）、TAT（Thematic Apperception Test，主题统觉测验）。

（2）按测验材料的性质分类。

①文字测验：文字测验所用的是文字材料，它以言语来提出刺激，被试用言语做出反应。MMPI、EPQ、16PF及韦克斯勒量表中的言语量表部分均属于文字测验。

②操作测验：操作测验也称非文字测验。测验题目多属于对图形、实物、工具、模型的辨认和操作，无需使用言语作答，所以不受文化因素的限制，可用于学前儿童和不识字的成人。如RIT、TAT、Raven（瑞文标准推理）测验及韦克斯勒量表中的操作量表部分均属于非文字测验。

（3）按测验的性质分类。

①客观测验：在此类测验中，所呈现的刺激词句、图形等意义明确，只需被试直接理解，无须发挥想象力来猜测和遐想，故称客观测验。绝大多数心理测验都属于这类测验。

②投射测验：在此类测验中，刺激没有明确意义，问题模糊，对被试的反应也没有明确规定。被试做出反应时，一定要凭自己的想象力加以填补，使之有意义。在这过程中，恰好投射出被试的思想、情感和经验，所以称投射测验。

（4）按测验的方式分类。

①个别测验：指每次测验过程是以一对一的形式来进行的，即一次一个被试。这是临床上最常用的心理测验形式，如比奈-西蒙智力量表、韦克斯勒量表。

②团体测验：指每次测验过程中由一个或几个主试对多个被试同时实施测验。心理测验史上

有名的陆军甲种和乙种测验，教育上的成就测验都是团体测验。

团体测验材料，也可以个别方式实施，如MMPI、EPQ、16PF等。但个别测验材料不能以团体方式进行，除非将实施方法和材料加以改变，使之适合团体测验。

（5）按测验的要求分类。

①最高作为测验：此类测验要求被试尽可能做出最好的回答，主要与认知过程有关，有正确答案。智力测验、成就测验均属于最高作为测验。

②典型行为测验：此类测验要求被试按通常的习惯方式做出反应，没有正确答案。一般来说，各种人格测验均属于典型行为测验。

3．心理门诊中常用的心理测验

心理门诊中运用较多的大致有三类心理测验，即智力测验、人格测验以及心理评定量表，主要用途体现在以下几个方面。

（1）心理状况及自我意识等相关问题的评估（精神状况筛查）。了解来访者心理健康水平以及自我功能状况，包括来访者基本的感知觉、认知、外表、语言和思维、情感和心境、定向力和意识、判断力和自知力，以及来访者的现实检验能力等。常用量表：①明尼苏达多项人格测验，鉴别各种精神病性问题，与临床诊断的符合率较高；②艾森克人格问卷，有成人问卷和儿童问卷两种格式，包括内外倾向量表（E）、情绪性量表（N）、精神质量表（P）和效度量表（L），是目前医学、司法、教育和心理咨询等领域应用最为广泛的问卷之一；③爱德华个人偏好量表，由15种需要的分量表和一个稳定性分量表组成，从需要倾向的角度，测查个体的一般性格与需要特点，是职业测评领域应用比较广泛的自陈人格量表；④症状自评量表，包含较广泛的精神症状学内容；⑤自尊量表，由10个条目组成，分为4级评分，分值越高，自尊程度越高，一般用以评定青少年关于自我价值和自我接纳的总体感受。

（2）自杀危险因素的评估。自杀的八大危险因素包括：①抑郁程度重；②有自杀未遂史；③自杀当时急性应激强度大；④生命质量低；⑤慢性心理压力大；⑥自杀前两天有严重的人际关系冲突；⑦有血缘关系的人有过自杀行为；⑧朋友或熟人有自杀行为。对于特定来访者，即使没有这些因素也并不能保证其没有自杀冲动。咨询师应该始终关注来访者自杀的可能性。

可参考的心理量表：①再次自杀风险量表（共6个项目，侧重于精神疾病的来访者再次自杀风险大小的评估）；②自杀未遂后风险评估量表；③自杀清单表。

（3）情绪和情感及相关问题的评估。可参考的心理量表：①焦虑自评量表，焦虑是所有焦虑障碍（广泛性焦虑、惊恐发作、恐怖症、创伤后应激障碍）的核心成分；②抑郁自评量表，抑郁是心理咨询中最常见的情绪，绝大多数来访者或多或少都有抑郁症状；③贝克抑郁问卷；④社交焦虑量表。

（4）人格特征的评估。人格的形成与心理健康关系密切，常用量表：①卡特尔16种人格因素问卷，共187个项目，可了解心理障碍的个性原因及心理问题评估，也可用于人才选拔；②艾森克人格问卷，共88个项目，用于描述内外向和情绪稳定性的个性特征及气质类型。

（5）生活事件及社会支持系统的评估。社会关系与心理健康密切相关，缺乏社会支持系统是产生心理问题的原因之一。常用量表：①生活事件量表；②社会支持评定量表；③应对方式问卷；④防御方式问卷。

总之，在以上通过观察、会谈、心理测验等途径搜集到的各类与临床有关的来访者资料中，要进行对比和分析，筛选并确定造成来访者心理与行为问题的关键因素。所谓引发临床表现的关键因素，其内涵有二：一是该因素是多数临床表现的原因或者是与多数临床表现有内在联系；二是该因素在个体发展中持久地存在着并随着生活环境的变化改变自身形式，但无论形式如何改变其本质不变。另外，还要将主因、诱因与临床症状的因果关系进行解释。

六、来访者问题的评估诊断

（一）来访者问题评估步骤

在对来访者的问题进行诊断前，需要对问题做出评估。评估的步骤包括：①解释评估的目的——向来访者说明理由；②确定问题范围——帮助来访者确认所有相关的原发及继发问题，以得到一个问题的大致框架；③问题的选择和排序——帮助来访者将问题排序，并找出最关键的入手之处；④明确目前存在的问题行为——组成部分，即躯体、认知、情感、行为、情境、关系；⑤明确前因与后果；⑥找出后继获益；⑦了解以前解决问题的方法；⑧了解来访者个人及环境的有利因素及其应对技巧；⑨了解来访者对自己问题的知觉；⑩明确问题的强度。前三步是进行会谈评估的起点。

（二）来访者问题初步诊断

初步诊断是指咨询师在与来访者接触后，运用各种评估诊断方法与技术对来访者的心理与行为问题所形成的第一次诊断。初诊结果有的在第一次与来访者接触时就能够形成，也有的第一次接触仅能形成初步印象，必须进行多次接触（如实施必要的心理测验或再次会谈）后才能形成。

与初步诊断概念相近的是初步印象。初步印象是在咨询师与来访者初次接触的时候，由咨询师对来访者形成的大致判断，这种判断并不十分清晰、明确，仅仅是一种带有倾向性的第一印象。由初步印象转变成初步诊断，必须有一个对临床资料进行系统的整理与分析的过程。所以，如果没有心理咨询中各种临床资料的收集，以及在咨询间隙对各种临床资料的整理与分析，是不能够轻易形成初步诊断结果的。因此，对心理问题较轻、资料收集不难的心理咨询，诊断结果可以在第一次咨询结束时便可形成，而心理问题较重、资料收集较难的心理咨询，其诊断结果往往要经历初次咨询、咨询间隙的资料整理与分析、再次咨询等过程后，才能获得。

1．心理与行为问题的分类标准

（1）一级水平分类标准。一级水平分类是要区分出异常心理与正常心理，即病与非病。该水平的标准较多，有精神病学领域的，也有心理学范畴的，一般采用郭念锋教授1995年提出的“心理学三原则”，即主观世界与客观世界的统一性原则、心理活动的内在协调性原则、人格的相对稳定性原则。

（2）二级水平分类标准。二级水平分类包括正常心理与异常心理的再次分类。在正常心理大类中可以细分出健康心理与不健康心理两个亚类，分类标准采用许又新教授1988年提出的“三标准”，即体验标准、操作标准、发展标准；在异常心理大类中可以分成轻度心理异常（非精神病性心理异常）、中度心理异常（边缘性心理异常或混合性心理异常）和重度心理异常（精神病性心理异常）三个亚类，采用的分类标准为：精神病性严重程度、自知力丧失程度、对客观现实的歪曲程度以及社会功能受损害程度。

（3）三级水平分类标准。三级水平分类是在二级水平分类的基础上，对五个亚类的再次分类。

①健康心理亚类的分类。该分类标准采用郭念锋教授于1986年在《临床心理学概论》一书中提出的十个标准。分类的结果形成四个小亚类：健康顶峰状态、健康自如状态、健康良好状态、健康一般状态。

②不健康心理亚类的分类。将刺激的性质、反应的持续时间、反应的强度和反应是否泛化四个维度作为其分类标准，可以把不健康心理分为一般心理问题、严重心理问题、神经症性心理问题三个小亚类。

③非精神病性异常心理亚类的分类。以CCMD-3为分类依据，综合考虑疾病症状、严重程

度、病程及排除标准进行分类，可以形成六个小亚类：神经症、人格障碍、习惯与冲动控制障碍、性心理障碍、心理因素相关生理障碍、儿童和少年期的心理障碍。

④边缘性异常心理（混合性异常心理）亚类的分类。以CCMD-3为分类依据，形成三个小亚类：癔症、严重应激障碍和适应障碍、情感性精神障碍。

⑤精神病性异常心理亚类的分类。以CCMD-3为分类依据，形成四个小亚类：精神分裂症、偏执性（妄想性）精神障碍、急性短暂性精神病、感应性精神病。

2．初步印象的形成

首先，运用“心理学三原则”，初步区分正常心理与异常心理，即分析来访者主观世界与客观世界是否统一；分析来访者内在精神活动是否协调一致；分析来访者的个性是否保持相对的稳定。其次，从来访者的求医行为判断其为神经症或是重性精神病。一般而言，患有神经症的来访者常常表现为强烈的求治愿望而主动求医，而患有重性精神病的来访者则很少主动求医。再次，从来访者对症状的自知程度来分析。神经症患者有自知力，而重性精神病患者对自己表现出来的症状是没有自知力的。然后，从来访者具有典型意义的某些特异行为表现进行初步归类，如有无交替的抑郁与躁狂的发作。最后，对某些易混淆的临床表现进行鉴别，初步区分出心理问题是神经症还是重性精神病。对重性精神病要立即转至精神科进行正规的药物治疗。

3．对来访者一般心理健康水平进行分析

逐个使用郭念锋教授提出的“心理健康水平评估的十项指标”，对来访者心理健康水平进行衡量，找出来访者心理结构中哪些是强势因素，哪些是弱势因素，并找出来访者产生心理与行为问题是在哪个心理活动的薄弱环节上。这对进行科学的心理诊断非常重要。这十项指标如下。

（1）周期节律性。如果一个人的心理活动的固有节律经常处在紊乱状态，不管是什么原因造成的，则心理健康水平肯定是下降了。

（2）意识水平。其中注意力水平的高低可以评价意识水平。

（3）暗示性。易受暗示的人，情绪容易波动，受暗示很强的人，常患有癔症，而健康的人一般具有质疑性思维。

（4）心理活动强度。这是对精神刺激的抵抗能力。抵抗能力低的人可能因为一次精神刺激而导致反应性精神病或癔症。

（5）心理活动耐受力。这是对慢性精神刺激的耐受力。在慢性精神刺激的折磨下，耐受力低的人，容易出现心理异常，甚至形成严重的身心疾病。

（6）心理康复能力。这是一种从创伤刺激中恢复到正常水平的能力。康复能力低的人，极易形成心理问题。

（7）心理自控力。自控力低下者，会在情绪的强度、情感的表达、思维的方向和过程上失去控制。

（8）自信心。自负和自卑是两个极端，均可导致情绪障碍。

（9）社会交往。社会交往的剥夺，必然导致精神崩溃，出现种种心理异常，最常见的有接触不良和躁狂状态。

（10）环境适应能力。能力较低者，常引起适应障碍。

4．形成初步诊断

三级心理咨询师要在二级心理咨询师的指导帮助下形成初步印象。必须扼要地写出以下三份书面报告提交给二级咨询师：第一份是来访者的临床表现、自我评述、对所获临床资料的分析与结果；第二份是对来访者心理健康状况的初步印象与理由；第三份是对来访者心理与行为问题的可能原因分析，即心理评估报告。二级心理咨询师则应从报告的格式与内容、资料获取的方法与内容、对资料的评估等方面进行审查，并对所获资料运用定性与定量的方法，进行综合分析，做出初步诊断。

5. 做出鉴别诊断

在初步诊断的基础上，进一步做出鉴别诊断：一是对来访者的心理问题进行症状定性，按症状的表现确定其性质；二是对来访者的心理问题进行症状区分，将已经定性的症状和在现象上与其相近、性质相类似的其他症状进行细致的区分，并做出明确判断；三是确定鉴别诊断的关键症状和特征（如有无自知力）；四是按现行的症状诊断标准，进行鉴别诊断。

七、来访者问题的病因识别

不同的理论学派认为来访者问题产生的途径不同，如精神分析学派认为应该从来访者的潜意识里去找原因，行为主义学派认为问题行为的产生遵循“反射—行为—学习”的路径，而人本主义学派则强调要从整体上理解人的动机和人格，强调在人的尊严和价值方面有没有受到损害。目前，较为流行的是以下三种说法。

1. 认知途径（心理）

人的行为与其说是对外界刺激的反应，不如说是个人对这些刺激的心理加工的结果，因此，异常行为是适应不良认知的产物。寻找问题产生的原因可以从以下几个方面入手。

（1）从个人的发育史资料入手，查看其认知能力和成长中有无错误观念产生。认知因素可分为两大类，一类为知识性的认知偏差，另一类为个性认知偏差。

（2）查看个人对现实问题有无误解或错误评价。

（3）分析个人内在世界中有无新旧观念的冲突，对人、对事的持久偏见事例。

（4）寻找个人记忆中有无持久的负性情绪记忆。

（5）分析个人思维倾向和习惯，有无反逻辑性思维和不良的归因倾向。

（6）分析个人经验系统中是否存在不利因素，比如老眼光。

（7）分析个人有无深层主观因素方面的问题，如价值观方面的问题。

（8）分析个人是否有心理发育停滞的问题。

2. 生物医学途径（生物）

心理异常的医学模式强调精神障碍的生物学因素，认为心理异常的发生主要与机体的生理变化有关，需要关注四个方面：首先是辨别是否有躯体疾病；其次是确定躯体疾病与心理行为问题之间有无因果关系；再次是需考虑生理年龄对心理行为问题形成的影响，比如老年人由于记忆力减退而导致描述事实时出现的张冠李戴现象，甚至子虚乌有的虚构，就不能轻易认为老年痴呆；最后是要考虑性别因素对心理行为问题形成的影响，比如同样是“更年期”，男性的更年期综合征远不如女性那么明显与严重。总的来说，心理因素会导致生理功能方面的变化，生理功能的改变，也会引起心理活动的改变。如果来访者对生理活动的改变未做陈述或一带而过，可能是由于来访者在这方面的无知而忽略，或涉及某些隐私而回避。

3. 社会文化途径（社会）

社会学模式强调社会因素对发生变态心理的作用，认为经济贫困、种族歧视、生活变更、社会压力等，都可能引起变态心理，而变态心理乃是社会病理学的反映。跨文化精神病学的研究成果显示，社会文化背景不同，对变态心理的判断标准、患病率的统计分析、症状的表现形式以及预后的估计等，都可能存在差别。例如，从社会利益的角度来看，人格障碍、性变态，瘾癖之类问题，都是破坏性的、属于违反道德规范的行为，为社会所不容。从医学心理学的观点来看，这类人存在着心理变态，以致不能恰当地适应社会生活。寻找社会文化因素的原因，可以从确定相关生活事件、人际关系以及所处生存环境，分析其临床表现与社会生活事件的关系，包括社会文化（如道德、风俗、习惯等因素）与心理障碍发生的关系。同时，除了注意负性生活事件的消极影响外，也要注意一些看起来是正性的社会事件的影响，比如一些对其重要的喜庆之事，也会成为应激源。另外，还要注意生活事件的发生频率以及个人对社会生活事件的认知评价方式等。影响认知评价的因素包括三个方面：一是来自童年的固定信念，在童年阶段就开始形成的某些失真的和不现实的固定信念，会导致成年后的认知曲解；二是来自以往生活中的挫折和痛苦经验；三是负性自动思维对认知评价的影响。

八、心理评估诊断报告

咨询师根据前述的各步操作，写出心理评估诊断报告。

（1）评估来访者的心理、生理及社会功能状态。咨询师要能在报告中确定来访者的心理、生理及社会功能方面出现了哪些问题，其表现程度如何，引发问题的关键点和原因是什么。其实质是一种现象学的诊断。

（2）引发来访者心理问题的原因分析。在现象学诊断的基础上，必须探明引发心理问题的原因，即要进行原因诊断。如果引发心理问题的原因不止一个，还必须对其在来访者心理问题的发生过程中所起的作用大小做出评估。

（3）在上述分析基础上，确定来访者心理问题的性质及产生的原因，写出心理评估诊断报告。

第三节　制定咨询方案

在心理评估诊断的基础上，就可以帮助来访者制定心理咨询方案。制定的心理咨询方案分为商定咨询目标和商定咨询方案两个部分。

一、商定咨询目标

目标，在我们成长路上非常重要，它就如一座灯塔，指引我们前进的方向。同样，在心理咨询中，咨询目标也特别重要，它决定着心理咨询将走向哪里。咨询目标是来访者通过自我探索和改变，努力去实现的目标，也是咨询师通过心理咨询的理论、方法和技巧，对来访者予以帮助，但最终要实现的目标，是由咨询师与来访者双方共同商定的结果。从这个角度上讲，咨询目标既是来访者的目标，也是咨询师的目标。

（一）前期准备工作

咨询中双方商定咨询目标，应该建立在心理诊断阶段已经完成的基础上进行，是咨询师在全面、准确地了解了来访者的具体问题和心理问题、问题性质、严重程度、持续时间以及来访者认知、行为、情绪和个性特征等的前提下进行。

1. 全面收集、分析来访者的相关资料

咨询师在进行摄入性会谈时听取了来访者自述和他人介绍的情况后，首先可以进一步从以下七个方面进行询问和观察，尽量全面地收集来访者的有关资料。

（1）“who”，来访者是谁？了解生病的是一个什么样的人比了解一个人生了什么样的病更重要。

（2）“what”，发生了什么事情？

（3）“when”，事情是什么时候发生的？这样的事情以前是否发生过？次数有多少？情况如何？

（4）“where”，事情是在哪里发生的？

（5）“why”，事情发生的原因是什么？

（6）“which”，事情与哪些人有关？

（7）“how”，事情是怎样演变的？

同时，针对不同年龄特征、性格特征、问题特征和文化特征的不同来访者，以及不同的心理问题要采取不同的会谈方式，然后可以对收集到的资料进行分析。

（1）排序。按出现时间，将所有资料排序。

（2）筛选。按可能的因果关系，将那些与症状无关的资料剔除（注意：不可犯“以前后为因果”的错误）。

（3）比较。将所有症状，按时间排序，再按因果关系确定主症状和派生症状，将与症状有关的资料进行分析，找出造成问题的主因和诱因。

2. 进一步了解来访者的问题

收集、分析完来访者的相关资料后，可以从以下几个方面进一步了解来访者的问题。

（1）明确来访者想要解决的问题。

（2）进一步了解问题的来龙去脉。

（3）通过对来访者言行的反应，澄清来访者的真实想法。

（4）深入探讨来访者心理问题的深层次原因。

3. 判断来访者心理问题的类型和严重程度

如何判断来访者心理问题的类型和严重程度，在本章第二节已作详细论述，此处不赘述。

（二）咨询目标的来源

咨询时要按照咨询目标进行，咨询目标既不能由来访者提出后再请咨询师帮助实现，也不能由咨询师提出让来访者去执行。咨询目标是双方共同的目标，应该由咨询师与来访者共同商定，“商定”一词生动地解释了咨询目标的来源。

有些来访者可能会主动提出咨询目标，但能否成为真正意义的咨询目标，还要看咨询师是否同意，单方面提出的目标可能不是真正的咨询目标。同理，咨询师单独制定的咨询目标也可能不是真正的咨询目标。

（三）咨询目标的类别

1. 不同理论学派的咨询目标

心理咨询的不同理论学派，其咨询目标各有不同的侧重。

（1）来访者中心学派提供一种安全的气氛，引导来访者进行自我探索，以便来访者能认识成长的障碍，能体验到从前被否定与扭曲的自我，使他们能更开放地体验，更相信自我，有进入咨询过程中的意愿，并且增加自发性与活力。

（2）精神分析学派将潜意识内容意识化，重组基本的人格，帮助来访者重新体验早年经验，并处理压抑的冲突，进行理智的觉察。

（3）行为主义学派消除来访者适应不良的行为组型，帮助他们学习建设性的行为组型以改变行为；帮助来访者选择特殊的目标，将广泛的目标化作确切的、具体的、可操作的目标。

（4）格式塔学派帮助来访者觉察此时此刻的经验，激励他们承担责任，以内在的支持来对抗对外在支持的依赖。

（5）理性情绪学派消除来访者的自我失败观，帮助他们更能容忍与更能过有理性的生活。

2．不同标准下的咨询目标

心理咨询目标除了受各个咨询学派的理论倾向影响之外，还可依据某些标准进行如下划分。

（1）内部的目标与外部的目标。内部的目标指那些来访者本人对自己提出的目标；外部的目标则是由其他人对来访者提出的，比如咨询师、父母、配偶、老师等。通常，各咨询学派所提出的咨询目标，多为外部的咨询目标。

（2）终极的目标和中间的目标。终极的目标是要帮助来访者解决心理问题，增进身心健康，提高适应环境的能力，促进个性发展与潜能发挥；中间的目标则可以被看作是向着终极目标迈进的步骤，但要达到什么程度为止，则与咨询师及其所采用的咨询理论与方法有关。在实际的咨询过程中，能够达到终极目标的并不多，大多数咨询往往只达到了中间的目标。其原因除了受咨询师所采用的咨询理论与方法的局限以及咨询师专业技能的制约之外，还与来访者问题的性质、严重程度以及配合程度等因素密切相关。

（3）一般性的目标与特殊的目标。咨询目标可以是泛泛的、一般性的，也可以是具体的、特殊的。特殊的目标都较为具体，比如在行为治疗中运用系统脱敏的方法就是这样，其目标会具体到某个具体地点或场合（如使来访者不再害怕在教室里与异性同学讲话）或某个具体时间（如使来访者在考试前一天不再过度紧张、焦虑）。对不同来访者而言，一般性的目标通常是相似的，特殊的目标则会因人而异。在咨询实践中，咨询师应力求达到一般性的目标与特殊的目标的结合。

（4）矫正、发展（或增长）和预防的目标。矫正的目标是消除或减少来访者身上存在的某些非适应性心理与行为。发展的目标是帮助来访者挖掘自身潜能，提高适应能力，促进自我实现等。马斯洛（A. H. Maslow）提出的成为自我实现的人，即是发展的目标。预防的目标是要帮助来访者减少其产生心理问题的现实的可能性与潜在的可能性，提高其心理健康水平。

（5）综合的目标。即使来访者成为一个心理健康的人。

（四）咨询目标的确立

1．确立咨询目标的意义

心理咨询的目标，就是心理咨询所追求的结果与所要达到的目的，咨询目标的确立，在咨询过程中有重要的价值。

（1）咨询目标为咨询活动指明了方向。咨询目标可以帮助咨询师和来访者更明确地预知通过咨询能达到什么目的，以及不能达到什么目的。咨访双方在咨询过程中要进行哪些活动，须根据咨询所追求的目标而定。不然，咨询就会漫无目的。因此，咨询目标可以使咨访双方都清楚地意识到努力的方向，从而不仅能详细制定实施方案，而且可以在实施过程中根据目标对实施方案进行必要的调整。

（2）咨询目标便于对咨询进展和效果进行评估。咨询目标在咨询结果的评价中具有重要价值，它可以用来检验咨询的进展和效果。通过咨询目标，来访者可以清楚地看到自己的变化，从而认识到心理咨询在自我成长中所发挥的作用。咨访双方也可以借此评价咨询方案的适用性及确定心理咨询的进展程度。

（3）咨询目标有助于咨访双方的积极合作。有了明确的目标，不仅使来访者看到了希望，也增强了其咨询信心与动力。由于方向明确，来访者成为咨询过程的主动参与者，使咨访双方能积极合作，协调一致。另外，来访者的积极参与制定咨询目标本身就具有治疗的作用。

（4）咨询目标为咨询师使用特定的咨询策略和干预方法提供了一些基本参照准则。

2. 确立咨询目标的原则

为保证心理咨询的顺利进行，确立咨询目标应遵循以下基本原则。

（1）必须由咨访双方共同制定目标。一方面，咨询师要鼓励并引导来访者全面且深入地反映问题，同时，咨询师也要将自己对问题的认识反馈给来访者，让来访者对自己问题的分析与理解与咨询师基本保持一致。另一方面，咨询师要引导和鼓励来访者坦诚地提出自己的咨询目标。如果来访者提出的咨询目标与咨询师设想的咨询目标存在分歧，则要共同分析造成分歧的原因，重新商定咨询目标。

（2）保证心理咨询目标的针对性。在心理咨询中，咨询师经常会遇到一些不属于来访者心理方面的问题，而正是这些问题导致来访者感到不安和困惑。保证咨询目标的针对性，就是保证心理咨询只帮助来访者调整认知和心态，而不是直接帮助来访者去解决引发其心理困惑的这些问题本身。

（3）中间目标与终极目标相统一。中间目标是心理咨询过程中所要达到的具体目标，而终极目标则是实现人的心理健康、潜能的充分发掘和人格的完善。中间目标是向终极目标发展的步骤。确定心理咨询的目标，应强调中间目标与终极目标的辩证统一，即咨访双方不仅要解决来访者当前所存在的具体的心理问题，更应该从提高其心理健康水平、充分发掘潜能、促进人格发展着眼，把终极目标融入中间目标，以终极目标引导中间目标，通过中间目标的实现达到终极目标的完成。在心理咨询实践中，要实现两种目标的统一，咨访双方不仅要发现具体的心理问题及引发原因，还要就此发掘来访者的人格特点、心理素质等方面的不足；不仅要使来访者在具体问题上掌握心理调节的技能与方法，而且能使来访者将这些技能迁移到类似的情境中去。

（4）心理咨询目标必须具体、可行。来访者提出的咨询目标可能会比较笼统且抽象，如希望有较强的工作能力和人际交往能力等。咨询师面对来访者这种大而空泛的咨询目标，会感到既难以操作、落实，又难以对进行咨询效果的评估，这时，就需要咨询师与来访者进一步商讨，共同将抽象的目标具体化，将模糊的目标清晰化。

3. 有效咨询目标的主要特征

有效的咨询目标一般具有以下几个方面的特征。

（1）具体。咨询目标是咨询师、来访者共同努力实现的目标。咨询目标若不具体，或没有量化，咨询中双方就难以执行也难以对咨询效果进行评估。咨询目标越具体、越量化，就越容易执行，也方便进行咨询效果评估。当目标不具体时，咨询师就应该和来访者共同讨论，了解来访者的真实想法，经过分析，使模糊的目标逐渐清晰起来，通过一个又一个具体的步骤来实施。

（2）可行。咨询目标是需要双方在咨询中去实现的，因此应该商定将咨询目标限定在可行的范围内，而不要让咨询目标超出了来访者可能的水平，对于不可行的目标，咨询师要根据实际情况与来访者协商，争取将目标限定在可行的范围内。比如调整目标或把目标分解为一个个具体可行的小目标。对于是由于咨询师的原因而难以达到目标的，咨询师也要同来访者讲清原因，重新制定目标或中止咨询或转介给合适的咨询师。

（3）积极。咨询目标要对来访者有建设性、符合其长远发展的需要。从心理咨询的性质来看，心理咨询的目标应该是积极的。一般来说，面对问题、解决问题是积极的，而回避问题则往往是消极的。如某位大学生因控制不住上网玩游戏，学习成绩不理想，虽然自己也认为不应该这样做，但并没有通过自己的努力去改变学习现状。认可、接受学习成绩不理想，换专业、退学等，都是消极地解决问题，都不应该成为咨询的目标。咨询目标应该是积极的这一特征容易被某些咨询师所忽视，但其意义却很大，咨询目标的有效性，在于咨询目标是积极的，是符合人们发展需要的。有些目标的达成虽然能暂时解决来访者的问题，但却是消极地解决问题，因而就不适合当作心理咨询的目标。

（4）双方均可以接受。一般来说，咨询目标是双方要实现的目标，应该由双方共同商定。但无论是来访者主动提出的还是咨询师提出的咨询目标，都应该是双方接受的。若双方的目标有差异，则应通过双方交流来修正，最终双方达成一致。若无法协调，应以来访者的要求为主。

（5）属于心理学性质。心理咨询的任务是帮助来访者解决心理问题，主要涉及心理发展、心理适应和心理障碍等方面的问题，因此，心理咨询的目标应该是属于心理学的范畴。对于某些既存在躯体疾病同时又存在心理问题的来访者，心理咨询的目标不是解决来访者的躯体疾病而是应该针对躯体疾病引起的心理不适，或者针对引起躯体疾病的心理因素。

（6）可以评估。咨询目标的进展情况或咨询目标是否实现应该可以进行评估，不能进行评估的目标，就不能称其为咨询目标。在咨询的过程中，咨访双方可随时对咨询目标的实现情况进行及时的评估，这样有助于咨询师和来访者双方都能够看到来访者的变化，尤其是来访者能看到自己的进步。通过评估，也可发现咨询过程中存在的不足及问题，及时调整咨询目标或采取措施促进咨询目标的实现。达成的咨询目标，有些可直接表现为来访者的某种行动，有些则可能是来访者观念的转变和情绪的改善，前者可通过观察获得，后者可以用心理测验等来评定。

（7）多层次统一。如果仅有一个目标，则咨询目标的内部特征应该是统一的；如果咨询目标是多个，则目标与目标之间应该是协调统一的。有效的咨询目标应该既有眼前目标，又有长远目标；既有特殊目标，又有一般目标；既有局部目标，又有整体目标。

4. 影响咨询目标确定的因素

影响咨询目标确定的因素包括来访者因素和咨询师因素。

（1）来访者因素。来访者的问题、经济条件、家庭和职业状况和可用于咨询的时间也在某种程度上影响着咨询目标的确定。

（2）咨询师因素。从咨询师的角度看，每一位咨询师所受到的专业训练不同，咨询专长和经验也有差异，这在一定程度上也会影响咨询目标的确定。

总之，咨询目标的确定需要咨询师与来访者共同参与：既要依据来访者的问题性质，又不能脱离咨询师的专业能力，还要顾及其他制约因素；既要有现实的可操作性，又要有一定的前瞻性，更要明了咨询目标的确定是一个动态过程，会随着咨询的不断深入、推进而调整和改变。

（五）如何与来访者商定咨询目标

1. 找出来访者的主要问题

所谓来访者的“主要问题”，就是来访者最关心、最困扰、最迫切需要解决的问题。虽然有些来访者在第一次会谈开始时，就会说明自己最困扰的问题是什么，但有些来访者却需要经过多次会谈，慢慢摸索、探讨，才能明确。其中主要的原因是：有些来访者因为认知能力的局限，不能认识到自己的问题所在；而有些来访者虽然清楚自己的问题所在，但可能不好意思开门见山地诉说自己的问题。在咨询初期，咨询师要想办法弄清来访者的主要问题是什么，这样有助于有针对性地商定咨询目标，也有助于解决来访者主要的心理问题。

2. 确定从哪个问题入手

有时来访者急于解决的问题不止一个，如学习问题、焦虑问题、失眠问题等。咨询师发现其中有一个问题是最重要的，如来访者学习兴趣不大，没有付出应该付出的努力，由此引起学习成绩下降，并进而引起焦虑和失眠。那么，咨询的目标就应集中在如何增强学习兴趣上。

有时来访者的问题有主次、难易之分，这就有两种解决办法。一种办法是先解决主要的，再解决次要的，这样就可以提高咨询效率，甚至解决了主要问题，次要问题也就迎刃而解了。但问题是一旦问题解决不成功或没有实质性的进展，就容易影响来访者和咨询师的信心。另一种办法是先解决次要的、容易的，再解决主要的、困难的。这样做的好处是难度小，双方容易见到咨询效果，有助于提高来访者和咨询师的信心和积极性，对刚开始做咨询的咨询师也是一种很好的鼓舞。

3. 双方商定咨询目标

商定咨询目标需要来访者与咨询师的共同参与、共同配合。在商定咨询目标时既要考虑到来访者的问题和需要，又要参考合适的咨询理论；既要有具体的小目标，又要有立足于发展和完善的大目标。咨询目标的商定有时会是个过程，会随着咨询的不断深入而有所改变。

咨询实践中，可能咨询师与来访者的目标不太一致，虽经双方讨论，但还是难以统一。在这种情况下，应以来访者的目标为主。

（六）商定咨询目标的注意事项

1. 来访者并不都能提供有效的咨询目标

咨询师与来访者商定咨询目标时，一般的程序是请来访者先提出咨询目标，咨询师再根据来访者的具体情况与来访者协商，最终形成咨询目标。但实际中，会存在两种情况。一种情况是来访者在提出目标时可能会存在一系列的实际困难，比如来访者可能不清楚自己的问题所在，或是认识到自己的某几个方面的问题，但不知从哪里入手解决；又如有些来访者自己也不清楚应该提出什么目标，他们的思绪混乱，不知道可以从咨询中得到些什么；再如有些来访者所期望的目标可能不切合实际。为此，咨询师可以通过一系列开放式的询问，来促进来访者思考自己既想要也想实现的咨询目标。另一种情况则是来访者提出了某个咨询目标，但随着咨询的深入，咨询师发现了来访者原先没有意识到的更深层、更本质的问题，从而需要引导来访者重新确立新的咨询目标。

2. 某些咨询师对咨询目标可能存在错误观念

（1）有些咨询师认为咨询师应持完全中立的态度，不应带有任何自己的价值观念。持这种观点的咨询师认为，每一个人都是有独特价值取向的人，咨询师不应该用自己的价值观去影响来访者，更不应把自己的目标强加在来访者身上。这种观念有其合理的一面，但过于推崇价值中立，强调绝对的、百分百的价值中立是没有必要的，实际咨询中也是无法做到的。

（2）有些咨询师认为咨询中应该给来访者灌输、传授一些正确的、健康的价值观。他们把自己的目标强加在来访者身上，并向来访者传授他们自己的价值观、信念等。一旦发现来访者的价值观念与自己不一致，与社会的主流宣传不一致，就予以纠正，经常向来访者提出应该这样、应该那样的忠告。

（3）有些咨询师把来访者的快乐、满足作为咨询目标。咨询中把来访者的快乐、满足当作咨询目标是有害的，也是不可能的。假如来访者来咨询是为了获得成长，那么某种程度的不安、彷徨、苦闷、痛苦是不可避免的。成长会伴随着痛苦的磨砺，这是事物发展的规律。因此，咨询师的职责应重在鼓励来访者不断地去尝试、去努力、去体验、去获得发展，而不是躲避。这也许会增加来访者的不适感，但对于其发展是必需的，也是无法避免的。

（4）有些咨询师把来访者能否适应环境作为咨询目标。有些来访者的问题是难以适应环境，但适应什么环境、怎样适应等问题比适应环境本身更重要。适应其实有两种类型，一种是忍受、克制、屈从、顺从与迎合，另一种是改善、调整与克服。前者是被动、消极的适应，而后者才是主动、积极的适应。前者带给来访者的是压制与衰退，而后者则带来蓬勃与发展。咨询目标应立足于后者，因为只有这样才能保证咨询是真正促进来访者的成长与发展的。从这种意义上讲，终极目标保证了具体目标的方向性。

（七）咨询理论和方法的选择

1. 选择有效的咨询理论和方法的意义

理论为咨询师提供了可供操作的指导框架。在理论的指导下，咨询师可以更好地满足其职业行为的需要，为自己的行为找到合理的依据。理论在指导咨询实践中主要有以下六个方面的重要作用。

（1）给咨询师提供了可操作的指导原则。

（2）可有效地帮助咨询师发现不同事件之间的相互关系及其共性。

（3）可促使咨询师对容易忽视的事件及其相互关系给予必要的关注和考察。

（4）帮助咨询师更加关注有意义的数据或信息，有效地解释这些数据或信息所表达的含义。

（5）帮助咨询师鼓励、支持来访者行为上有意义的改变。

（6）帮助咨询师对新、旧理论、方法做出评价，是新咨询理论与方法建立的基础。

2. 如何识别有效的咨询理论和方法

咨询师必须有能力去识别和选择恰当的理论与方法，定期地对这些理论、方法加以考察，并进行适用性评估。汉森（J. Hansen）认为一个好的理论和方法应该至少满足以下五个条件。

（1）清晰、易于交流和理解。应是连贯的、内部结构严谨，且无相互矛盾。

（2）综合性。可以对多种现象做出有效的解释，具有广泛的适用性。

（3）明确、具有启发性。一种有效的理论和方法可明确地指导研究。

（4）独特性。在达到预期结果方面具有特效。

（5）实用性。可以指导咨询师进行有效的实践。

3. 影响咨询方法选择的主要因素

在明确来访者问题、制定咨询目标之后，咨询师要做的下一步工作就是选择合适的咨询方法或模式。咨询方法的选择，往往受到多方面因素的影响和制约。具体包括以下几个方面。

（1）来访者的特征。如果来访者的主要问题是情绪不稳定，宜采用支持性心理咨询，减除其痛苦的自觉症状；如果来访者的主要问题表现为无法与人交往与接触，则团体疗法可能是较适合的选择；而如果来访者的咨询目标是要改变现有的行为或建立新的行为，则可以采用行为疗法；当来访者的问题起源于家庭人际关系时，实施家庭疗法较好；而如果来访者所出现的心理问题，似乎与潜意识的心理症结有关，则宜采用精神分析疗法，以便探讨潜意识内容，寻找心理症结。另外，来访者的个性、智力水平、咨询动机、文化背景、信仰与价值观、自我效能感等因素也会影响到来访者支持和反对使用某种咨询方法。

（2）咨询师的专长和偏爱。咨询师对咨询方法的选择常常是基于他们所受过的专业训练以及对某些或某种咨询方法的偏爱，不完全是考虑来访者的问题和咨询目标。理由有两个：一是他们觉得运用自己所熟悉和偏爱的方法得心应手，游刃有余。二是咨询的效果，除了依赖每种咨询方法所独有的咨询技术及其适用对象等特殊性有效因素，也依赖来访者对咨询本身的期待、温暖和信赖的咨访关系、保证和支持、脱敏、理解或领悟、宣泄等一般性有效因素。但是，无论咨询师对于某一种咨询方法多么熟练和偏爱，都不应成为选择咨询方法的唯一考虑因素。

（3）随咨询进展而调整和改变咨询方法。在咨询过程中，虽然是同一个来访者，也应随其问题的轻重、咨询的进展情况而调整、改变咨询的主要方法。例如，一个来访者起初心情很不稳定，无法维持日常生活，则咨询的重心在支持与辅助；然后等到其情绪稳定以后，可开始进行分析性咨询，探讨、研究其潜意识心理症结，并给予指点、解释；接着，可将咨询方法改变为训练与学习，帮助来访者改善行为方式，直至咨询结束。当然，咨询过程并不一定总是按照上述先后情形逐步进行。有时可改变先后顺序；有时可一进一退，随机应变地改变咨询的重心与方式。

二、商定咨询方案

咨询方案是心理咨询实施的完整计划，它是心理咨询进入实施阶段时必备的文件。每一次咨询的方案，很可能是有一定区别的。但是，不管具体咨询方案有怎样的区别，其一般原则和基本程序是一致的。咨询方案就是咨询工作的计划，有明确咨询方案的咨询会使咨询事半功倍。有了咨询方案就使咨访双方明确了咨询方向和目标，也使咨询能够按照既定的方案顺利进行，还可以满足来访者的知情权，便于操作、检查、总结经验和教训。咨询方案应由咨访双方在相互尊重、平等的气氛中共同商定。咨询方案的制定，必须按心理问题的性质、采用的咨询方法、咨询的期限、咨询的步骤、计划中要达到的目的等具体情况来制定。

较为简洁的咨询方案应包括以下七个方面的内容。

1. 咨询目标

双方应首先商定明确的咨询目标，而且应该符合咨询目标有效性的七个要素。咨询目标既包括近期的具体咨询目标，还包括远期的终极咨询目标，具体的目标可能不止一两个，但都应该符合咨询目标的特征。

2. 咨询的具体心理学方法或技术的原理、过程和使用注意事项

在商定咨询方案时，应商定采用何种咨询方法和技术，咨询师应向来访者介绍准备采用的心理学方法或技术的原理、过程和使用注意事项等。

3. 咨询的效果及评价手段

在商定咨询方案的过程中，双方应明确咨询结束时预期达到的咨询目标和效果，并协商采用何种评估方法和手段对是否实现目标和达到何种效果进行评估。

（1）对咨询效果评估的时间：①在开始1次或几次咨询后进行评估；②在咨询结束前进行评估；③在咨询后追踪复查时进行评估。

（2）对咨询效果评估的方法：①对照咨询前后心理测验的结果进行评估；②根据来访者自我报告进行评估；③根据来访者家人、朋友、同事的报告进行评估；④根据来访者社会生活适应状况的改变程度进行评估；⑤根据咨询师对来访者各方面的观察进行评估。

4. 双方各自特定的责任、权利与义务

（1）来访者的责任、权利和义务：①责任：向咨询师提供与心理问题有关的真实资料；积极主动地与咨询师一起探索解决问题的方法；完成双方商定的作业。②权利：有权利了解咨询师的受训背景和执业资格；有权利了解咨询的具体方法、过程和原理；有权利选择或更换合适的咨询师；有权利提出转介或中止咨询；对咨询方案的内容有知情权、协商权和选择权。③义务：遵守咨询机构的相关规定；遵守和执行商定好的咨询方案各方面的内容；尊重咨询师，遵守预约时间，如有特殊情况提前告知咨询师。

（2）咨询师的责任、权利和义务：①责任：遵守职业道德，遵守国家相关的法律法规；帮助来访者解决心理问题；严格遵守保密原则，并说明保密例外。②权利：有权利了解与来访者心理问题有关的个人资料；有权利选择合适的来访者；本着对来访者负责的态度，有权利提出转介或中止咨询。③义务：向来访者介绍自己的受训背景，出示营业执照和执业资格等相关证件；遵守咨询机构的有关规定；遵守和执行商定好的咨询方案各方面的内容；尊重来访者，遵守预约时间，如有特殊情况提前告知来访者。

5. 咨询的次数与时间安排

双方商定的咨询次数以每周1～2次为宜，次数过多可能因来访者无暇进行自我探索和改变而影响咨询效果。每次咨询的时间应在50分钟左右。时间过短可能缺少容量，时间过长则可能导致咨询效果不会提高，反而下降。在时间安排上不是绝对的，有时也可灵活掌握。对某一具体来访者的咨询次数与时间安排应视双方的具体情况而定，如创伤治疗可能在90分钟左右，而家庭治疗可能在90～120分钟。

6. 咨询的相关费用

咨询的相关费用不需要双方进行商定，但需要在咨询开始前的简介中向来访者明确说明，说明咨询的相关收费标准，并在咨询中严格按照国家规定的收费标准执行。

7. 其他问题及有关说明

咨询中如有特殊情况，应具体说明。咨询方案商定后，可以根据实际咨询情况处理。如果咨询目标比较简单、具体，预计一两次就可以完成的咨询，不一定签订书面的方案，可以用口头约定的形式明确下来。如果来访者的问题比较复杂，而咨询目标相对比较多，预计咨询的次数较多，应该以书面形式明确下来，双方在咨询中按照咨询方案的约定进行咨询。

双方商定的心理咨询方案不是一成不变的，很有可能会随着咨询的进程而有所调整、改变。比如咨询师发现了来访者更深层次的问题，来访者也愿意探讨解决；又如咨询师或来访者由于某种原因需改变咨询时间的间隔；再如来访者产生了的强烈的阻抗；等等。这些情况下就需要作一定的变动，但变动前应该经双方商定。

第四节　实施心理咨询

心理咨询的初期阶段，咨询师在基本掌握来访者的有关情况及相关信息后，在对收集的资料进行全面评估、诊断和分析的基础上，与来访者一起共同商定了双方均接受、认可的有效的咨询目标，并制定了切实可行的咨询方案。此时，心理咨询就可以进入到中期阶段，开始进行具体的咨询，逐步实施已经制定的咨询方案。

一、咨询的框架与思路

尽管来访者的心理问题是各式各样的，咨询师所擅长的心理咨询理论与学派不尽相同，个性、习惯也各不相同，但仍具有以下两个较为相似的咨询框架与思路。

（一）要努力调动来访者的积极性

心理咨询的本质是咨询师利用心理学的理论和方法帮助来访者，促使来访者对自身的问题进行探索和有所改变，从而实现咨询目标。如果来访者通过心理咨询发生了某些改变，其中最为重要的改变应该是来访者开始能够主动探索解决自身的问题，而要使咨询取得有效的进展，关键就看咨询师能否调动来访者要求改变的积极性。

在咨询实践中发现，一些来访者对什么是心理咨询不甚了解，认为咨询应该是咨询师努力为自己做些什么；也有的来访者存在意志薄弱、个性懒惰的倾向，不愿意自己主动探索并解决问题。以上两种情况都可能造成来访者将咨询没有取得实质性进展的原因归结于咨询师。另外，部分咨询师自身可能由于职业理念的原因，不去调动来访者的积极性，不去促进来访者的心理成长，不鼓励来访者进行自我探索和改变，而只是对来访者实施指导性的教育。这些也都会阻碍咨询的有效进行，使咨询工作难以取得双方满意的结果。为解决这一问题，咨询师有必要在咨询进入实施阶段时，就要向来访者明确说明心理咨询的实质、咨询取得效果的主要原因，并努力调动来访者自己解决问题的积极性。

（二）要启发、引导、支持、鼓励来访者

在咨询过程中，咨询师既要站在来访者的前面，通过启发、引导，帮助来访者认识、领悟自身的问题，还要给其支持、鼓励，推动来访者进行自我探索和实践以解决自身的问题，向着咨询目标前进。

1. 启发、引导

如何进行启发、引导？在咨询过程中，咨询师最重要的任务就是根据咨询目标帮助来访者解决心理问题，咨询中应以促进来访者的成长为主，让来访者自己探索解决自身的问题。面对来访者，咨询师不应该是教师，不应该是道德法庭的法官，也不应该是教练，而是促进来访者认识并解决自身问题的启发者和引导者。

2. 支持、鼓励

咨询师对来访者进行支持和鼓励，可以起到以下作用。

（1）咨询师的支持与鼓励可以提升来访者解决自身问题的信心。

（2）咨询师的支持与鼓励可以激发来访者改变自我的内在力量。

（3）咨询师的支持与鼓励可以强化来访者的咨询动机，使来访者更加愿意通过咨询解决自身的问题。

（4）支持和鼓励本身就是助人的过程，也是助人的技巧的展现，咨询师的支持与鼓励，可以促进来访者向着咨询目标不断探索、实践，最终实现咨询目标。

（5）通过咨询师的支持与鼓励，来访者具有克服困难的信心和勇气，敢于面对困难、解决困难，克服阻碍咨询顺利进行的种种不利的因素，使咨询得以顺利进行。

二、咨询的基本步骤

（一）初次面询

以初次面询为例，咨询的基本步骤如下。

1. 做好心理咨询前的准备工作

（1）合理配置心理咨询场所：①周围环境安静，避免干扰；②面积适当，不宜狭窄或过分宽敞；③布置简洁，光照明亮，但外面不能窥视室内；④候诊室与咨询室分离。

（2）咨询师表现出应有的仪态：①服饰整齐；②姿态端正；③表情平和。

（3）咨询师保持好与来访者的社交距离：①保持正常社交距离及位置（1.5m左右，成45°角）；②不可直视对方的眼睛，可扫视其眼神、表情、体态。

2. 正式接待

（1）咨询师要使用礼貌的接待方式和礼貌用语：①平和、诚恳的体态语言；②文明礼貌的有声语言，如“请进!”“请坐！”③表示欢迎，感谢信任，竭诚愿意提供心理帮助。

（2）咨询师要运用恰当的询问方式：①了解来访者希望得到的帮助时，要间接询问，不可直接逼问；②形成一个平和舒畅的而不是“受审”紧张的氛围。

（3）咨询师要判断来访者是否适宜自己咨询：①根据“精神病学”有关精神病性表现的内容列举，评估来访者是否符合或部分符合适宜做咨询的条件。②还可以参照“变态心理学”“临床心理学”的精神状态鉴别相关内容进行判断。③在排除精神障碍的情况下，询问来访者三个方面的真实情况表现来粗略判断。一是生理（饮食——总摄食量与进食节律，睡眠——睡眠总长与睡眠节律）方面，近一个月内是否与一月前相比相差明显，如果明显建议看医生。二是心理（情绪平稳状况和情感愉悦状况）方面，近一个月内是否与一月前相比相差明显，如果明显建议看医生。三是自我功能方面，包括工作学习（效率）、人际交往（动机）、兴趣投入（兴奋）、情感关怀（渴望）等，近一个月内是否与一月前相比相差明显，如果明显建议看医生。④咨询师对于来访者来说属于欠缺型（咨询师不擅长某些咨询内容）、忌讳型（咨询师对某些咨询内容敏感、有偏见和忌讳）和冲突型（咨询师在个性或疗法上有冲突）时，会导致咨访关系不匹配，不适宜继续咨询。

（4）咨询师对咨访关系不匹配的处理：①尽量调整咨询师本人适应来访者，而不是来访者做出调整，使咨访关系的匹配程度提高；②向来访者明确说明心理咨询如何进行，能解决什么问题、不能解决什么问题，确定是否能向来访者提供心理帮助；③如果咨询师确实不能接受来访者，要指导来访者转介。转介时应当事先征求来访者的意见并讲清原因，表示歉意，同时向来访者介绍新咨询师的基本情况，并把来访者的情况详细地介绍给新咨询师，如有必要，原咨询师可以与新咨询师交流来访者的情况。

（5）咨询师要说明保密原则：①在确定能够向来访者提供心理咨询时，咨询师必须向来访者说明保密原则，使其敞开心扉，言吐真情，以便掌握第一手资料，有利于咨询的顺利进行。②咨询师同时要向来访者说明保密例外。如已经获得来访者的披露信息授权，咨询师可以严格按照约定范围使用该授权。另外，法律要求咨询师披露的，如来访者有杀人事实、谋杀计划、自杀计划、虐待老人和儿童及其他的重大犯罪行为的，咨询师必须向公安或者检察机关报告，这是每个公民的法定义务，咨询师也不能例外。③咨询师在将案例用于学术活动时，必须隐去来访者的姓名、住址、电话等可以辨认出特定个人的个人化信息。

（6）咨询师妥善处理咨询过程中的危机：①在咨询过程中，一旦发现来访者有危害自身或他人的情况，立即采取必要的措施，防止意外事件发生，如立刻通知家属到场，必要时拨打“110”；②咨询师在接受执法部门询问时，不得做虚假陈述。

（7）咨询师向来访者说明双方的责任、权利与义务。

（8）咨询师与来访者协商，确定咨询方式。

（9）咨询师运用心理咨询的理论和技术，对来访者进行面询。

3．记录

一般采用的记录形式是SOAP（subjective，objective，assessment，plan）评估记录法。

（1）S（主观资料）：来访者对不适的主观描述。

（2）O（客观资料）：咨询师对来访者的服装、表现等的客观描述。

（3）A（评估）：咨询师对过程的评估。

（4）P（计划）：下次的计划，或关于整个治疗的评估。

4．咨询效果小结

咨访双方对本次面询进行小结，互相反馈实施上述方法或技术后的感受与体验。

5．约定下次面询时间，商讨下一步咨询任务

本次面询结束时，咨询师应与来访者约定下次面询时间，商讨下一步咨询任务。

6．布置家庭作业

咨询师可以给来访者布置家庭作业，从而更好地巩固咨询效果。

7．注意事项

（1）形成良好的第一印象。咨询师要注意使用好各种良性符号（语言性、非语言性的信息），巧妙地、随时随地地传递给来访者。充分发挥“首因效应”或“光环效应”，让来访者对咨询师产生高度信赖感，这是建立和维持良好咨访关系的重要开端。

（2）避免紧张情绪。

（3）语速把握适中，吐字清楚，避免使用方言。

（4）反复说明保密原则，特别是对心理测量资料的保密原则。

（5）咨询时不吸烟，不做下意识小动作，注意力集中，认真倾听和发问。

（6）不能在咨询范围以外向来访者提供帮助或承诺。

（二）后续面询

初次面询后，来访者可以决定是否进行后续的面询。后续每一次面询都是一个相对独立的咨

询单元，相邻的咨询单元之间既互相分离，又前后连贯，后面的咨询单元建立在前面的咨询单元基础上，随着咨询的不断深入、推进，会逐渐接近既定的终极咨询目标。当然，在整个咨询体系中，也会出现后一个咨询单元发生停滞甚至返回到前面某个咨询单元，从高一级的阶段咨询目标倒退到低一级的阶段咨询目标的现象。

每一个独立咨询单元内部都存在基本相似的咨询步骤。

1. 咨询启动前的准备

完成初次面询后，许多咨询还需要经过若干次的后续面询才能够实现咨询目标。从第二次面询开始，咨询启动前，一般要完成以下三项工作。

（1）咨访双方要回顾、检查前一阶段咨询目标的达成情况。

（2）来访者可以表达在完成家庭作业过程中存在的困难、体验与感悟。

（3）咨询师可以依据咨询目标，针对来访者在咨询间隙发生的认知与行为上的改变，给予评估及支持，并对上一次咨询的相关内容进行一些补充。

2. 引入新的咨询目标

根据既定的咨询方案，咨询师与来访者一起商定，共同引入本次咨询的咨询目标。

3. 实施咨询干预

根据既定的咨询方案，针对来访者的问题，咨询师选用并实施适宜的心理疗法和干预技术。

4. 进行阶段性小结

咨访双方对本次咨询进行阶段性的小结，互相反馈实施上述心理疗法和干预技术后的感受与体验。阶段性小结分为每次咨询结束时的小结和几次咨询结束后的小结。阶段小结包括咨询师的小结、来访者的小结和来自双方共同讨论后形成的小结，但不管是谁的小结，都要围绕着咨询目标进行，离开咨询目标的小结，是没有任何价值的。咨询师的小结侧重于咨询师对来访者及其问题的把握是否准确，所采取的步骤、方法等是否合理和有效，帮助来访者实现了哪些咨询目标，来访者获得了哪些成长，还存在哪些阻碍因素以及咨询过程中自己的言行是否得当等。来访者的小结包括自己是否积极与咨询师配合，是否把相关信息告诉了咨询师，是否很好地理解并接受了咨询师提供的帮助，是否对自身的问题进行了探索，通过咨询在哪些方面发生了变化，通过变化自己获得了哪些成长，有何体验与感受，目前有哪些咨询目标还没有实现，没有实现的原因有哪些等。双方共同的小结应包括交流咨询的体验和感受，已经实现的咨询目标，目前仍未解决的问题，咨询是否遇到了阻抗，阻抗的形式与原因等。

5. 商讨下一步咨询任务

本次咨询结束后时，咨询师应与来访者探讨下一步咨询任务及需要解决的问题。

6. 修正诊断结果与咨询目标

如果咨询师在咨询过程中，收集到以前没有出现过的与来访者问题相关的新资料，或者发现来访者出现了以前没有反映出的新问题，则必须及时修正初步的评估与诊断结果，同时，要及时修正咨询目标和咨询方案。这种不断修正诊断结果和咨询目标的过程应该贯串于整个咨询过程当中。

7. 布置家庭作业

家庭作业可以帮助来访者巩固和扩大咨询室咨询的效果。来访者通过完成家庭作业，可以使咨询从特定的咨询时间和场所延续到了更广阔的时空中。来访者完成作业的过程，既是来访者自我分析、自我领悟、自我改变、自我提高的过程，也是咨询师深入了解来访者及其心理问题和咨询效果的过程。

本次咨询从开始到结束都是在一个独立的咨询单元内部开展的，当进入下一次咨询时，以上七个步骤将会在新的咨询单元内部轮流展开，这种循环将一直按照既定的咨询方案中的咨询次数进行下去，直至实现既定的咨询目标，才能结束整个咨询过程。

（三）咨询效果的评估

咨询效果的评估不是一定要到整个咨询过程完全结束时才进行，可以在咨询过程中以及咨询结束时的任何时间点开展。

（四）咨访关系的结束

咨访关系的结束，是心理咨询中一个具有多重意义的阶段性概念。按照咨询进程，有效的心理咨询大体可以分为确立咨访关系、发展与保持咨访关系、结束咨访关系这样三个阶段。咨询师应通过把握结束咨访关系的时机，促进来访者的长远发展。

1．结束咨访关系在心理咨询中的作用

与心理咨询中其他的咨询过程一样，结束咨访关系在心理咨询中的作用也是多方面的。

（1）可以激励咨访双方努力实现咨询目标。

（2）可以使来访者已经改变的情绪、行为和认知方式等得以有效的保持，并应用到日常工作、生活、学习中去。

（3）结束咨访关系也标志着来访者的成长。

2．咨询师在结束咨访关系时应遵循的原则

（1）清晰地认识到来访者的需要和想法。

（2）清晰地认识到自己的需要和想法。

（3）对自己的离别体验，以及由离别体验所引起的内部反应有明确的意识，避免反移情现象的发生。

（4）咨询师与来访者都会体验到因咨访关系结束而引发的情感，因此咨询师此时应该更加注意来访者的情感，而不是观念，如果要使这种结束具有积极的意义，咨询师应该鼓励来访者尽可能表达自己的体验。

（5）真诚地与来访者共同地体验自己对咨询经验的感受，尤其是向来访者描述自己作为一个咨询师是如何学习这些特殊的咨询经验的。

（6）对咨询经验中的主要事件加以总结，并与现状相联系。

（7）对来访者已经取得的变化给予支持性鼓励。

（8）让来访者坚持记录自己生活中发生的事情。

3．结束咨访关系的操作步骤

（1）确定咨访关系结束的时间。一般是在基本达到咨询目标后，咨访双方都认可可以结束时。

（2）全面回顾和总结。咨询结束前，咨询师应综合所有资料，结合咨询目标和实施情况，为来访者进行一次全面的回顾和总结，帮助来访者回顾整个咨询过程，强调咨询要点，总结咨询成果，充分肯定来访者取得的进步，强化积极态度和行为，并提出注意事项。当然，也可让来访者自己进行总结，复述咨询中的要点，使来访者开动脑筋，加深理解和印象。

（3）帮助来访者运用所学的方法和经验。授人以鱼，一日享用，而教人以渔，则终身受用。在咨询的结束阶段，咨询师要逐渐采取相对被动的姿态，让来访者处于主动的角色，这样，来访者就能够逐步独立、自主、积极地运用所学的方法和经验，分析和处理自己的问题。

（4）让来访者接受离别。重点在于鼓励来访者在现实生活中自力更生，帮助来访者克服依赖，使其接受离别。对于出现依赖的来访者，咨询师可以采取逐渐结束的方法，在不知不觉中离别，有如夕阳慢慢消失在地平线，或提前告知，明确结束咨询的日期。

4．结束咨访关系的注意事项

咨询过程的结束既包括单次咨询过程的结束，也包括整个咨询过程的结束，咨询师必须用不同的方法分别对待不同的结束过程。

（1）单次咨询过程的结束。有效地结束单次咨询，最简单的方法是对当天探讨的问题进行总结，以表示本次咨询的结束。一般情况下，咨询师在结束咨询前的5～10分钟，可以对来访者给予必要的提醒，使来访者把注意力放在主要的问题上。当然，也可以用一些非言语表达的方式，如看表等，向来访者暗示咨询即将结束。每次咨询结束前，咨询师必须对下一次的咨询做出必要的安排，使咨访双方都清楚他们需要何时再继续进行下一步的工作。如果全部咨询就只有一次，则单次咨询过程结束的同时，咨访关系随之结束，而如果整个咨询是由若干次咨询组成，则即使单次咨询过程结束，咨访关系仍然存续。

（2）整个咨询过程的结束。由若干次咨询组成的整个咨询过程结束时，咨访关系也随之结束。由于咨访关系是一种积极的人际关系，当要结束这种关系时，咨访双方都需要一定的时间为结束这种有意义的关系做准备，即便是采取最为积极的方法来结束关系，来访者也总会有某种程度的伤感。因此，咨询师对咨访关系结束的重要性应给予充分的重视。一般而言，咨访双方在整个咨询的最后阶段应表达出他们准备结束咨访关系的信息，并一致同意选择恰当的时机结束这种咨访关系。此时，咨询师应适当减少咨询的次数，延长咨询的间隔。对用时3个月以上的咨询个案来说，在最后的3～4周，咨访双方就应对咨访关系的结束所产生的影响进行讨论。有些学者认为咨询的六分之一时间应用于“讨论咨访关系结束”这一主题。

当咨询师进行结束咨访关系的决策时，应对来访者的以下方面给予考察和判断：①检查一下来访者的问题或症状是否已经消失或得以有效的控制；②对来访者要求咨询的压力来源是否得到有效控制做出判断；③对来访者的应付能力和理解自己与他人的能力进行必要的考察；④判断来访者是否可以有效地与他人相处，能够爱别人和接受他人的爱；⑤判断来访者是否具备有效地计划和实现自己的必要能力；⑥对来访者是否能更好地生活和享受生活进行评价。

除了准备性讨论和对来访者进行必要的评价之外，至少还有两种有效地结束咨访关系的方法：一种是逐渐消失法，即逐渐减少用非自然的、人为的方法去构造期望改变的目标，而多采用现实的方式去实现咨询的目标，以帮助来访者减少对咨询师的依赖和对咨询的依赖，使之可以独立地生活。另一种方式是发展来访者更为有效地解决问题的技能。帮助来访者掌握更多的、更为有效的处理问题的技能，就会提高他们摆脱咨询依赖的可能性。技能的发展最主要的是强调在预防和在危机情形下的自我决策能力，这是一个把咨询经验泛化到日常生活中的过程。

三、克服阻碍因素

在实践中，经常会出现各种阻碍咨询顺利进行的因素，这些因素既可能来自来访者，也可能来自咨询师，主要包括多话、沉默、依赖、移情和阻抗。

（一）识别和处理多话现象

多话是咨询中来访者或咨询师大量叙述与咨询没有关系的内容，从而影响咨询效果、阻碍咨询进行的现象。

1．对多话现象的判定

是否出现多话现象，需要有一种判定的标准，这个判定标准就是无论是来访者还是咨询师的讲话内容是否与咨询有直接密切的联系。

2．来访者出现多话的原因

与来访者有关的多话，可以概括为以下七种类型。

（1）宣泄型。此类来访者急需一个宣泄的对象，他们的倾诉犹如倾盆大雨，排山倒海。这类来访者，只是为了宣泄一时的剧烈情绪，待宣泄后，一般都会雨过天晴，变得心平气和，而咨询师只需认真、关切地倾听即可。

（2）倾吐型。此类来访者与宣泄型的来访者有些类似，在日常生活中，他们经常缺乏倾吐的对象。在咨询过程中，来访者被咨询师的热情、尊重和耐心感动，把积压多年的各种不满和烦恼一股脑地倾吐出来。

（3）癔症型。此类来访者一般不存在急迫或困扰的问题，其咨询的目的主要是为了寻求咨询师的注意和赞赏。他们在讲话时表情丰富、眉飞色舞、声音抑扬顿挫，非常富有感染力，所述内容虽有曲折的故事情节，但却经常夸大其词。

（4）表现型。与癔症型有些类似，此类来访者咨询的目的往往是为了在咨询师面前发表意见，进行评论。他们并不在意咨询师说什么，而是喜欢表现自己，总是滔滔不绝地发表意见，甚至对心理咨询及咨询师品头论足，但很少谈论自己，即使谈论自己也只是讲些自己的特长以及没有得到欣赏或重用等内容。

（5）表白型。此类来访者咨询的目的是证明自己没有问题，而是别人有问题。他们知道自己正面临某方面的问题，然而，面谈时，他们一味地谈论别人的不足，如与某人发生的人际冲突是因为某人太霸道、太小气、太不够朋友造成的，某门课考试成绩不好是因为这门课老师教得太差、考题出得太偏、老师评分不公正等，总之全是别人的过错。

（6）掩饰型。此类来访者一般会通过健谈来掩饰自己内心的焦虑。他们不停地讲话只是为了掩盖他们被咨询师真正了解的恐惧，他们一直在抢占讲话的机会，为了说话而说话。他们内心非常害怕咨询师的提问，也害怕沉默会给自己带来压迫感及可能会泄露自己内心的恐慌不安。

（7）外向型。一些性格外向的来访者，好交朋友，活泼健谈，当遇到一位自己比较喜欢的、乐于倾听自己讲话的咨询师时，便会兴奋不已，滔滔不绝，无所不谈。

3．咨询师出现多话的原因

咨询师是否多话一般受到咨询师的角色定位、咨询内容的难易、咨询时间的长短等因素影响，并且不同的咨询师对多话的理解可能是不同的。咨询师如果没有正确的咨询理念，或不按咨询的职业要求进行，也可能导致咨询过程中发生 多话的现象。常见的原因有以下几个方面。

（1）面对来访者的问题，咨询师有感而发的宣泄，导致大量的会谈内容与咨询无关。

（2）咨询师因价值观问题，对与咨询无关的道德水平、社会风气、法律制度等进行大量的评价。

（3）咨询师的逻辑能力欠缺，或解释过多等，也可能造成多话。

4．对多话现象的处理

当咨询师遇到来访者健谈、多话时，应看到这一现象的两重性：一方面，可能会影响咨询的正常进行，另一方面这也是充分认识来访者的一个机会。因此，咨询师应根据咨询目标、咨询安排以及多话类型，进行相应的调整。

（1）对宣泄型、倾吐型来访者，应充分尊重他们的需要，耐心地倾听，给予他们安全感，理解和爱护他们，必要时给予指导。不可粗暴地打断，显得不耐烦或者不屑一顾。

（2）对癔症型和表现型的来访者，由于癔症型来访者可能有癔症的性格，只要给予注意就能满足他们的要求；对表现型的来访者也可以采用相似的对策。

（3）对表白型来访者，由于他们没意识到自己的过错，他们往往缺乏自知，对此咨询师一方面要认真地倾听，不能对其指责或者评论；另一方面要帮助他们认识到自己的错误，要善于运用他们的话、他们的思维方式，以其矛攻其盾，通过摆事实、讲道理等多种不同的角度进行启发、引导。

（4）对掩饰型来访者，多话现象一般不会出现在咨询的开始阶段，而会在将要涉及或者已经涉及某一敏感问题时出现，所以，咨询师要考虑为他们创造一个宽松、安全的氛围，让来访者慢慢讲。

（5）对外向型来访者，会谈比较容易有气氛，但如果咨询师不善于引导，就会形同聊天，因此，咨询师要善于及时把会谈引入正题。

总之，无论哪种类型的多话现象，咨询师都可以利用"内容反映技术"和"提出新问题"的方式来处理。

当咨询师意识到自己多话时，要及时停止多话的行为，并转移到规范的咨询过程中来。当咨询结束后，咨询师要进行反思，分析自己出现多话的原因，提高自己咨询的能力，杜绝后续咨询中再次发生来源于咨询师自己的多话现象。

（二）识别和处理沉默现象

沉默是指当需要来访者进行自我探索而回答问题时，来访者出现了停止回答与探索的现象，阻碍了咨询的顺利进行。它是个体对于心理咨询最积极的、最主动的抵抗。

1．沉默现象产生的原因

沉默一般由来访者引起，在咨询的过程中，来访者进行探索、表达时出现了停顿现象。但有时沉默也可能是咨询师自己的主观感觉，当咨询师自身存在不安、急躁、沉闷、压抑等情绪或者来访者的形象、问题对咨询师形成一种压迫感时，咨询师由于缺乏面谈技巧，就很容易夸大沉默，并且会变得特别敏感。

2．来访者沉默的类型

由来访者引起的沉默类型一般有六种：怀疑型、茫然型、情绪型、思考型、内向型、反抗型。

（1）怀疑型。由于来访者还不完全信任咨询师，而不把某些信息说出来或尚在犹豫中，他们往往会表现出不安的神情，用疑虑、探索的眼光打量咨询师。

（2）茫然型。有些来访者不知道该说什么好，什么是咨询师希望知道的，什么是重要的叙述内容；有时则是来访者不明白自己到底是什么问题，故也无法表达或表达不清；或者是想表达的东西很多，却不知从何说起，而一时陷入沉默的状态。这时，来访者的目光常常是游移不定的，含有询问的色彩。

（3）情绪型。情绪型的沉默可能是由于情绪所致，如气愤、恐惧、羞愧等。例如，在谈论自己不愿谈及的话题时，来访者就用沉默表达了这样一种信息："我不愿涉及这个话题""我不想待在这儿了"。来访者也可能由于谈到或回想起过去自己做错的事而非常羞愧，就用沉默来躲避，这时，他可能会回避与咨询师的眼光接触，低着头或手脚不停地乱动。当来访者对咨询师感到气愤时，也可能用沉默来传达这一信息，同时，还可能对咨询师瞪眼、气呼呼地看着周围。

（4）思考型。此时来访者正在反复体会咨询师说的话，并似有所悟；或者正在回忆某一件对咨询有重要意义的往事；或者正在体验某种情绪、情感。此时的沉默是由于来访者正处于一种积极的自我探索之中所导致的。在外显动作上，来访者可能会睁大眼睛，使劲地想，也可能眯起眼睛，自言自语。凝视空间的某一点，往往被认为是这种沉默的标志性行为。

（5）内向型。这种沉默源于来访者比较内向、不善言谈等个性原因。沉默是他与人交往的经常性方式，尤其在不熟悉的环境和人面前就更是如此。这样的来访者在咨询中容易表现出沉默，即使他有话要说，也是三言两语。或许在他来访之前，已反复考虑过应怎么讲，可一到咨询现场，很可能就什么都讲不出来，显得欲言又止，颇为不安。

（6）反抗型。这种沉默是由于来访者经常是在别人的要求下勉强前来的，其本人不愿意或不很愿意接受咨询，故用沉默来表明自己对咨询的反抗态度。伴随这种沉默现象的是来访者对咨询及对咨询师的怀疑、无所谓、随心所欲、很不耐烦，甚至是气愤和敌意等。

3. 对沉默现象的处理

沉默的出现，将使咨询暂时无法进行，还会导致气氛紧张、压抑、尴尬，阻碍咨询的进行（思考型除外），对此，咨询师应针对不同情况采取主动、有效的措施。

（1）针对怀疑型来访者的沉默，咨询师应重视良好咨访关系的建立。

（2）针对茫然型来访者的沉默，咨询师应充分利用倾听，通过内容反映和表达技术，帮助来访者深化认识，明确自己问题的表现以及产生的原因，促进其进行充分而准确表达。

（3）针对情绪型来访者的沉默，咨询师应多使用情感反映和表达技术，通过共情，缓解来访者的情绪。

（4）思考型来访者的沉默，是由于思考问题所引起的，咨询师不要打断来访者的思维，而要以目光、微笑、微微点头等表示自己的关注、理解和鼓励。

（5）由于内向型来访者的沉默，是其个性原因所导致的，咨询师应以极大的热情和耐心加以引导，多用倾听技巧，多做鼓励性反应，鼓励来访者表达，并善于领会来访者已经说的和想说的，切记不可急躁、不耐烦，否则，来访者可能会更退缩、更沉默。

（6）针对反抗型来访者的沉默，咨询师的处理就更应注意方式、方法，因为这种沉默大多是由于来访者本人不愿意咨询引起的。咨询师需要辨别可能引发来访者沉默的具体原因，并做相应的处理。第一种情况，来访者对咨询本身无偏见，只是对别人强迫他来咨询的做法不满，并把这种不满转移到咨询的过程中。对此，如果咨询师工作经验丰富，态度诚恳，方法得当，善于理解来访者的心理，沉默会慢慢被打破。第二种情况，来访者对咨询本身存在偏见，不愿意配合。如果偏见不深且不复杂，咨询师可以运用解释消除来访者的偏见，打破沉默。但如果来访者的逆反、对抗情绪比较严重，咨询师可以向来访者说明，咨询必须建立在来访者自愿的基础上，如果现在不愿意，可以以后自己想来时再来。另外，对强烈反对咨询的来访者，咨询师可以终止对其实施的咨询。

当然沉默也可能是移情的作用，来访者把咨询师当作他以前生活中某个有影响的人物，不知不觉中把当时的那种情绪转移到咨询师身上，或者这种移情是来访者生活中挫折情绪的转移。对此，咨询师应注意分辨，有时没有理由的对抗，很可能就有这种成分。因此，咨询师应妥善利用移情来了解来访者。

（三）识别和处理依赖现象

依赖是指当咨询师想通过启发、引导帮助来访者探索、解决自身问题时，来访者却依赖咨询师，企图由咨询师代替自己解决问题。

1. 依赖产生的原因

依赖产生的原因，有来自来访者的原因，也有来自咨询师的原因。

（1）来自来访者的原因：一是有些来访者可能不理解心理咨询的实质是咨询师通过促进来访者的心理成长，自己动手解决自己的问题，而是希望咨询师主动替自己解决问题；二是有些来访者多年来已经养成了依赖的个性，遇事不是靠自己去解决，而是等待他人，依靠他人，要求他人，企图由他人解决自己的问题；三是有些来访者虽然愿意解决自身的问题，但不愿意承受选择的痛苦，希望咨询师替自己做选择，将选择的痛苦转嫁到咨询师身上。

（2）来自咨询师的原因：一是有些咨询师的咨询理念存在偏差，认为咨询师应该积极主动地帮助来访者解决问题；二是有些咨询师初入行，禁不住来访者的再三请求，对来访者有求必应；

三是有些咨询师个性急躁、缺乏耐心，会主动地替来访者探索、解决问题。

2．对依赖现象的处理

依赖有时并不为咨访双方所觉察，有时从表面看依赖对咨询的影响也许并不严重，但实则不然。一旦来访者产生依赖心理，来访者将不再主动对自己的问题进行探索，不再自己付出努力解决问题，这势必对咨询效果产生严重的影响。因此，咨询师必须学会识别和处理依赖现象。

（1）咨询师务必向来访者讲清心理咨询的性质、发生效果的机制，使来访者对心理咨询有正确的认识，对咨询效果有理性的期待。

（2）咨询师对来访者的依赖心理要及时发现、及时处理，一旦出现依赖现象，咨询师应鼓励来访者自己进行探索、自己努力解决自己的问题。

（3）咨询师必须坚持正确的咨询理念，以促进来访者的心理成长为咨询的总目标，促进来访者心理能力提高，视自己探索、解决问题为己任。咨询中应耐心启发、引导，不主动替来访者解决问题，不帮助来访者做选择，不对来访者有求必应，避免来访者产生依赖心理。

（四）识别和处理移情现象

移情是指来访者把对父母或对过去生活中某个重要人物的情感、态度和属性转移到了咨询师身上，并相应地对咨询师做出反应的过程。发生移情时，咨询师成了来访者某种情绪体验的替代对象。

1．移情的类型及原因

移情包括正移情和负移情。

（1）正移情：来访者把咨询师当作以往生活中某个重要的人物，逐渐对咨询师发生了浓厚的兴趣和强烈的感情，表现出十分友好、敬仰、爱慕甚至对异性咨询师表现出性爱的成分，对咨询师十分依恋、顺从。虽然来访者的情况有所好转，但来咨询的次数却越来越频繁，特别是生活中的大事、小事都要咨询师给他出主意，表现出无限信任，甚至关心咨询师的衣食住行和家庭生活。

（2）负移情：来访者把咨询师视为过去经历中某个给他带来挫折、不快、痛苦或压抑情绪的对象，在咨询情境中，原有的负性情绪转移到了咨询师身上，从而在行动上表现出不满、拒绝、敌对、被动、抵抗、不配合等。

移情也可以分为直接和间接两种形式。前者一般直截了当地向咨询师表达自己的体验，而后者则是间接地表达自己的感受。

来访者表达自己的情感并非都是移情，只有当来访者把自己以前的情感反应转移到咨询师身上，把后者作为过去情感对象的替代，对咨询师抱有超出咨访关系的幻想和情感时，才是移情的表现。

2．移情与依赖的区别

移情（这里主要指正移情）与依赖有相似之处，移情中多有依赖，但两者又有明显的区别。

（1）依赖主要是一种信任，而移情主要是一种好感。

（2）依赖是寻求现实的帮助，而移情是弥补过去的感情。

（3）依赖者多在遇到困难时来寻求帮助，而移情者则是时常想见到咨询师。

（4）依赖者寻求心理依靠，而移情者寻求感情依靠。

（5）依赖者的对象是现实的目标，而移情者是寻找替代物。

（6）依赖者对咨询师的感情色彩淡，而移情者浓。

3．对移情现象的处理

移情在精神分析理论中十分重要，认为移情再现了来访者以前尤其是儿童时期生活的某种情感，这种情感长期被压抑着而无处释放，甚至成为心理问题的一个“情结”。来访者把咨询师当作以往生活环境中和他有重要关系的人，把曾经给予这些人的感情（不管是积极的还是消极的）置换给了咨询师，向咨询师宣泄积压的心理能量，从而有助于心理平衡。

如果来访者对异性咨询师产生正移情，咨询师不必害怕，应当婉转地向来访者说明这是心理咨询过程中可能出现的现象，但这不是现实中正常的、健康的爱。咨询师要有策略地（不要伤害来访者的自尊心）、果断地（让来访者知道咨询师明确、坚决的态度）、及早地（要及早发现，及早采取明确的态度）进行处理，将其引向正常的咨访关系上来。如果任其发展，不但会干扰正常咨询的进行，还会带来麻烦。至于别有用心地利用来访者的不健康心态下的感情试图达到某种目的，是一种严重违反心理咨询职业道德的行为。

如果咨询师觉得自己难以处理移情现象，可以转介给别的咨询师。有经验的咨询师善于利用移情现象，把自己扮成来访者移情的对象，鼓励来访者发泄自己压抑的情绪，充分表达自己的思想感情和内心活动，咨询师则从中进行深入的分析，探寻来访者深层的心理，包括潜意识。

（五）识别和处理反移情现象

咨询师对来访者产生的移情被称为对抗移情、逆移情或反移情。反移情是咨询师把对生活中某个重要人物的情感、态度和属性转移到了来访者身上。反移情的表现形式如同移情的表现形式一样，表现为正面的（如咨询师对来访者过分热情、爱怜和关怀）和负面的（如咨询师对来访者的敌视、厌烦和憎恨）两种。

美国著名心理学家辛格儿（Singer）认为，反移情有三种表现形式：一是咨询师对来访者的过分热情和关切；二是咨询师对来访者的过分敌视和厌恶；三是咨询师对来访者的一般的紧张情绪。在本质上，这些表现形式均表明了咨询师对来访者思想、行为的一定的自我防御，它从客观上对心理咨询工作的顺利开展带来了阻碍。

1. 反移情的类型

反移情通常被划分为两种类型：一致性反移情和互补性反移情。一致性反移情是指咨询师对来访者情感状态的认同，互补性反移情则是指咨询师对来访者过去客体（通常是父母）情感状态的认同。

例如，一位20多岁的女性来访者不断指责咨询师过于冷漠，根本就不关心她。咨询师对此感到很受伤和不被理解。并且对咨询工作产生了防御心理，用批评和指责来进行还击。随着咨询的深入，来访者说出了她在家里感觉不到父母的爱和关心，也经常受到父母的批评，尤其是她爸爸。在这个案例中，咨询师心中唤起的被贬低和不被理解的感觉就是一致性反移情；咨询师不自觉地用批评和指责来访者来进行还击，那么咨询师所产生的就是互补性反移情，咨询师此刻扮演了父亲批评性的角色。

2. 判断标准

有学者提出了判断反移情存在的11条线索。这些线索总体上可以分为两类。

（1）咨询师异常的情感反应。一般包括：一种超出正常的强烈情感体验（特别是愤怒、恐惧、内疚、厌恶、同情或者性的诱惑）；感到不能理解来访者的处境，缺乏共感（共情）；感到经不起来访者的批评与质疑，并且处于防御状态；感到来访者没有实事求是地评价自己为他所做的一切；试图以自己的知识与技术给来访者留下深刻的印象。

（2）咨询师异常的行为反应。一般包括：违反了惯例，如讲话比平时多或少，提前、推迟或停止来访者的咨询（即违反了咨询契约）等；发现很难将注意力集中在来访者身上，而专注于其他的事物，感到昏昏欲睡或者厌倦；不关心来访者；与来访者就某一问题进行争论；害怕来访者的再次咨询；变得过分专注于来访者，比如与他人反复谈论这一来访者，渴望或不安地期待来访者下次来咨询。

3．如何识别反移情现象

咨询师可以从以下几个方面识别反移情现象。

（1）思考对来访者的感觉。咨询师要培养问自己“我对来访者有什么感觉?”的习惯，不仅在面谈结束后思考这个问题，在面谈进行时更需要常常问自己。当这些感受不经意间闯入咨询师的意识，咨询师就应该对他们予以关注并反思它们意味着什么。

（2）思考和来访者有关的行为。除了探索对来访者的感受，还可以思考在面谈前、面谈中及面谈后与来访者相关的行为。无论何时发现自己在面谈之外总想着来访者，或者在面谈中举止反常，甚至主动打破咨询的设置，那么就应该认真思考这些行为潜在的原因，这些行为的产生都在提醒咨询师注意对来访者的反移情。

（3）思考对待来访者的方式与其他人际关系之间的相似性。有时候，咨询师可能会注意到自己认同来访者所描述的他自己或另一段关系中的情感。例如，一位来访者描述了她的母亲从来不关心她的事情，当她在讲话时，咨询师发现自己也不太关心她，但咨询师却经常关心其他来访者。如果咨询师突然发现了自己的反移情反应，那么这会帮助咨询师更好地理解面前的来访者。

在实际咨询场景中如何识别反移情现象，这与咨询师对自身的了解程度有关。下面总结了一些在咨询师身上可能出现的反移情现象。

（1）无法对材料进行明确的分类，因为这些材料触及咨询师本人的问题。

（2）在给某些来访者咨询后，有压抑或者不舒服的感觉。

（3）对咨询安排漠不关心，忘记来访者的预约时间、迟到、没有任何特殊理由而让来访者延长等待时间。

（4）对来访者的经济安排过分热心或置之不理。

（5）对一个来访者重复有关性爱或者感情体验的各种感受。

（6）在付诸行动的过程中，允许甚至鼓励来访者的阻抗。

（7）寻求安全感，采用各种自恋性的手段，比如通过各种办法给来访者留下印象。

（8）通过各种方式培养来访者持续性的依赖。

（9）在职业性的一般谈话中，有一种想要谈论某个来访者的冲动。

（10）在评论和解释中带有虐待性或者不必要的尖刻，反之亦然。

（11）感觉到咨询师的名望会对来访者有好处。

（12）对一个来访者如获至宝，抓住不放。

（13）有意识地从来访者的赞赏、认可以及情感表露等方面得到满足。

（14）被来访者的指责弄得心烦意乱。

（15）与来访者争论。

（16）面对来访者产生焦虑，通过不成熟的反复保证来对抗这种焦虑。

（17）试图在心理咨询的范围之外去帮助来访者，例如帮助来访者安排经济开支。

（18）在某些特定的问题上有强迫性的“反复敲打”倾向。

（19）有询问来访者爱好的冲动，这种冲动周期性出现。

（20）对某个特定病例突然感兴趣或者兴趣减少。

不管是移情者还是反移情者，都不能加以指责，但是不能不顾及相应的责任，否则后果不堪设想。

4．如何处理反移情现象

反移情对咨询产生积极或是消极影响，主要取决于咨询师能否对自己的反移情保持妥当的处理。

适当的、正常的情绪反应是精神分析中重要的治疗工具，咨询师投入感情，对来访者保持必要的兴趣，更容易进入来访者被压抑的内心世界。以感情理解来访者，可以使来访者产生共情的感受，从而得到自尊和勇气。应对反移情的最终目标并不是消灭反移情，而是可以利用反移情为整个咨询服务。反移情在早期被视作精神分析治疗的障碍，随着精神分析理论和临床实践的发展，反移情已成为理解来访者从而促进治疗的有效工具，因此，通过反移情可以进一步理解来访者的移情。

但是，不当的反移情是被禁止的，因为它会对心理咨询产生阻碍，影响咨询师对来访者的客观态度，使他产生与其身份和作用不符的心理反应。不当的反移情还可能使咨询师丧失了他对来访者应保持的中立立场，从而增强了来访者对心理咨询的自我防御。

对于反移情的处理应该包括对反移情的觉察和对反移情的具体处理。

（1）觉察工作。咨询师要增加对自己的想法和情绪的觉察工作，随时检视自己对来访者的感觉和情绪是否属于反移情现象。这可以通过自我提问的方式来检查，如在与这位来访者进行咨询时，我有什么感觉？对这位来访者的感觉是否超出平常对来访者的想法和感觉？我在咨询中的情感与来访者的行为是否一致？是否源于自己的主观原因？自己对来访者的想法与情绪是否很不恰当？

（2）处理工作。一是录音、录像，仅仅依靠咨询师事后的回忆与整理往往是不够准确的，所以在条件许可的条件下，最好对自己的咨询过程进行录像或录音来记录自己的情绪和行为反应，根据客观的记录对自己的咨询过程进行系统的自我分析、自我反省和总结，来澄清反移情出现的原因。二是寻求督导帮助，经过自我分析之后，咨询师也可以寻求督导帮助。因为当咨询师出现反移情时，不应与来访者进行讨论，更应该克制自己不要在来访者面前表露自己的反移情，而应该寻求老师、资深同事的帮助，让他们对自己的咨询行为进行必要的督导，并学习如何有效地觉察与节制自己的情绪反应。三是参加心理咨询，如果经过督导帮助后咨询师觉得还必须对自身的问题进行探索时，还可以通过心理咨询来帮助自己认识已经被来访者唤起的问题或者冲突、偏见。四是转介给其他咨询师，如果咨询师已经尽力处理自己的情感、想法和行为，并且已经接受了督导和与同事交流之后，冲突与问题仍然存在，并且这种反应已经影响了咨询工作，则可以考虑把来访者转介给另一位咨询师。

总之，反移情现象普遍存在于心理咨询中，虽然会影响咨询的效果，但也是咨询工作中很宝贵的资源。一般情况下，不鼓励咨询师直接与来访者分享自己的反移情反应，但咨询师可以利用它去思考是什么激起自己的情绪并理解该情绪背后的意义，最重要的是咨询师要区分这些情绪是来自来访者还是来自咨询师自身，然后加以区别对待和适当处理。

（六）识别和处理阻抗现象

阻抗是一种来自来访者的某种抵抗咨询的力量，是指来访者在心理咨询中，以公开或隐蔽的方式否定咨询师的分析，对抗或拖延实施咨询师的要求，导致咨询进展缓慢，甚至难以进行下去的一种现象。阻抗在本质上是来访者对于心理咨询过程中自我暴露与自我变化的精神防御与抵抗，它可表现为对某种焦虑情绪的回避，或是对某种痛苦经历的否认等。

阻抗的概念最早是由弗洛伊德提出的，他将阻抗定义为来访者在自由联想过程中对于那些使人产生焦虑的记忆与认识的压抑。因此，阻抗的意义在于增强个体的自我防御。而罗杰斯将阻抗看作个体对于自我暴露及其情绪体验的抵抗，目的在于不使个体的自我认识与自尊受到威胁。这一观点体现了个体的认知对于自我结构与发展的防护作用。此外，一些行为主义心理学家把阻抗理解为个体对于其行为矫正的不服从。

1．阻抗的形式

阻抗的表现形式，可以是语言形式或非语言形式，也可以表现为来访者对于某种心理咨询要求的回避与抵制，或来访者对咨询师或其他人的某种敌对或依赖，或流露于来访者的特定认知、情感方式，以及对咨询师的态度等。

（1）讲话程度上的阻抗：一是沉默，讲话程度上的阻抗以沉默最为突出，沉默如前文所述，可表现为来访者拒绝回答咨询师提出的问题，或长时间的停顿，它是来访者对于心理咨询最积极的、最主动的抵抗，当然，需要注意将阻抗性沉默与反省性沉默区分开来；二是少言寡语，通常以短语、简单句及口头禅（嗯、噢、啊）等形式加以表现；三是赘言，也称为多话，如前文所述，表现为滔滔不绝地讲话，潜在动机可能是减少咨询师讲话的机会，回避某些核心问题，转移其注意力等，目的在于回避那些来访者不愿接触的现实问题，以免除由此而产生的焦虑及其他的痛苦体验。

（2）讲话内容上的阻抗：一是理论交谈，指来访者竭力用心理学或医学上的术语与咨询师交谈，实际上是对咨询师的某种疑虑及企图加以控制的欲望，是进行自我保护的有效手段之一；二是情绪发泄，可表现为大哭大闹、泪流不止，或不自然地大笑；三是谈论小事，这是最轻微的也是最不容易发现的阻抗表现；四是假提问题，指来访者通过向咨询师提出表面上适宜，但实际上毫无意义的问题来回避谈论某一议题或加深某种印象，这些问题一般涉及心理咨询的目的、方法、理论基础及咨询师的私人情况等。

（3）讲话方式上的阻抗：一是心理外归因，指来访者将其心理冲突与矛盾的原因完全归结于外界作用的结果，而回避从自身的角度加以认识，它严重阻碍了来访者的自我反省，使其将一切错误客观化，不能认识到自身的问题，是自我中心主义的表现；二是健忘，指来访者在谈论感到焦虑和精神痛苦的议题时所表现的遗忘现象，它是来访者对于某种痛苦经历长期压抑的结果，有很大的任意性；三是顺从，指来访者对咨询师所讲的每一句话都表示绝对赞同和服从，使咨询师无法了解其内心世界，感到无所适从，由于顺从具有隐蔽特点，经常使咨询师不易发觉来访者潜在的阻抗作用；四是控制话题，指来访者一味要求咨询师讲自己感兴趣的话题，这样做，除了回避来访者自己不愿谈论的内容外，还可强化其在心理咨询过程中的自尊与地位；五是最终暴露，指来访者在咨询会谈的最后时刻才讲出某些重要事件，使咨询师感到措手不及，当然，要将阻抗性的最终暴露和犹豫性的最终暴露加以区别，不能简单地将最终暴露都视作阻抗的表现。

（4）咨访关系上的阻抗：一是不认真履行心理咨询的安排，包括不按时赴约或借故迟到、早退，不认真完成咨询师布置的作业，不支付或不按时支付咨询费用等，其中，迟到是反映阻抗较为可靠的指标，而取消预约，或在预定时间不来咨询且事先不通知咨询师，这通常是极为严重的阻抗，不赴约的动机包括恐惧和怨恨；二是诱惑咨询师，指来访者通过引起咨询师注意其言行、装扮等来影响心理咨询的进程，并加强自己在心理咨询中的地位，其目的是希望控制咨访关系的发展；三是请客送礼，这也表示来访者的某种自我防御需要及其控制咨访关系的欲望。

无论哪一种形式，都是对来访者的自我保护及对其痛苦经历的精神防御。传统的精神分析理论十分重视阻抗对于自由联想的影响，并将对此的解释与领悟当作精神分析的重要目标之一。在很多情况下，对于阻抗的认识往往是心理咨询突破的开端。

2．阻抗现象产生的原因

卡瓦纳认为来自来访者阻抗的主要原因有以下三个方面。

（1）来自成长的痛苦。开始建立新行为、新观念、新思维的过程是艰难且痛苦的，来访者可能需要转变成一个独立自主的人，可能需要承认自己在欺骗自己；结束或消除曾经带给自己快乐的、日积月累养成的旧行为的过程也是痛苦的，来访者可能需要不再伪装自己，可能需要面对一种痛苦的抉择。即使是心理上最坚强的人，改变旧行为，建立新行为的过程也会给他带来心理上的冲突和焦虑。而对于某些本来心理就不易平衡的人来说，这一过程的痛苦程度更为严重。

（2）来自功能性的行为失调。功能性的行为失调是指失调的行为最初是偶然发生的，因其使某方面的需要得到了满足，行为发生的次数增加，以致固定下来。阻抗的产生一方面可能源于失调的行为满足了某些心理需求，即来访者从中获益；另一方面可能源于来访者企图以失调的行为掩盖深层的心理矛盾和冲突。来访者在为失调的行为感到焦虑时，其求助的积极性却并不高。

（3）来自对抗咨询或对抗咨询师的心理动机。比如咨询只是为了寻求肯定或声讨某人，或是想证实自己与众不同或咨询师对自己也无能为力，或是并没有发自内心的求治动机。

3. 阻抗现象的处理

应对阻抗现象的主要目的在于解释阻抗，了解阻抗产生的原因，以便最终突破阻抗，使咨询取得进展。突破阻抗的关键在于调动来访者的积极性，使之能与咨询师一同寻找阻抗的来源，认清阻抗产生的根源。弗洛伊德认为克服阻抗，解释是重要的武器，要分析、解释阻抗的表现和性质，并向来访者说明无意识阻抗的真实意义，反复进行长期的修通工作。

（1）要解除戒备心理。咨询师一方面要了解阻抗现象产生的原因和表现形式，以便在阻抗现象产生时能够积极处理，不必把阻抗看得过于严重，不要认为咨询会谈中处处有阻抗，不可“草木皆兵”；出现阻抗时，咨询师不能认为来访者是有意识地给咨询设置障碍。在咨询过程中，咨询师对来访者要做到共情、关注与理解，尽可能创造良好的咨询气氛，解除来访者的顾虑，使其能够开诚布公地谈论自己的问题，这实际上已为咨询会谈减少了一定的阻抗。

（2）要正确诊断和分析。来访者的阻抗原因可能是多种多样的，有的来自来访者的心理问题本身，有的与来访者的人格特点有关，有的还可能源于来访者对咨询师的不同感情。咨询师要视不同的情况做不同的处理。因此，对具体情况的明确分析就是十分重要的了。

（3）以诚恳的态度帮助来访者正确地对待阻抗。咨询师一旦确认咨询中出现了阻抗现象，可以把这种信息反馈给来访者，但这种信息反馈一定要从帮助来访者的角度出发，并以诚恳的、与来访者共同探讨问题的态度向其提出这一问题。

（4）使用咨询技巧突破阻抗。面质是咨询师经常采用的突破技巧之一。这里的关键是要调动来访者的积极性。克服阻抗不是一件轻而易举的工作，需要反复进行多次的解释和讨论，直至来访者达到真正的领悟为止。

第五节 评估咨询效果

评估咨询效果是指对咨询过程中咨询方案实施的效果进行评估，主要评估咨询师干预措施的有效性，以及来访者达成咨询目标的进展情况。咨询结束前的评估是对整个咨询过程效果的全面评价，是对咨询目标达成情况的全面检验，但咨询效果的评估不是一定要到整个咨询全部结束时才进行，也可以在咨询过程中的任何时间内进行，以便咨询师可以根据评估结果，及时对咨询进行调整。

一、评估指标

1. 来访者对咨询效果的自我评估（自评）

尽管“自评”这一指标是主观的，但却是评估效果最直接、最有效的指标之一。来访者因为存在心理困惑或心理问题，前来寻求咨询师的帮助，经过一段时间的心理咨询，来访者自己可以感觉到心理问题或症状是否有了缓解或改变。例如，来访者原来认为自己害怕的事物现在不再害怕了，原来无法接受的现实现在开始正视了，对自己的满意程度上升了。

2. 来访者周围的人对来访者的评定（他评）

他评指来访者周围的人特别是家人、朋友和同事对他的评定。例如，他人报告来访者不再乱发脾气、摔东西，与父母或孩子的关系融洽了。

3. 来访者社会功能恢复的情况

来访者原有心理问题影响到社会功能，经过咨询，来访者的社会功能恢复了。例如，来访者开始正常上学或上班，可以与人正常交往相处，学习或工作效率提高。

4. 来访者咨询前后心理测量结果的比较

通过咨询，来访者某些心理症状的量表分数得到改变，表明咨询取得了哪些效果。

5. 咨询师的观察与评定

根据咨询师的观察，来访者在情绪、认知和行为等方面的变化，如自我评价更积极、敢于面对困难等。

6. 来访者某些症状的改善程度

原来困扰来访者的心理、生理症状的改善情况也可以是评价咨询效果的指标之一。

二、阶段性与全程性分析

一个完整的心理咨询过程是由若干次咨询及一系列步骤所组成的。每次咨询其实都是一个相对完整而独立的咨询单元，既有咨询目标，也有开始阶段、发展阶段和结束阶段。同时，每次咨询都既有独立性又有连续性，都应体现出一定的咨询效果，并且能够实现循序渐进、逐步提高的咨询目标。在我国，咨询过程能否继续进行下去，在很大程度上取决于来访者，如果没有咨询效果，许多来访者就没有信心继续前来咨询了。

根据评估结果，咨询过程全部结束时一般存在三种可能的形式：一是已经达到咨询目标，结束咨访关系；二是未达到咨询目标，咨询师提出结束咨访关系；三是未达到咨询目标，来访者提出结束咨访关系。

三、评估影响因素

在评估心理咨询效果时，许多不同的条件和复杂的因素，会造成对咨询效果评估的困难以及一系列矛盾的结果。学者马建青等人在《论心理治疗的有效性》一文中提出以下几个影响评估的因素。

1. 标准问题

来访者的心理状况是有所好转或已经痊愈，通常是依靠来访者自己的主观报告和咨询师的报告来判定的，但这两方面的报告都不一定可靠，来访者尤其心理异常的来访者的报告可能缺乏可信度。

来访者方面的评估，经常出现“您好—再见”效应（Hello-Goodbye effect），即来访者最先来咨询时，经常下意识地表示自己的问题很严重，希望得到帮助，随着咨询的进行，来访者得知咨询师的方法已用得差不多，或对咨询师产生怀疑，或不愿得到心理帮助时，这时就叙述自己的感觉好多了，声称受益于咨询，感谢咨询师，再见道别了。这很难真实地反映咨询效果，实际上来访者的报告无非是出于社会期望的动机。咨询师方面的评估，有时也存在很多问题，因为咨询效果评估标准取决于各咨询学派的不同理论，如精神分析学派与行为主义学派对咨询效果的定义就不相同。因此，咨询效果的评估并不是单一的，按不同的评价标准可以有不同的结果。

2. 安慰剂作用

曾有研究报告表明，65个患有精神疾病的来访者在服用无任何作用的“药物”之后，竟然有一半人的症状有显著的好转。研究者认为，这一现象是来访者对治愈的期望产生的。这种安慰剂作用在心理咨询中也存在。有人曾对安慰剂的作用做过分析，认为经典精神分析的安慰剂作用源于来访者的选择、消除对罪恶感的疑虑、结束了咨询等因素，就是说选择过程使来访者产生最大的咨询反应，消除疑虑强调了来访者没有白费时间，其咨询效果是水到渠成来的，而咨询能够结束就是证明来访者已经“治愈”了。

3. 相互作用的复杂性

在心理咨询过程中，咨访双方的相互作用是不停顿的，他们之间的关系对心理咨询产生的影响也是连续的。但是，来访者在接受心理咨询的同时，也可能接受其他人的帮助，这就给评估咨询效果带来了另一个难题。

来访者在咨询过程中的进步，或许是受益于其他人的帮助，或者是因为他生活处境的改善，而这种改善，也可能是心理咨询转变了来访者的态度和行为的结果。因此，确定咨询效果产生的原因就变得很复杂。

在评估心理咨询效果时，除了上述提到的困难外，还有值得注意的因素，如来访者预先经过选择的问题，诊断和咨询不够确切或错误的问题，用以说明咨询效果的被试样本问题，评估咨询效果所用的方法以及自然复愈等。

四、如何做好心理评估

马建青等人在《论心理治疗的有效性》一文中还提出以下进行心理评估的方法。

1. 设对照组

除了咨询组作为研究对象外，还需要设立未做咨询的组进行对照研究。而且，对照组在动机、年龄、性别、问题类型及严重程度和病程长短等方面，都应尽量与咨询组相似。

2. 随机安排

应随机分配来访者到咨询组及非咨询组，最好是两组人都不知道谁正在接受咨询。但问题是在采用药物治疗时，这样做并不难，只要让一组人真的服药，另一组人则给安慰剂就可以了。可是这种双盲法用在心理咨询中时，比如运用行为疗法和精神分析疗法时，几乎无法奏效。在这种情况下，最好和那些尚未接受咨询的来访者说，他们被安排在下一批，还要等待几个月。

3. 客观评分

对料想到可能发生变化的行为，应事先讲清楚。咨询前、咨询中及咨询后，对那些关键性的变化（如焦虑、性欲、社会能力等）必须由客观的观察者采用可靠的技术进行评估。来访者和咨询师的报告都不一定可靠。考虑到咨询师的胜任能力，应由最有能力的咨询专家选用最适合的咨询方法。这样，一旦咨询失败，来访者既不可能埋怨咨询师缺乏经验，也不会责备咨询方法不合适。

4. 进行随访

咨询开始3～6个月后、咨询结束时、数年之后，都要对咨询效果进行评价，这样才能说明心理咨询的近期疗效和远期疗效。

五、评估注意事项

1. 在评估咨询效果时要注意的情况

通常来说，有些来访者在咨询刚开始时就明显地表现出一时的明显改善，犹如“蜜月”反应似的，显著地减轻不安、烦恼、忧郁等情绪上的症状。这样的情形可能有几种原因：一是由于和咨询师接触，来访者觉得可以依靠咨询师解决问题，因而感到放心和轻松；二是有的来访者想讨好咨询师，马上描述症状的改善或问题的解除，让咨询师觉得咨询有效而高兴，以换取咨询师对自己进一步的关注。无论如何，这种初期的改善是一时性的，只表现在症状方面的减轻，但不是长久性的变化。蜜月反应过后，就又恢复到原有问题状态。

随着咨询的深入进行，咨询的效果会重新开始缓慢地出现。首先呈现的是症状的减轻，接着，可以观察到行为方面的改进，同时也可以逐渐发觉来访者对事情的看法与价值观的修正，等等。这样的改善，可能会呈现起伏的过程，一时好，一时坏，然后逐步地往复愈的方向进行。到了咨询末期，经过长久的时间，才能开始发觉来访者性格上的轻度改变，表现出明显的咨询效果。这种性格上的改变，只有年轻人才能容易发觉，而且有时是咨询过程停止后，在数年后的追踪调查时才可以发觉。

总之，在咨询过程中，可以观察到来访者随着时间的推移发生的不同性质的改变。

2. 来访者症状改善与问题的解决，也可能经由咨询以外的诸因素而发生

最显然的因素就是所谓自然复愈。凡是个体都有自己恢复原状的能力，只要时间足够，自己就可以利用本身的能力而恢复健康的状态。

有许多人没有经历咨询的过程而仍可复愈，有些就是实际生活环境里所产生的外部因素影响了人们的心理状态。如与闹翻了的恋人又和好了、老师或领导的态度更改了、所欠的债偿还了、原来所患的躯体疾病复愈等，都可以直接或间接地帮助来访者改善状态。

相反，所经营的生意倒闭、发现配偶的婚外情、夫妻决定分居、和恋人分手、家人去世、考试失败等，这些生活上的打击，都可以严重地影响来访者的心理，即使咨询进行得适宜，仍会使心理症状与问题恶化。

因此，在评估咨询效果时，需要动态地、全面地分析各种有关因素。

思考·探究

1. 如何避免与来访者建立咨访关系以外的其他关系？
2. 如何处理心理评估诊断与临床医学诊断的关系？
3. 如何纠正心理咨询师偏离咨询目标的行为？
4. 如何科学评估心理咨询的效果？

第六章　心理咨询的常用技术

第一节　参与性技术

咨询师常用的参与性技术包括倾听技术、提问技术、重复技术与鼓励技术、反映技术、具体化技术、参与性概述、观察技术（非语言行为的理解与把握）。

一、倾听技术

倾听技术是心理咨询师常用的重要技术，是指咨询师在接纳来访者的基础上，认真、积极、关注地倾听来访者，并主动引导来访者，积极思考与澄清来访者的问题，与来访者建立信任关系，参与帮助来访者的一种技术。倾听一词的英文是attending，有“参与、专注、注意”之意，译成汉语“倾听”虽比较贴近原意，但易误解为聆听（listening），倾听不仅是为了明了情况，也是为了建立咨访关系，同时还有助人效果。

（一）倾听的类型

1．非选择性倾听和选择性倾听

倾听可以分为非选择性倾听和选择性倾听。

（1）非选择性倾听适用于尚未搞清来访者问题的咨询阶段，目的是鼓励和激发来访者自由地述说，以便咨询师了解来访者的问题究竟是什么。这时，咨询师对会谈内容很少发挥影响，而是给来访者充分时机述说，咨询师给予注意并做出反应。但由于咨询师对咨询过程拥有巨大的潜在影响力，即使是非选择性倾听反应也可以用来指导和引导来访者谈出特定信息。

（2）选择性倾听以非选择性倾听为前提和基础，是咨询师从来访者述说的内容中选择自己认为重要的方面进行倾听。

咨询实践中，非选择性倾听有时会转成选择性倾听，其中有两个重要原因：一是咨询师可能在讨论某些问题时会有意或无意地特别关注来访者所谈的某一方面；二是来访者在咨询中谈论的内容相当广泛，咨询师不可能对每一话题都给予同样的关注，一些选择是必要的。

2．身体倾听和心理倾听

倾听还可以分为身体倾听和心理倾听。

（1）身体倾听是指在咨询过程中，咨询师的全身姿势传递出他对来访者的关切，愿意聆听与陪伴。社会心理学家艾根（G. Egan）在1994年提出，咨询师身体的专注与倾听包括以下五个基本的要素，简称为SOLER（由每个词的第一个英文字母组成），即：面对来访者（squarely）、身体姿势开放（open）、身体稍微倾向来访者（lean）、良好的目光接触（eye）、身体放松（relaxed）。

（2）心理倾听是指咨询师不仅倾听来访者的言语内容，而且也倾听来访者言语叙述中语调的抑扬顿挫、声音的高低强弱，同时还观察来访者伴随的非言语行为。非言语行为是来访者没有觉察的习惯模式，这种没有觉察的习惯模式无法由来访者操控，虽毫无修饰、令人难堪但真实自然，是来访者内在的真实声音和真实告白。

（二）倾听的价值

1. 倾听具有治疗功能

倾听能够促进来访者倾诉，而倾诉本身具有宣泄作用，因而倾听具有治疗功能。来访者在讲述自己的故事、叙述自己的经历和现在的体验时，往往会建构自己的身份和地位，并为自己的生活赋予某些意义和目的。遭受过精神创伤的来访者在倾诉时，情绪一般会得到缓解，尤其倾诉的内容中包含了背后隐藏着的“困难”或“羞耻”时，倾听的治疗作用就更加明显。

2. 倾听可以建立良好的咨访关系

咨询师全神贯注地倾听，表现出对来访者所谈的话题感兴趣，来访者感到被了解、被重视和被关心，获得了自尊，就会对咨询师产生良好的第一印象，愿意与咨询师建立良好的咨访关系。

3. 倾听有助于了解来访者的问题

倾听是咨询师了解来访者心理问题及其根源的主要途径，是解决来访者问题的第一步。通过耐心倾听，咨询师才能对来访者做出正确的心理评估与诊断，并进行适宜的心理干预。没有倾听，咨询师可能会忽略来访者存在的根本的、主要的问题，或做出时机不对的咨询行为。

4. 倾听提供了来访者自我成长的机会

倾听给来访者提供了一个整理自己思绪、理清自己问题的机会。咨询师的倾听能够增强来访者的力量和信心，使他有勇气去面对现实、面对困难、面对自己和面对他人。咨询师良好的倾听行为与态度，也为来访者提供了正确处理人际关系的示范。来访者在咨询过程中，亲身体验咨询师的倾听带给自己的感受后，会将学到的倾听技巧运用到自己的人际交往中，改善自己与他人的人际关系。

（三）倾听的技巧

1. 咨询师要养成良好的倾听态度和习惯

咨询师倾听的态度和习惯比具体技巧更重要。在现实生活中，人们“听话”要比“说话”困难，原因包括：一是人们容易带着评判倾向甚至偏见来听，比较在意对方所说的内容与自己的价值观或看法是否一致；二是倾听是一件相当耗费精力的事，需要全神贯注，不能分心走神；三是说话者的语言可能会激起情绪反应或引发联想，容易引起倾听者分心；四是信息传递中“噪声”的影响，可能会导致错听、错解。因此，在心理咨询过程中，咨询师养成良好的倾听态度和习惯非常重要。

2. 咨询师要听出弦外之音与言外之意

咨询师不但要听懂来访者通过言语、行为所表达出来的信息，还要听出弦外之音与言外之意，听出来访者在交谈中所省略的和没有表达出来的内容。例如，在我国文化背景下，“性”是许多人极为敏感的问题，来访者常常只谈些皮毛或打“擦边球”，但他们希望咨询师能听出问题，主动地向他们询问；再如，有些来访者会拼命地说自己一点儿烦恼都没有，也没什么大问题，而事实上他可能正准备向咨询师倾诉他内心认为很重要的问题。

3. 咨询师要察其言和观其行

倾听要求咨询师以敏锐和通情达理的态度深入来访者的烦恼中去，仔细观察来访者如何表达自己的问题，如何谈论自己及自己与他人的关系，如何对所遇到的问题做出反应。同时，还要注意观察来访者在叙述时的犹豫停顿、语调变化及伴随言语出现的各种表情、姿势与动作等。

4．咨询师要适当地参与和反应

在咨询过程中，咨询师的倾听反应有以下五种。

（1）鼓励。它是指咨询师运用言语或非言语的方式使来访者介绍更多的信息。此技巧包括点头、张开手、运用像“嗯哼”等肯定性短语，以及重复来访者话中的关键词等。复述是更深一层的鼓励方式，是指准确地重复来访者使用的两个或更多的词。此外，适当的微笑和关心是两种主要的鼓励手段，能使来访者在会谈中感觉更轻松，从而更能表达自己。许多研究者已经发现，微笑“很有用”，它是表达热情和开朗的基本方式。

（2）澄清。它开始于“你的意思是……”或“你是说……”这样的问句，然后重复来访者先前的信息，目的是鼓励来访者进行更详细的叙述，检查咨询师所听到内容的准确性。澄清的价值就是要澄清具体的、重要的事实，理清来访者真正的观念、感受、情感、态度和欲望，弄清楚来访者所要表达的真正意图，引发来访者对自己的问题产生新的思考和领悟。

（3）释义。它是指咨询师将来访者信息中与情境、事件、人物和想法有关的内容进行重新解释，目的是帮助来访者注意自己信息的内容。

（4）情感反映。它是指咨询师对来访者的感受或来访者信息中的情感内容重新加以解释，目的是鼓励来访者更多地倾诉他的感受，帮助来访者意识到自己的情感，帮助来访者认识和管理自己的情绪。

（5）归纳总结。它是指咨询师将信息的不同内容或多个不同信息联系起来，并重新编排，目的是把来访者信息的多个元素连接在一起，确定一个共同的主题或模式，清除多余的陈述，回顾整个过程。

（四）倾听的注意事项

不愿意倾听，不耐心倾听，过早下判断、做解释、提忠告和不恰当地赞扬与道德谴责，是导致咨询失败的主要原因。

倾听时常犯的错误如下。

（1）急于下结论。一些咨询师没有耐心充分地倾听，经常会有迫使自己发现问题、解决问题的倾向。因为太想帮助来访者，以致他们会向来访者提出大量的问题以便找到一个快捷的解决办法，他们通常试图在会谈开始5分钟之内解决来访者的问题。这会将咨询会谈引入歧途，弄错来访者的主要问题。来访者在最应当得到理解的地方被人误解了，最终只有结束咨访关系。

（2）轻视问题。一些咨询师在听到来访者谈到一个问题时产生类似经验的联想（如“这个问题我以前遇到过”），并按照自己的既定思路去询问、推测和过早无根据地做出解释。

（3）转移话题。某些咨询师在进行倾听时，实际上没有关注来访者，而是在关注自己。经常会出现以下情况，如在咨询过程中，咨询师过多无关动作等“噪音”对来访者产生干扰，或不耐心听来访者述说而谈自己感兴趣的话题，或通过提问了解自己感兴趣的内容，转移来访者的话题等。

（4）过多的价值判断。不成熟的咨询师会对来访者的行为作过多的价值判断，如“你这样是不对的”“你就应该这样”等，这不仅是倾听的忌讳，而且也是咨询的大忌。

（5）运用不适当的咨询技巧。一些咨询师在咨询中经常会运用一些不适当的技巧，如询问过多、概述过多、不适当的情感反应等。因此，倾听过程的参与技巧是“可问可不问时，不问”“可说可不说时，不说”。

二、提问技术

提问技术是指咨询师为了鼓励来访者进一步地表露，使得咨询过程进行下去，在必要的情况下，配合来访者的问题和咨询的目标，向来访者提出相关问题的技术。咨询师依据咨询的目标，通过向来访者发问的形式，来激发来访者对某一问题进行澄清、具体化以及积极思考。

在心理咨询中，咨询师不免会有一些问题向来访者提问，提问的内容和方式会对整个咨询产生非常大的作用和影响。恰当的、及时的提问有助于咨询师将谈话的内容进一步引向较深的层面，以了解更多的信息，同时也可以促进来访者对自己进行深入的反思和自我觉察，去面对而不是逃避自己的感受和问题，进而促进咨询的顺利开展和来访者心理问题的解决。

（一）常见的提问形式

1．开放式提问

开放式提问是一种促使来访者继续谈出自己的问题细节的谈话技术。通常使用“什么”“如何”“为什么”“能不能”“愿不愿意”等词来发问，让来访者就有关问题、思想、情景、情感等给予详细的说明。一般来说，咨询开始或转换话题的时候大多采用开放式提问。这种提问被一些咨询师认为是最有用的咨询技术之一。它能促使来访者主动地、自由地敞开心扉，自然而然地讲出更多的有关情况、想法、情绪等，而无须搜肠刮肚地回忆、思考，或者仅仅以“是”或“不是”等几个简单的词汇就结束回答。开放式提问给来访者的回答以较大的自由度。虽然开放式提问可能会得到不同来访者的千百种不同的答复，但开放式提问的目标始终是趋向于来访者问题的特殊性。通过这类提问，咨询师能获得来访者问题的全面、系统的资料，有助于分析来访者的问题所在。

咨询师在使用开放式提问时要注意以下几个方面。

（1）开放式提问要建立在良好咨访关系的基础上，否则，来访者可能会产生被询问、窥视、剖析的感觉，从而产生怀疑和抵触情绪。

（2）注意提问时的语气、语调、词汇的选择，既不能过于随便，又不能有咄咄逼人或指责的成分，尤其是涉及来访者的隐私时更是如此。

（3）提出开放式问题以后，要给来访者足够的时间来回答问题。

（4）提问是咨询本身的需要，绝不是为了满足咨询师的好奇心或窥测来访者隐私的欲望。

2．封闭式提问

封闭式提问就是让来访者对问题只做“是”或“否”回答，不做详细叙述。随着会谈的逐步深入，这种提问常用来搜集资料并加以条理化，澄清事实，获取重点，缩小谈论范围。当来访者的叙述偏离正题时，也可以用来适当地中止其叙述，并避免会谈过于个人化。

封闭式提问，通常使用“是不是”“要不要”“有没有”“对不对”等词发问。封闭式提问往往使会谈难以深入，导致会谈中断。因此，开放式提问在会谈初期是非常重要的。

在使用封闭式提问时，要注意以下两个方面。

（1）封闭式提问不宜过多使用，否则会使来访者产生被询问的感觉，压制来访者自我表达的愿望和积极性，甚至对咨访关系产生破坏性影响，来访者前来咨询是为了疏解自己的负性情绪，如果一直处于被动地位，会降低其求助动机。

（2）一次不要提出多个问题，否则会使来访者产生混乱，导致来访者回答了最不重要的那个问题。

3．半开放式提问

半开放式提问，又称限制性的开放式提问，如“除了在孩子管理方面，夫妻之间还有什么矛盾吗?”等。这种提问有一定的限制，但又可以广泛地回答。

（二）常用提问类型

在心理咨询过程中，一般咨询师不会为提问而提问，提问都是有目的的。咨询心理学界概括了一些提问的类型，咨询师通常用得比较多的有如下五类。

1. 例外型提问

来访者假如说："爸爸不好，爸爸对我很凶。"咨询师在表示听清楚了这个陈述之后，多半会就这个话题再反过去提问，如"你说爸爸不好，爸爸很凶，这令你很难过。另外，我还想问一下，那么有没有你觉得爸爸好的时候？有没有爸爸能够和你好好说说话的时候？"这种例外型提问有助于来访者从原来深陷的片面角度转移至一个比较全面的角度来看清现象，同时也有助于咨询师能够更加全面地看清来访者的问题及其相关因素。

2. 预想型提问

假如来访者表现出消极的思维反应习惯，如"糟了，糟了""完了，完了""都是我不好"，或者遇事总习惯于做消极假设，如"假如考不好怎么办呢""我肯定不行的"，这时候，咨询师就常常会用一些预想型提问，把来访者原来消极的先期假设转换成积极的先期假设，引导来访者去体验一种全新的积极的感受，以便来访者意识到自己的思维习惯需要调整。咨询师可以引导着提问："假如你面临着考试，脑子里经常想着的是'我肯定能考好'，'我肯定能考出自己最理想的成绩'，感觉会怎样？试试看，仔细体会一下。感觉是不是有点不一样了？"相较于来访者原来习惯性想着"考不好怎么办"或"完了，完了"时的状态，这时候咨询师常常会发现来访者的呼吸变得深沉了，脊背显得挺直了许多，整张脸也显得有些上扬了。

3. 奇迹型提问

假如来访者有什么顾虑，或者咨询师特别想启发来访者进行大胆想象，特别是针对青少年来访者，有些咨询师尤其是女性咨询师很喜欢用这种提问，"假如有奇迹会发生，你希望这个奇迹是什么？"。

4. 打分提问

打分提问就是请来访者就自身的负性症状用分值（通常是0~10）的方式来评估描述。咨询师通常会这样问来访者："假如你说的紧张焦虑可以用0到10来打分，现在，就是此刻，你会打多少分？"通常，这种请来访者通过打分描述的是即时的感觉，即在心理咨询中此时此刻的感觉。打分提问一般用在咨询开始的时候。在咨询快要结束的时候，通常还会请来访者用打分的方式对自己的即时感觉再做一次评估，以衡量咨询的效果。

5. 转换型提问

转换型提问是在心理咨询的过程中用得比较多的一种提问类型。当咨询师就某一个"点"的问题感到暂时无法取得进展的时候，就会先移开一下，在其他的"点"上进行聚焦，以推进整个咨询进程。

（三）不当提问的问题类型

咨询中咨询师应尽量避免的提问的问题类型包括以下几种。

（1）咨访关系没有完全建立时，运用"为什么……"类型的问题。

（2）多重选择性问题。多重选择性问题是指咨询师对同一个问题，给出几个确定的选项，如"你有什么感觉，是沮丧还是生气？""上星期日你是离开家还是待在家里？"。这类问题由于选项固定，因此不是开放性问题，仍然是封闭性问题。这样咨询师获取的信息仍然有限，改变这种问题的办法是去掉选择部分，如"你有什么感觉？""上星期日你都做了些什么？"。

（3）多重问题。多重问题是指咨询师对同一个问题，同时从几个方面提出问题，如"你认为他对这个问题的看法是怎样的呢？他父亲是怎样看待这个问题的呢？你本人又是如何看待这个问题的呢？"。这种连珠炮式的问题，会使来访者不知所措，导致来访者只能回答他认为最重要的一个问题。

（4）修饰性反问。这类问题并不是问题，不需要回答也无法回答，它将谈话内容引向抽象，对来访者毫无益处。修饰性反问是谈话法应尽量避免的提问方式的典型方式，如“你认为考研对你的压力很大，但其他人同样也有压力，为什么有那么多人想考研呢?”。

（5）责备性问题。责备性问题是以反问形式责备来访者，如“现在这样，当初你干什么来着?”“这件事你凭什么能肯定?”。这种问题，对来访者能产生很大的威胁感，所以会立即引起来访者的防卫，这对推动交谈没有任何好的作用，所以在咨询中应严加杜绝。

（6）解释性问题。咨询师表达自己对问题的看法和理解，而不是推动来访者去自我探索。和责备性问题一样，这类问题对来访者的自我探索作用很小，特别是与来访者观点不一致时，更不应以疑问方式反问。

三、重复技术与鼓励技术

1. 重复技术

重复技术又称复述技术，即直接地重复来访者的某些话。咨询中有些来访者的表达令人不解或与事实不符，或与常理不符等，咨询师可用重复技术进行澄清。重复技术是心理咨询的重要技术，是咨询师直接重复来访者刚刚所陈述的某句话，引起来访者对自己某句话的重视或注意，以明确要表达的内容。当然，重复技术也可以促进咨询师进一步了解来访者，同时促进来访者进一步了解自己。在运用重复技术时，要注意以下几个方面。

（1）咨询师要重复来访者的话，而不是用自己的语言来重复。

（2）咨询师重复的部分，必须是关键性、值得探讨的部分。

（3）咨询师重复的是来访者本人的感受与想法，而不是别人的，并且，重复的是来访者此时此刻的感受与想法，而不是来访者过去的经验。

（4）重复技术不可过度使用，否则会产生“鹦鹉学舌”的效果。

（5）重复技术只在来访者的表达出现了疑问、不合理、与常理不符等情况下使用，若来访者的表达是明确的、清楚的，咨询师就没有必要再使用该技术。

2. 鼓励技术

鼓励技术是心理咨询中“倾听”的重要技术，指咨询师通过语言等对来访者进行鼓励，鼓励其进行自我探索和改变。鼓励技术具体可以表现为咨询师直接重复来访者的话，或仅以某些词语如“噢”“讲下去”等来强化来访者叙述的内容，鼓励其进一步表达与探索，一般情况下，来访者长篇大论地描述其困惑的最后一个主题，往往有可能是最重要的，因此可选择对此部分进行重复以对其给予鼓励。还可以用非常明确的语言，如“通过三次咨询，你已经解决了一部分问题，通过努力，你一定能解决自己的问题”等进行鼓励。

鼓励技术的另一个作用是通过对来访者所述内容的某点、某方面做选择性关注，引导来访者向着某一方面做深入探索，即促进会谈沿着关注的方向进行。而鼓励来访者表达不同的主题就可以引导来访者朝着不同的方向探索，达到不同的深度。因此，咨询师应把握来访者所谈的内容，根据咨询目标的需要及经验等有选择性地给予鼓励。

3. 重复技术与鼓励技术的区别

在鼓励技术中由于存在重复来访者原话的方法，许多人经常把重复技术与鼓励技术混淆，甚至认为重复技术就是鼓励技术。其实，重复技术里的重复与鼓励技术中的重复具有不同的含义，使用重复技术的目的是澄清那些说得不太对的地方，好像有矛盾的地方，而不是为了鼓励。例如，来访者说：“我12岁上初中，15岁上高中，18岁大学毕业。”咨询师一听就不对劲，就重复一下他的话：“你12岁上初中，15岁上高中，18岁大学毕业?”这就是重复技术，有点面质的成分。

四、反映技术

反映技术包括内容反映和情感反映。当然，点头、微笑或专注地倾听等本身就是一种最好的反映。

1. 内容反映技术

内容反映技术又称释义或说明，是心理咨询中重要的参与性技术，指咨询师把来访者陈述的主要内容经过概括、综合和整理，用自己的话反馈给来访者，以达到加强理解、促进沟通的目的。咨询师选择来访者陈述的实质性内容，经过概括整理后，用自己的语言将其表达出来时，最好是引用来访者最有代表性、最敏感、最重要的词语。

内容反映技术的功能如下。

（1）让来访者有机会再回顾自己的叙述。

（2）可以加强咨询师与来访者之间的理解和沟通。咨询师可以了解自己的理解是否准确。通过来访者的修正，可使咨询师达到深入、准确理解来访者的目的。

（3）可以使来访者有机会再次剖析自己的困扰，重新组合那些零散的事件和关系，深化会谈的内容。

（4）可以对来访者所叙述的内容进行归类、整理，找出重要内容，让来访者清晰地知道自己所要解决的问题。

（5）可以达到帮助来访者更清晰地做出决定的目的。

（6）能够向来访者传达一种信息，即我在认真地倾听你的叙述，并了解了你的意思。

（7）可以把话题引向重要的方向。

内容反映技术的步骤如下。

（1）来访者告诉了我一些什么信息？

（2）将来访者信息的主要内容或概念用自己的语言表达出来（陈述句）。

（3）通过倾听和观察来访者的反应来评价自己进行内容反映的效果。

内容反映技术的注意事项如下。

（1）内容反映技术可以使用在心理咨询的任何阶段。

（2）咨询师所反馈的内容不要超出来访者叙述的内涵，避免加入个人主观看法，也不要遗漏来访者重要的想法与感觉。

（3）尽量使用咨询师自己的语言，以免由于使用来访者已经使用过的语汇而招致他们的反感。

（4）语言要简洁明了，口语化。

2. 情感反映技术

情感反映技术也是心理咨询中重要的参与性技术，指咨询师把来访者所陈述的有关情绪、情感的主要内容经过概括、综合与整理，用自己的话反馈给来访者，以达到加强对来访者情绪、情感的理解，促进沟通的目的。

情感反映技术的功能包括以下几个方面。

（1）促使来访者觉察情感。在来访者言语与非言语行为的牵引下，咨询师流畅地进入来访者的感情世界，体会来访者肝肠寸断、悲愤扼腕的情绪，回旋在来访者爱恨交织的呜咽与挣扎中。在来访者的主观世界体验、逗留，感同身受地与来访者的感觉亦步亦趋。咨询师跳出来访者的内心世界后，用自己的语言，将自己的体会传达给来访者。咨询师走进来访者的经验后，反映的情感，自然能引起来访者的共鸣，催促着来访者觉察自己的情感。

（2）协助来访者重新拥有自己的体验。来访者通过否认或隔离情感，可以忽略经验中关键性、伤害性的信息。此时，来访者即使曾经遭受过重大的伤害，也只剩下浮光掠影、微不足道的细节，激不起自己内心的伤痛。这种方式虽然可以帮助来访者逃避经验带来的痛苦，可是受伤的伤口不会因来访者的自我欺骗而自动痊愈。要协助来访者改写创伤经验对来访者的意义，咨询师就必须协助来访者觉察自己的情感，重新拥有过去被否认、被隔离的情感。当这些被隔离的情感重新被接受，成为生命的一部分后，来访者的人格会因为重新被统整、扩大而生机盎然。因此，情感反映技术可以带领来访者面对自己的情感，觉察自己的情感，进而接纳自己的情感，让被否认的情感成为生命的潜力。

（3）让咨询师正确了解来访者，或来访者正确了解自己。有时候，咨询师的敏感度不够，误解了来访者的感觉，以至反映的情感，并非来访者真正的体验。通过来访者的修正，咨询师得以正确地了解来访者。当咨询师反映来访者情感时，提醒了来访者回头去统整自己的经验，觉察自己的感觉，核对咨询师反映的情感是否正确。这个过程，让来访者有机会进一步了解自己、表达自己。

（4）建立良好的咨访关系。来访者来找咨询师协助之时，已在问题中载沉载浮多时，内心的焦虑与无助，无法言喻。咨询师对来访者的情感反映，除了协助来访者觉察自己的感觉，更清楚地知道自己的状态外，还传达出咨询师对来访者的关心与用心。这种设身处地的体贴，足以让来访者因为被了解、被重视、被支持而被感动，进而愿意打开心胸，让咨询师进入他的内心世界。换句话说，情感反映技术可以帮助咨询师与来访者建立良好的咨访关系。

情感反映技术的注意事项包括以下几个方面。

（1）这一技术可以使用在心理咨询的任何阶段。

（2）所做的情感反映，要准确反映来访者的感受，不能超过或减少来访者表达的范围和程度。

（3）不仅要反映来访者言语所表达的情感，更要反映非言语传达的情感。

（4）所用言语，尽量不要重复来访者的用词。

（5）焦点要放在来访者此时此刻的情感上。

（6）要反映来访者的多种情感。

3. 情感反映技术和内容反映技术的区别

情感反映技术和内容反映技术很相似，内容反映技术是将陈述的内容综合后予以反馈，而情感反映技术着重于来访者的情绪反应。一般情况下，内容反映和情感反映是同时进行的，情感反映技术的最有效方式是针对来访者现在的而不是过去的情感。

4. 情感反映技术与共情的关系

情感反映技术是指咨询师把来访者所陈述的有关情绪、情感的主要内容经过概括、综合与整理，用自己的话反馈给来访者，以达到加强对来访者情绪、情感的理解，促进沟通的目的。而共情是指体验来访者内心世界的能力。共情的具体含义包括：第一，咨询师通过来访者的言行，深入对方内心去体验他的情感与思维。第二，咨询师借助于知识和经验，把握来访者的体验与其经历和人格之间的联系，更深刻理解来访者的心理和具体问题的实质。第三，咨询师运用咨询技巧，把自己的共情传达给来访者，表达对来访者内心世界的体验和所面临问题的理解，影响来访者并取得反馈（情感反映）。因此，情感反映是一种技术，共情是一种能力。两者侧重点是不同的。共情可以通过情感反映表现出来。内容反映与情感反映的结合就是初级共情，但后者更强调理解而不仅仅是了解。

五、具体化技术

具体化技术，也称为具体性技术，是指咨询 师协助来访者清楚、准确地表达他的观点以及他所用的概念、所体验到的情感以及所经历的事情。咨询师在倾听来访者叙述时，若发现来访者所陈述的内容有含糊不清的地方，咨询师可以以“何人、何时、何地、发生什么事、如何发生、有何感觉、有何想法”等问题，协助来访者更清楚、更具体地描述其问题。通过具体化技术，咨询师一方面可以澄清来访者所表达的那些模糊不清的观念、情感以及遇到的问题，明了来访者所遭遇的真实事件和产生的真实感受；另一方面也可以让来访者弄清自己的所思所感，明白自己的真实处境。

1．具体化技术使用的情境

具体化技术可以使用在以下情境中。

（1）问题模糊的情境。一些来访者不愿意具体地谈自己的问题，往往用一些含糊的、笼统的概念来表述自己的问题，如“我烦死了”“我感到绝望”等，并由此形成自我暗示，自己被自己所界定的情绪所笼罩，陷入困扰之中。有时，来访者表达不清楚自己想要表达的思想、情感和事情经过，或者自己也搞不清楚事情是怎样的，自己究竟怎么思考的时候，体验到的往往是一种不确定、模糊的感觉。咨询师此时的任务就是使这种模糊的情绪、思想逐渐清晰起来。

（2）过分概括化的情境。当来访者用以偏概全、以一概十的思维方式待人看物的时候，如当来访者把对个别事件的意见上升为一般性的结论，把对事的看法发展到对人的看法，把“有时”演变为“经常”，把“过去”扩大到“现在”和“未来”时，咨询师就需要运用具体化技术深入了解事情的真相，帮助来访者弄清事情的来龙去脉和本来面目。

（3）概念不清的情境。同样一句话、一个概念、一个词，其含义或程度会因人而异，有时甚至相距甚远。如有来访者不断强调自己得了“强迫症”，经过咨询师的具体询问，了解到该来访者其实只是有了几次重复关门的回忆，其程度远远没有达到“强迫”的地步。

2．使用具体化技术的注意事项

使用具体化技术应注意以下几个方面。

（1）咨询师必须专注于倾听来访者，才能发现来访者叙述中含糊不清的地方。

（2）有时候具体化技术搭配其他的技术，更能贴近来访者的感觉，让来访者愿意进一步说明。

（3）如果来访者的叙述有一个以上含糊不清的地方，咨询师可以选择关键性的部分，让来访者具体描述该部分的细节。

（4）不要怕给来访者留下“理解力不强”“缺乏领悟力”的印象而不愿意提问，只是自己去猜测、判断。最简单而有效的办法是做具体化反应。

（5）一般来说，大多数来访者是愿意讲出具体的事情、经历或情绪体验的。但当某些情绪体验对来访者影响极大，他们有可能因此而受到很深伤害时（如受虐待或遭强暴的痛苦体验等），这时就不应马上与来访者讨论具体的事情与经历。

（6）不要轻易给来访者贴标签，这样做会对来访者有暗示、强化和评判的影响。如“你是个悲观主义者”“你的性格过于内向”“我觉得你太自卑”等。

六、参与性概述

参与性概述是心理咨询常用的一种参与性技术，指咨询师把来访者的言语内容和非言语行为（包括情感）综合整理后，以提纲的方式再对来访者表达出来，相当于内容反映和情感反映的整合。参与性概述可使来访者再一次回顾自己的所述，并使面谈有一个暂停喘息的机会。参与性概述可用于一次面谈结束前，或者一阶段完成时，也可用于一般情况下。只要咨询师认为对来访者所说的某一内容已基本清楚就可做一次小结性的概述。

七、观察技术（非言语行为的理解与把握）

观察技术（非言语行为的理解与把握）是个体心理咨询中重要的参与性技术。研究已经发现，信息交流的总效果中有7%来自所用的语词，38%来自说话的语气，55%来自身体语言，因此，在咨询中咨询师所要获得的信息，不仅来源于来访者所谈的内容，也来源于来访者的非言语行为。非言语行为能提供许多言语不能直接提供的信息，甚至是来访者想要回避、隐藏、作假的内容，借助于来访者的非言语行为，咨询师可以更全面地了解来访者的心理活动，也可以更好地表达自己对来访者的支持和理解。

在咨询过程中，来访者会出现大量的非言语行为，其或伴随言语内容一起出现，对言语内容做补充、修正；或独立地出现，代表独立的意义。

来访者的非言语行为主要包括目光注视、面部表情、身体状态、声音特性、空间距离、衣着姿态等。

咨询师在运用观察技术时，要处理好如下四个问题：一是正确把握来访者非言语行为的各种含义；二是全面观察来访者的非言语行为，尽管非言语行为有一定的含义，但这种含义不是唯一的；三是科学分析来访者的言语与非言语行为的不一致；四是把非言语行为放在某种情境中来了解。

其实，在咨询过程中，通过言语和非言语行为所传递的信息远不止上面所说的几种情况。咨询师通过以上的参与性技术，往往会对来访者形成一个综合印象。综合印象是在整个交流和观察过程形成的，是对一个人总体的、概括的看法及观点，具有总领全局的作用。咨询师可以利用形成的综合印象，及时调整自己在咨询过程中的言行，以实现既定的咨询目标。

第二节　影响性技术

在心理咨询过程中需要对来访者实施干预，这时常常要用到影响性技术。影响性技术与参与性技术的不同点在于：参与性技术多在摄入性会谈中了解来访者问题时使用，而影响性技术则是在咨询实施过程中对来访者进行咨询干预时采用。在咨询实施过程中，咨询师总是要在某个时刻超越来访者的参照框架，通过自己的专业知识与方法技术、个人的人生经验，对来访者的特有的理解等主动影响来访者，以使来访者从中受益，咨询师的这种反应称为“影响性技术”。

一、对峙技术

对峙也称为对质、面质、质疑、对抗、正视现实等，是指咨询师指出来访者身上存在的矛盾，目的不在于向来访者说明他做错了什么，而是反射矛盾，协助来访者认识自己，鼓励他消除过度的心理防御机制，正视自己的问题，促进问题的解决。

1. 对峙的意义

心理咨询中，对峙的意义如下。

（1）通过向来访者直接指出其存在的混乱不清、自相矛盾的观点、态度或言行，以促使来访者对自己的感受、信念、行为及所处情况进行深入的了解。

（2）激励来访者放下自己有意或无意的防卫、掩饰心理来面对自己、面对现实，并由此产生富有建设性的活动。

（3）促使来访者实现言行统一、理想自我与现实自我的统一。

（4）使来访者明了自己所具有而又被自己掩盖的能力、优势即自己的资源，并加以利用。

（5）通过对峙给来访者树立榜样，以便使他有能力去对自己或他人进行对峙。

2. 咨询中来访者常见的矛盾

咨询中来访者常见的矛盾如下。

（1）言行不一致。来访者咨询时的言语和咨询时的行为不一致或咨询外的行为不一致。

（2）理想与现实不一致。来访者希望成为的自己与现实的自己不一致或者希望达到的目标与现实的能力差异很大。

（3）前后言语不一致。来访者前后叙述的事实不一致或来访者前后表达的情感有矛盾。

（4）咨访意见不一致。来访者的自我评价与咨询师对来访者的评价不一致或者来访者对咨访关系的看法与咨询师有差异。

3. 使用对峙技术应注意的问题

在使用对峙技术时，一定以了解到的事实为前提，只有在矛盾的事实存在时才可以使用这种技术。

（1）避免个人发泄。对峙的目的是促进来访者统一，促进其成长，所以应当以来访者的利益为重，不可将对峙作为咨询师发泄情绪甚至攻击对方的工具或者理由。

（2）避免无情攻击。有些咨询师不是在诚恳、理解、关怀的基础上应用对峙，而是把对峙当作展现自己智慧和能力的机会，没有考虑到来访者的感情，一味地使用对峙，致使来访者陷入尴尬的境地。

（3）要以良好的咨访关系为基础。对峙所涉及的问题，对于来访者来说可能有应激性，可能会导致危机出现，咨询师的尊重、温暖、真诚是非常重要的，良好的咨访关系会给来访者以心理支持，而充满理解和真诚的对峙会减轻有害或者危险成分。

（4）可用尝试性对峙。一般来说，在良好的咨访关系没有建立起来之前，应尽量不使用对峙，如果不得不用，可用尝试性对峙，如果来访者在面对对峙时，故意避开，这时就不要继续问下去，以免产生难堪和恐慌。

二、解释技术

解释是心理咨询过程中常见的一种影响性咨询技术，是咨询师对来访者的思想、情感、行为和事件之间的联系或其中的因果关系的阐述，也就是说咨询师依据某一理论构架或个人经验，对来访者的问题、困扰做出合理化的说明，从而使得来访者能够从一个新的角度来看自己的问题。与解释类似的一种倾听性咨询技术称为“释义”，两者的区别是释义完全按照来访者的原意，不改变其参考体系，而解释则是咨询师主要针对来访者隐含的那部分信息，提出自己的理解，并且这种解释是从咨询师自己的参考体系出发的，而不是从来访者的参考体系出发的。解释技术可以让来访者从一个新的、更全面的角度来重新面对困扰、周围环境及自己，并借助于新的观念和思想来加深了解自身行为、思想和情感，产生领悟，提高认识，促进变化。

咨询师可以运用各种不同的心理咨询与治疗的理论进行解释，也可以根据咨询师从实践与观察中得出的个人经验进行解释。在进行解释时，咨询师要根据自己的直觉或观念识别出信息背后的模式，并将隐含的信息明确清晰地显示出来。

解释可以是尝试性解释，如“我想这是……，你觉得呢?”“也许……，你认为怎么样?”；也可以是肯定性解释，如“我认为……”。

运用解释技术时，咨询师应注意以下几个方面：

（1）解释必须在充分收集与来访者问题有关的资料之后，在充分了解来访者问题的基础上进行。

（2）解释应建立在与来访者的良好关系基础上，且来访者表示愿意倾听和接受解释。

（3）解释的同时，要注意观察来访者的反应，尤其是非言语行为，如沉默、微笑等。

（4）解释时间不宜过早，避免解释错误。

（5）解释要深入浅出、简明扼要，避免冗长和过多地使用专业术语。

（6）解释要有真实性和合理性，不可做偏激的解释，造成对来访者的伤害。

（7）解释要尽量采取试探性的保留态度，以便来访者有思考、接受或拒绝的余地。

（8）解释时应考虑来访者的文化程度、理论修养、个性特征、领悟能力、问题特征、理论特点等。

三、指导技术

指导就是给来访者提出建议或提供来访者所不知道的信息，是对来访者影响最明显的一种咨询技术。有一些咨询师不赞同用指导技术，例如，非指导型咨询师，他们反对操纵和支配来访者，很少提问题，避免代替来访者做决定，从来不给予回答，在任何时候都让来访者自己确定讨论问题，不提出需要矫正的问题，也不要求来访者执行推荐的活动。总之，他们不赞成使用指导技术，认为这是把咨询师的意志强加在来访者身上。但多数咨询师仍然经常使用指导技术，认为它是最有助于影响来访者的方法。

指导最直接的形式是咨询师让来访者干某些事或说某些话，或以某种方式行事。但不同的学派，指导的方式不同：精神分析学派经常指导来访者进行自由联想以寻找问题的根源；行为主义学派经常指导来访者做各种训练，如系统脱敏法、满灌疗法、放松训练、自信训练等；格式塔学派习惯于做角色扮演指导，使来访者体验不同角色下的思想、情感、行为；理性情绪学派针对来访者的各种不合理信念予以指导，用合理的观念代替不合理的观念。

咨询中，常用的指导方式如下。

（1）指导言语的改变。如“请把你所说的‘我应该怎样’改为‘我希望怎样’”。

（2）特殊的建议或指示。针对来访者的一些具体情况和要求进行指导，如建议修改每日的复习计划、每天坚持体育锻炼等。

（3）自由联想式的指导。如“请你带着这种情绪进行一下联想，回想一下你儿童时代的经历……”。

（4）角色性指导。如“现在我们来重演一下当时的情景……”。

总之，在使用指导技术时，咨询师的言语和非言语行为都会同时对来访者产生影响，因此，咨询师应十分明确自己对来访者指导些什么以及效果怎样，叙述应清楚，要让来访者真正理解指导的内容。同时，不能以权威的身份出现，强迫来访者执行，若来访者不理解、不接受，指导效果就差，指导甚至无效，还会引起反感。

四、忠告与提供信息技术

忠告与提供信息是指在咨询的过程，咨询师对来访者关心的问题提出建议，给出指导性或参考性的信息，以帮助来访者思考其问题，做出决策。忠告与提供信息的区别是，前者包含了具体的建议，而后者没有。

忠告一般可以分为三个层次。第一层次是没有效果的信息提供。通常来访者会没有反应，退回到被动的状态，像学生在听老师教导一样。第二层次是中等程度的帮助。对于咨询师分享的信息，来访者会听，会接受，但是并不投入，来访者不觉得自己要为行动负责任。第三层次是最有帮助的信息提供。来访者会表达出合作态度，即表示愿意承担行动的责任。

忠告技术的使用，一直存在争议，反对的理由有：一是会造成咨询师自大的倾向；二是会助长来访者的依赖；三是来访者会产生厌烦情绪，导致没有效果。

因此，在提出忠告时，需注意以下几个方面。

（1）咨询师要防止这一技术给会谈带来潜在的危害。如来访者对建议或忠告不以为然，从而妨碍咨询的进行。

（2）咨询师提出忠告要以来访者的利益为出发点，并且尽可能使来访者了解咨询师提出有关忠告的根据。

（3）咨询师切不可认为自己的忠告是最好的，而来访者不识好歹。

（4）大多数情况下，当来访者询问意见、建议时，再给予忠告，咨询师一般不应主动提出过多的建议。

（5）咨询师提出忠告时，要注意让来访者承担责任，避免养成来访者依赖的习惯。

（6）建议和忠告的话语要含蓄而委婉。如“如果我是你，我可能会……”。

（7）咨询师提供的忠告和建议一般不宜太多，过多使用会失效。

五、内容表达技术

内容表达是指咨询师传递信息、提出建议、提供忠告、给予保证、进行褒贬和反馈等，以影响来访者，促使来访者实现咨询目标的一种技术。

咨询过程中，各项影响技术都属于内容表达，都是通过内容表达起作用。总而言之，指导、解释、自我表露、影响性概述等都是一种内容表达。内容表达技术与内容反映技术不同，前者是咨询师表达自己的意见，而后者则是咨询师反映来访者的叙述。虽然内容反映中也含有咨询师所施加的影响，但比起内容表达来，则要显得隐蔽、间接、薄弱得多。来访者中心学派、非指导型咨询师多用内容反映，而希望直接施加影响、表达自己观点的咨询师则多喜欢内容表达。

六、情感表达技术

情感表达是心理咨询中影响性技术之一，是咨询师告知自己的情绪、情感活动状况，让来访者明白，以影响来访者。情感表达技术的作用是通过情感的表达，促进来访者的探索和改变，促使咨询顺利进行。

情感表达与情感反映不同，情感反映是咨询师反映来访者叙述中的情感内容，而情感表达则是咨询师表达自己的喜怒哀乐。

咨询师进行情感表达的具体作用包括：一是体现了咨询师对来访者设身处地的反应，同时传达咨询师自己的感受，使来访者感受到一个活生生的咨询师的形象；二是咨询师的这种开放的情绪分担方式为来访者做出了示范，易于促进来访者的自我表达。

咨询师做出情感表达，其目的是为来访者服务的，而不是为做反应而反应，或者为了自己的表达、宣泄，因此，其所表达的内容、方式应有助于咨询的进行。

咨询师的情感表达可以针对来访者，如“看到你经过三次咨询，已经找到了自己的问题所在，而且已经发生了明显的改变，我为你的变化感到高兴。”此时咨询师明显是通过情感表达，对来访者进行鼓励。

有时，咨询师的情感表达也可以是针对咨询师自己的，如“如果我能够以全市第一的成绩考上大学，我也会非常高兴。”但是，咨询师应该注意，一般只对来访者做正性情绪表达，如“我很欣慰你做出了积极的选择。”而不能做负性情绪的表达，如“你虽然明白了自己的问题所在，但经过五次咨询，你没有主动解决问题，我很生气。”这样的情感表达只能阻碍咨询而不是促进咨询。当然，为表达共情时的负性情绪表达除外，如“听到你如此惨痛的遭遇，我也为你感到难过。”咨询师通过情感表达，理解了来访者，表现出共情。

当然，咨询师的情感表达有时也会针对其他的事物。

七、自我表露技术

自我表露也称为自我暴露、自我揭示、自我开放等，是指咨询师适当地公开、开放、暴露自己的某些经历、经验、思想、情感等，与来访者共享，以增进来访者对自己问题的了解和获得自我改变的有益信息。自我表露有利于建立良好的咨访关系，为来访者树立好的榜样，从而增进来访者自我表露。

1. 自我表露的形式

自我表露的形式有两种：一种是向来访者表明在会谈时对来访者言行问题的体验，如“我很高兴，你这么信任我。”“我和你一样，感到失望。”；另一种则是告诉来访者自己过去的有关经历和情绪体验，如“你说的这种情况，我过去也遇到过……”。

2. 自我表露的作用

咨询中，自我表露具有以下几个方面的作用。

（1）增强心理认同感，有助于双方沟通。

（2）增强信任感，增进咨访关系。

（3）起示范作用，让来访者学习开放自己。

（4）让来访者学会倾听、思考，看到自己忽略的地方。

（5）帮助来访者从不同的视角来进行思考。

3. 自我表露的水平

自我表露的水平可以划分为三级。

（1）第一级水平：咨询师只表露出能满足自己的东西，完全不顾来访者所表露出来的情感。

（2）第二级水平：咨询师自我表露未实际切合来访者的想法及情感，仅点到为止。

（3）第三级水平：咨询师适时适当地表露他个人的观念、经验和情感，不仅符合来访者的兴趣、需要和当时的情境，并且使来访者有新的想法及感受。

4. 自我表露的原则

自我表露应遵循以下原则。

（1）咨询师做自我表露需建立在一定的咨访关系之上，而且要对来访者具有积极意义。

（2）咨询师必须是在认定自己的经验对来访者有所帮助的情况下才能做自我表露。自我表露不是咨询的目的，而是一种促进来访者自我探讨、自我认识、自我改善的手段。

（3）咨询师自我表露的次数不宜太多，否则会使来访者怀疑咨询师的真实性。咨询师过多的自我表露，会挤占来访者的时间和减少来访者自我表露的次数，并可能超出其心理准备，导致来访者认为咨询师心理也不太健康。

（4）咨询师的过度自我表露，可能给来访者的心理带来负强化，加重来访者的心理负担，增加消极影响。

（5）咨询师的自我表露必须适可而止，避免长篇大论。咨询的过程是以帮助来访者为前提的，不能让重点转移到咨询师的发泄情感上。

八、影响性概述

当会谈的某一自然段落完成或某一次会谈结束时，可以使用概述作为一个小结。影响性概述也称为影响性总结，是个体心理咨询技术的影响性技术之一，是指咨询师把自己所叙述的主题、观点、意见等经组织整理后，以简明扼要的形式表达给来访者。影响性概述相当于内容较多的内容表达，如“对我们刚才所讨论的改变自卑的方法，你是如何想的？打算怎样去做?”影响性概述既可以在会谈中间使用，也可在结束时使用，有时也与参与性概述一起使用。通常在会谈结束时，咨询师可总结来访者的主要问题、原因及影响等，然后对咨访双方所做的工作进行小结，概述自己所阐述的主要观点。这样会使整个咨询过程脉络清楚，有利于来访者把握咨询全局，加深印象。

影响性概述可以使会谈显得有结构，富有条理，避免会谈混乱；也可以使咨访双方有机会对刚才的谈话做一番检查，如来访者可以有机会重温咨询师所说的话，加深印象，而咨询师也可以有机会回顾讨论的内容，加入新的资料，强调某些特殊内容，提出重点，为下一步会谈的主题做好准备。

影响性概述与参与性概述不同，影响性概述反映的是咨询师表达的观点，而参与性概述反映的则是来访者叙述的内容。在运用影响性概述时，要做到条理分明、重点突出、简明扼要、通俗易懂。

九、一般化技术

一般化是指咨询师根据来访者所述提供相关的专业信息，让来访者看到他的问题具有普遍性，其他人一般也会遭遇，以减少心理压力。

一般化暗示来访者一切的负面感受是可以理解的、是暂时的，任何改变的状态是针对某些特定情境而非生命的全部。咨询师使用一般化技术来帮助来访者，不过度地扩展、扩散情绪的反应，也能削弱来访者害怕自己过于特立独行的恐惧。

在来访者谈论问题的时候，咨询师可以用一般化技术来回应来访者：他所处的困境以及反应，是多数人一般都会发生的事，是常态性的一种展现，或者是一种发展阶段中常见的、暂时性的困境。

一般化的展现，会让来访者能将其困扰及反应，视为生命中的预期的挑战，更能让来访者接受自己的情绪反应是正常的，也让来访者觉得自己并不是那么孤单和特异，从而促使来访者对他的困难产生去病理化的思维。

在使用一般化技术时，经常运用的句型有。

（1）在句子的开头，加上“当然”“自然”“可以了解”“像大多数”“难怪”等字眼。

（2）咨询师也会将来访者所说的内容以过去式、阶段化、暂时性的用词加以回应，如“过去的”“阶段性的”“暂时性的”“曾经的”“尚未”“目前的”等。

（3）把来访者认为的负性事件，改为主观的觉知，加上“你说的”“似乎”“看起来”“变得”“感觉上”，而非“你就是”，以去除绝对性。

（4）咨询师把来访者所用的强烈的、扩散性的、绝对化的字眼，转化为严重程度较低、发生比例较少的用词，或者为未明确具体设定的范围。

十、非言语技术

非言语行为是咨询师表达共情、积极关注、尊重等的有效方式之一。非言语技术，在心理咨询技术中归于“影响性技术”中的一种。心理咨询过程中会出现大量的非言语行为，咨询师应重视此项技术，并将其融入言语表达中去，渗透到咨询过程中。

一般来说，人类之间的信息传递主要是依靠言语表达和非言语行为来实现的。人类的非言语行为非常丰富，它所表达的内容、情感比言语更多、更准确，能对言语表达的内容做补充、修正，或独立地出现，代表独立的意义。

咨询师应重视把自己的非言语行为融入言语表达中去，渗透在咨询过程中。通过非言语行为传达的共情态度比言语还多，影响力更大。因此，并非只是嘴巴在参与咨询，而是整个人在参与咨询。

咨询师的非言语行为受到其价值观、品德修养、信念等诸多因素影响，因此，它是理论和技巧之外的东西，但对咨询成败举足轻重。

咨询中的非言语行为作用包括四个方面：一是加强言语。重音、手势和面部表情与言语一起出现，可使言语的意义更丰富，情绪色彩更鲜明，加强了言语的理解和表达。二是配合言语。非言语行为将配合言语，促进交流。例如，来访者如果想继续表达，那么他会把手停在空中，此时咨询师不应打断，而是应该进行倾听。三是实现反馈。听话者对讲话者做出持续的反应，如面部表情可表示同意、理解、惊讶、不满等信息，使对方感知到自己的反应。四是传达情感。交流者常用非言语形式表达自己对对方的喜欢、理解、尊重、信任的程度，像面部表情和声调这样的非言语暗示比言语信号影响更大。

第三节　其他的技术

一、控制会谈的内容和方向的技术

控制会谈的内容和方向，对保证心理咨询的效果十分重要。假如把会谈搞得漫无边际，来访者很快就会因为无所收获而厌烦，因此，为了控制会谈的内容和方向，一般会采用以下四种技术。

（一）释义

释义也称内容反映（见参与性技术）或说明，就是把来访者说的内容中重要的部分反馈给来访者，以达到加强理解、促进沟通的目的。

例如，来访者说：“一想起睡觉，我就担心，害怕失眠，越怕睡不着就越睡不着，天天晚上折腾到很晚。”如果咨询师想要了解来访者最初失眠的原因，便可以接着来访者的话茬说：“越怕睡不着就越睡不着，你愿意说说最初不能入睡时内心的感受吗?”咨询师在这里重复来访者话语中的主要内容，并顺便提出另一个问题，这样做，能使来访者感到很自然，同时觉得咨询师的问题提得很合理。

（二）中断

中断是指在会谈中暂时休止一下。但当来访者因情绪激动或思维混乱而喋喋不休时，不能够强行迫使他停止讲话，这时可以递给他一杯水，请他取一样物品过来，或者建议他换一个地方再继续谈，等等。如果时间有限，也可以建议暂时停止会谈，下次再来。

（三）情感反射

情感反射是指咨询师有意识地刺激一下来访者，使他把会谈转向某类问题。需要特别注意的是，在初次会谈时尽量不要使用该技术，因为这往往容易引起来访者的情绪紊乱，一时难以控制。所以，此技术在咨询中也是慎用的。

（四）引导

引导是指由目前的话题引向另一个话题，不是直接建议转换话题，而是由原来的话题引申出新话题。例如，当一个来访者喋喋不休地指责、抱怨自己的丈夫时，咨询师可以把夫妻关系引申到亲子关系，一方面对她表示理解和同情，另一方面把她的思想引向她与孩子的关系上，随后提出亲子关系方面的问题，进而使她谈谈对孩子的态度和看法，这样引导比直接发问要自然一些。

以上是控制会谈内容和方向的四种技术，用在会谈的过程中，与着陆技术（见下文）的区别在于，着陆技术是当来访者情绪失控时把他拉回到当下，平复情绪的方法，一般用在会谈的开始。

二、结构化技术

结构化是咨询师在咨询的开始阶段向来访者说明、解释、交代有关双方在咨询过程中反应定向的一些约定、规则或要求，并就来访者与此有关的态度和情绪进行处理的工作。

结构化技术是在咨询过程中任何一个阶段，尤其在最初的阶段都需要使用的一个技术，并且在咨询或治疗中需要不断地强调的内容。

结构化技术包括对来访者说明与界定从咨询开始到咨询结束之间所涉及的要素，包括：心理咨询的特点和意义，理论框架，咨访关系，咨询环境，咨询设置（时间、地点、收费），咨询目标和双方的责任等。

1．结构化的作用

结构化的作用如下。

（1）减少来访者有关咨询过程的疑虑和不切实际的期望。

（2）协助来访者了解咨询过程，减少来访者的焦虑。

（3）协助来访者做准备，以利于咨询的进行。

（4）借以了解来访者在咨询中的心理冲突。

2．结构化的内容

结构化的内容包括以下几个方面。

（1）关系的结构化。结构化的工作中，咨访关系的结构化是核心。关系的结构化是对咨访双方在咨询过程中的角色、行为规范予以明确，使咨访关系形态符合咨询要求，避免不合专业规范的关系行为。关系结构化的主要内容是角色限定，其依据包括：一是通行的咨询伦理和专业守则中关于咨访关系性质、咨询师行为规范的说明和规定；二是咨询师个人所遵从的治疗理论。关系结构化当中的一个重要内容是澄清和修正来访者对心理咨询与治疗如何进行、来访者担任什么角色和责任、咨询师担任什么角色和责任的期望。有关来访者权益的告知，也是关系结构化工作的内容之一。

（2）环境和程序的结构化。咨询环境的安排、布置也被看成结构化的一部分，包括会谈的地点、内部的布置和座位、咨询室的位置及设置、每次咨询的时间、会谈频率、咨询次数、可能发生的事情。

（3）咨询协议。咨询协议通常包括咨询目标、咨访双方承诺遵循的行为规范以及咨询程序相关规定。签订咨询协议有督促来访者积极投入咨询的作用。

（4）记录。记录也可看成是结构化的内容之一，在咨询会谈中进行文字或声像记录往往是必要的，对于问题较复杂、耗时较长的案例尤其如此。咨询师需要对记录这件事进行说明，说明做记录的必要性、怎样做记录以及记录将如何保存和使用。

三、即时化技术

在心理咨询过程中，许多来访者可能会花费很长时间来描述他们自己过去的经历以及对将来可能情况的种种设想。当一个人总是过分注意过去和将来的情况时，别人是很难了解到他现在的想法和感觉的。在他那里，过去和将来似乎变成了衡量现在的一种尺度，对将来所抱的期望以及对过去事物的不断回想成为其所有言谈的主要内容。而这却不是来访者最真实的一面，其自身思想及情况的表露也是低层次的。在这种情况下，进行咨询往往很难有令人满意的结果。

咨询师需要影响来访者，使他讲出他当时的想法和感觉，而不要过分地关注过去和未来。所以，咨询师使用即时化技术就是要帮助来访者注意此时此地的情况，从而协助来访者明确自己现在的需要和感受，避免其过多地陷入过去不愉快的回忆中，正视现实，正视问题，进而寻求自我调节的途径与方法。

即时化的另一个内容，是指咨询师对来访者与自身的关系要敏感，对来访者指向自身的言语、行为、情感应予以必要的反应。这里所指的来访者对咨询师的情绪反应等并非心理分析中所指的移情关系。咨询师此时所关注的是来访者待人处世的态度与习惯。在咨询过程中，来访者与咨询师的交往常常不可避免地带有他与其他人交往时的痕迹，如看问题的角度、说话的方式、情绪反应、行为倾向等。咨询师对来访者的这些情感体验、举止言行的及时反应，有利于帮助来访者确认他在人际关系中的问题并加以改进。

此外，咨询师在咨询过程中对来访者的情感体验和行为及时地进行反馈，也有助于会谈过程的进行和咨访关系的深化。

即时化鼓励来访者更多地暴露自我，也是在促进他与咨询师进行更为开诚布公的交流。一旦要求一个人真诚、坦率地讲出自己的想法和感受，与咨询师一起公开地讨论他的问题，他就能很快地进入来访者的角色，同时也就为咨询中真诚交流的气氛打下了基础。咨询师在这里要起一种催化作用，以加速咨询的进展，开拓咨询的深度。

四、着陆技术

人在经历了一次可怕的事件之后，有时候会发现自己的情绪过于激动，或者不可抑制地回想或想象发生了什么，这个时候，可用着陆技术来放松自己的情绪。

（一）着陆技术的原理

“着陆”即接地气之意，也可以被称为“定心”“外观”“分散注意”或“健康性分离”。着陆技术是一种心理咨询技术，是众多情绪稳定化技术之一，是与当下链接的技术，常常用来进行情绪放松。着陆技术的原理是把注意力从内在的思考转回到外部世界，即用来减轻焦虑，变成行动。当来访者与现实结合时，就顾不上体验焦虑了。着陆技术是通过分散注意和与外部世界建立联系的方法发挥作用的高度积极投入的策略，因此在运用着陆技术时，需要一直保持睁着眼睛。这种技术特别有效，因为它可以在引起情感痛苦的任何情境中应用，可以在任何时间、任何地点由来访者自己来进行，而且不会被别人注意到。

（二）着陆的方式

有三种主要的着陆方式，即精神的、躯体的和抚慰性的着陆。“精神的着陆”表示关注自己的思想；“躯体的着陆”表示关注自己的感觉（如触摸、聆听）；“抚慰性的着陆”表示以一种非常宽厚、温和的方式对自己说话。

（三）着陆技术的具体操作

1．操作步骤

心理咨询中，着陆技术是通过深呼吸来调整自主神经系统，通过视觉、听觉、触觉等感觉器官保持与外界的接触，并说出所看、所听、所触，进而把人的注意力从内在的思考转回到外部世界中。操作步骤如下。

（1）先以一个觉得舒服的姿势坐着，不要交叉腿或胳膊，再慢慢地深呼吸。注意：①鼻腔慢慢地将空气吸入肺的最底部，同时慢慢从1默数到5。在这个过程中，尽可能地把空气吸到身体的最深处。把手放到腹部，当你吸气的时候，会感到肚子慢慢地鼓起来。②屏住呼吸，慢慢地从1默数到5。③通过嘴，缓缓地将气体呼出，同时慢慢从1默数到5。如果这个过程需要更多时间，就多数几个数。④确定气体完全呼出后，再正常呼吸两次。

（2）看看你的周围，说出5个你能看到的且让你不难过的物体。例如，“我看见了墙、地板、墙上的画、一张桌子、一把椅子、一只鞋、一个人”。

（3）慢慢地深呼吸（同前）。

（4）接下来，说出5个你能听到的不让你悲伤的声音。例如，“我听到一个女人在说话、自己的呼吸声、关门声、打字声，电话铃声”。

（5）慢慢地深呼吸（同前）。

（6）接下来，说出5个你能感觉到的不让你悲伤的事情（物品）。例如，“我能用手感觉到这个木质的扶手、鞋子里面的脚趾头、背靠在椅子上、在我手里的毛毯、我的双唇紧贴在一起”。

（7）慢慢地深呼吸（同前）。

（8）说出你看到的周围存在的五种颜色。例如，“我看到我的桌子是浅黄色的、毛衣是白色的、窗台上的植物是绿色的、手机壳是粉色的、笔的颜色是蓝色的”。

2．咨询师指导来访者的操作示例

如接访一个焦虑情绪极强的来访者的电话时，可做如下处理。

咨（咨询师）：你在哪个位置？

访（来访者）：我的房间里。

咨：现在听着，我问什么，你回答我什么，能做到吗？

访：好。

咨：你是坐着，还是站着？

访：坐着。

咨：好，现在把你的屁股坐踏实了，感受身体靠在床头的感觉。现在请观察一下，床单是什么颜色？

访：淡紫色。

咨：床上有被子吗？什么颜色的？

访：淡紫色。

咨：枕头呢？

咨：有空调吗？是什么品牌的空调？

咨：现在别坐着，站起来，最好走动一下，在房间里都能看到什么？看到什么就告诉我什么！

咨：花长什么样子？花盆呢？

咨：房间里就这些东西？再看看，多着呢！再看时，顺便把它的颜色、大小、样子等告诉我。

咨：先不评价，只把看到的东西告诉我。窗台上还能看到什么？

咨：你已经比刚才好多了，感觉到了吗？

咨：取一本书，拿起来看看，是什么书？翻翻书，给我念一段吧。慢一点，边念边注意倾听自己的声音。

咨：一直念下去。（来访者一直读着，大约持续了5分钟，停下来了）

咨：还心慌吗？

咨：这次我教会你应对心慌的方法了。只要以后再心慌，就看看周围的东西，然后把它说出来。只要你能连续说出来，你就不心慌了。记住了啊。

3．咨询师或来访者自身进行着陆的做法

咨询师自己在等待完成重要的事情之前，如果感觉自己静不下心来，可运用此技术让自己飘着的心着陆。具体做法如下。

（1）感受自己端坐在椅子上，感觉自己正脚踏地面。

（2）留意自己呼吸时的快慢与深浅。

（3）让自己觉察身体的张力，并检查自己的注意力是收放自如还是思前虑后。

（4）提醒自己正处于感受、觉知或思维当中。

（5）识别出那些与接下来的事情无关的关注点和担忧，并立即将其摒弃。

（6）尽可能命名自己的体验，并让其自然流动。

（7）聚焦于此时此刻自己对周围环境的所见所闻、身体的反应、存在的状态和一呼一吸。

（8）聚焦于胸腹部起伏的节律。

（9）让自己全然地处于当下这独一无二的瞬间。

（四）使用着陆技术的注意事项

着陆技术常常用于情绪不稳定时，如过于激动时，或不可抑制地回想或想象发生了什么时。一般常常在经历了一次可怕的事件之后，可能会出现这样的情况。

在咨询过程中使用着陆技术时，要注意以下四点：一是咨询师要镇静，咨询师的镇静能让来访者镇静下来，以咨询师自己的镇静影响来访者的镇静；二是咨询过程要有神圣感和庄严感；三是咨询师不要问来访者现在什么感觉，尤其不能对来访者当下的焦虑状态进行评估；四是此技术需不断练习才能形成。一旦形成，就如同会开车一样，成为一种程序性记忆，在利用时往往不需要意识的参与。

五、苏格拉底式问话

1．苏格拉底式问话的由来

苏格拉底式问话起源于苏格拉底（Socrates）。苏格拉底是生活在公元前400年左右的雅典哲学家，他通过诘问而不是直接传授的方式，鼓励雅典的青年人质疑流行观点的真实性。这种诘问方式主要是通过一系列的提问，找出对方逻辑上的错误，让对方承认他的无知。

苏格拉底式问话，被视为一种合作探索，巧妙地帮助来访者探索他不知道答案的领域，引起他学习的欲望。通过提问，咨询师鼓励来访者发现他自己是如何找到问题答案的，而咨询师好像什么都没干。所以，苏格拉底式问话又称产婆术，就是说来访者肚子里面其实本来就有答案，咨询师只是通过各种问题让他自己“生”出来而已。

心理咨询中，当咨询师面对非理性想法时，苏格拉底式问话是打开来访者内心世界的钥匙。概括地说，苏格拉底式问话是咨询师通过提问来引导来访者进行思考，从而改变认知的过程。具体来说，就是咨询师一步步将来访者具体而片面的想法，引导向普遍的、确定的、真实的认知转变。

在认知行为疗法中，苏格拉底式问话被放在改变自动思维（在特定情境未经思考自动产生的想法，并导致情绪行为和生理反应）的技术列表首位，因为询问是干预改变非理性想法的主要方法。

2. 苏格拉底式问话的作用

在咨询过程中，使用苏格拉底式问话的作用如下。

（1）对来访者的作用。在咨询中使用苏格拉底式问话，通过向来访者提出能够激发好奇心和求知欲的问题，从而试图让来访者加入学习过程中来，咨询师在这一指导性发现中提出一系列的诱导性问题，帮助来访者认识到自己想法的不合理性。当能够突破坚固的、非理性的想法，给来访者展示理性和有益的抉择时，他们思想的改变和积极情绪转变就发生了联结，新的自知力也就发展起来了。

（2）对咨询师自己的作用。很多对自己抱有不现实期待的咨询师，或指责自己竟然对来访者产生消极想法的咨询师，可能在咨询中遇到更大的挑战。例如，咨询师常常焦虑自己能否帮助来访者、能否在有限的时间有效帮助来访者。在心理咨询过程中，当咨询师发现自己有“来访者没有跟上自己的影响过程，就认为来访者没有尽全力”这种想法时就指责自己不够专业。咨询师如果出现这些常见的非理性想法，不仅阻碍咨询的进展，甚至可能导致咨询脱落的现象。因此学习使用苏格拉底式问话也可用于帮助咨询师进入“自我提问”模式，以此来监控自己的反应（包括情绪、行为或生理反应的变化），从而能够及时、客观地评价自己的态度和认知。

3. 苏格拉底式问话的步骤

苏格拉底式问话具体该怎么做呢？这里要提到5个问话步骤，并用这5个步骤在案例中进行问答。

访（来访者）：“我总是感觉自己好胖，但又瘦不下去。经常觉得自己不受异性喜欢，因为太胖了没有人会喜欢我的。”（来访者的非理性想法是：胖是不值得被爱的）

咨（咨询师）：支持你这个想法的证据是什么？反对这个想法的证据是什么？（步骤1）

访：支持——没人愿意多看胖子一眼。

反对——胖的人也能找到爱自己的另一半。

咨：有没有别的解释或观点？（步骤2）

访：个人魅力更能吸引他人的喜欢，而不是仅靠外在形象。

咨：最坏会发生什么？如果发生了，我能如何应对？最好的结果是什么？最现实的结果是什么？（步骤3）

访：最坏——会很胖很丑没人喜欢；会更想逃离人群。

最好——也会遇到一个爱我的伴侣；没人在意我胖不胖，他人更多在意人品性格怎样。

咨：我相信自动思维有什么影响？我改变我的想法有什么影响？（步骤4）

访：相信——会很自卑，不敢表现。

改变——会更自信，增加个人魅力。

咨：如果是我的朋友或者家人处于相同的情境，我会对他说什么？我怎么做对自己会更好？（步骤5）

访：放轻松，爱你的人不会在意胖瘦，只希望你健康开心。多提升自己，减少自己的身材焦虑。

上述案例表明可以从多个角度更客观、理性地看待这个想法的可信度，从而有机会摆脱过去顽固的思维惯性，拥有更多具有适应性的想法，最终在情绪和行为上都产生相应的改善。

美国心理学家贝克（J. S. Beck）认为，面对来访者我们不应该去挑战或争论自动思维，而是应该使用苏格拉底式问话这样一种温和的方式，用这种几乎对话式的询问方式，使来访者感到被尊重、有帮助，并配合参与认知重组。

思考·探究

1. 在心理咨询实践中，如何根据既定的咨询目标综合运用心理咨询技术？
2. 如何评价心理咨询技术的使用效果？
3. 如何提高心理咨询师的技术水平？

第七章　心理咨询的常用疗法

心理咨询是授人以渔，主要有三个目的，分别是预防、干预和矫治，其最终目标在于促进来访者的心理健康发展，即通过心理咨询帮助来访者摆脱当下的心理困扰或心理问题，缓解负性情绪，增强社会适应能力，充分开发潜能，提高心理发展水平。而心理治疗是授人以鱼，侧重于干预与矫治，其最终目标在于纠正来访者的异常心理，即通过心理治疗消除或缓解心理异常症状，恢复正常生活。

心理咨询与心理治疗采用的都是心理学的理论知识，也就是说两者所遵循的指导理论和采用的方法技术都是同源的，因此，尽管卫生法规定从事心理咨询的工作人员不可以进行心理治疗，但心理咨询师仍然必须学习和了解各种心理疗法的理论基础和工作机制，对来访者解决自己的心理问题实施有效的帮助。

本章将从广义心理咨询概念的视角出发，融合经典的、现代的和后现代的心理治疗理论，介绍几种常见的心理疗法。

第一节　精神分析疗法

人的一切行为、情感和思维，包括心理障碍的症状，都是由一个人从小形成的人格和习惯决定的，都是由一个人的童年经历和成长环境决定的。并且，这种决定性的“塑型影响”和人格一旦形成和固定，就会自动地、本能地、悄悄地、不知不觉地、潜意识地、不由自主地、不受控制地、恒定地发挥作用。这就是精神分析疗法建立的理论基础。

精神分析取向心理治疗，或称精神动力取向心理治疗，指的是建立在精神分析理论上的心理治疗方法。人类个体常常由无法意识到的因素决定或者影响着他的情感和行为。这些无意识因素可能是造成他痛苦与不幸的来源，这些痛苦可能表现为可以看到的症状，也可以表现为困扰自己的人格特点，或者表现为工作、人际、亲密关系上的困难，情绪的不稳定以及自尊的受损。由于这些因素都是无意识的，家人朋友的忠告、阅读自助心理书籍甚至依靠再坚强的意志力也无法缓解这些痛苦。精神分析疗法，聚焦于对来访者的无意识心理过程进行分析，探讨这些无意识因素是如何影响来访者目前的关系、行为模式和心理状态的。通过对来访者生活历史的探索，探讨来访者是如何经历既往的人生而发展变化，帮助来访者更好地应对当下的成人生活。

由于精神分析理论认为心理障碍患者的异常行为表现以及他所意识到的内心体验，来源于其早年生活的心灵创伤以及由此遗留下来的被压入潜意识的矛盾冲突，因此精神分析的工作，就是要把压抑在潜意识中的那些童年创伤和痛苦体验挖掘出来，成为意识的东西。咨询师要启发来访者重新认识这些经验并加以分析、解释，使来访者获得一种情感体验的领悟。而来访者一旦洞悉自己问题的根源，对自己的心理动态与病情有所领悟、有所了解，特别是明了潜抑的欲望、隐藏的动机，或不能解除的情结等，就有可能去正视冲突与焦虑，摆脱情感的羁绊，理智地对待它们，症状也就会随机消失。

一、精神分析取向心理治疗的概述

1．理论基础

当代动力学取向的精神分析至少包含了四种广泛的精神分析理论框架。

（1）由弗洛伊德创立的古典精神分析理论及其衍生出的自我心理学。包括精神层次理论、本能理论、人格结构理论和发展理论、焦虑与心理防御机制理论、神经症的心理病理说。

（2）从奥地利精神分析学家克莱因（M. Klein）与其他“英国学派”成员——包括费尔贝恩（W. R. D. Fairbairn）、温尼科特（D. W. Winnicott）及巴林特（M. Balint）的著作所形成的客体关系理论。

（3）源于美国心理学家科胡特（H. Kohut）及其后许多贡献者的自体心理学。

（4）依恋理论。

以上这些理论指导着精神分析取向咨询师的治疗工作。精神分析理论的共同点在于，它们都强调以下几点。

（1）人格中的遗传因素、个体的早期经历（往往指婴幼儿及童年经历）决定着人格的发展形成。

（2）人类行为、经验以及认知受到内在驱力的影响，这些驱力的大部分都是无意识的。

（3）咨询师试图将来访者的驱力带入意识中的努力会遭遇阻抗，这些阻抗会以防御机制的方式出现。

（4）意识和无意识之间的冲突导致了心理问题，包括神经症、焦虑、抑郁等。

（5）无意识材料的影响随着被带入意识层面，其影响力则消失。

弗洛伊德在晚期于1923年出版了《自我与本我》一书，提出人格结构理论，将人格结构概括为本我、自我和超我三部分（图7–1）。本我包含有无意识的驱力，特别是性驱力与攻击性驱力；自我是从本我中分化出来的，一部分是无意识的，一部分是意识的，而其主要为意识的，它合乎逻辑，受现实原则支配；超我是从自我发展起来的一部分，是道德化了的自我。弗洛伊德认为本我、自我、超我之间不是静止的，而是不断交互作用着。自我在超我的监督下，按现实可能的情况，只允许来自本我冲动中的有限内容表现出来。在一个健康的人格之中，这三种结构的作用必然是均衡、协调的。自我同时服侍着三个严厉的主人，即外部世界、超我和本我，而且要使它们的要求和需要相互协调，“它感到自己在三个方面被包围了，受到三种危险的恐吓。如果它难以忍受其压力，它就会产生焦虑作为反应”。焦虑的产生，促使自我发展出一种机能，用一定的方式调解冲突，缓和三种危险对自身的威胁，使现实能够允许、超我可以接受、本我又能有满足感。这种机能就是心理防御机制。

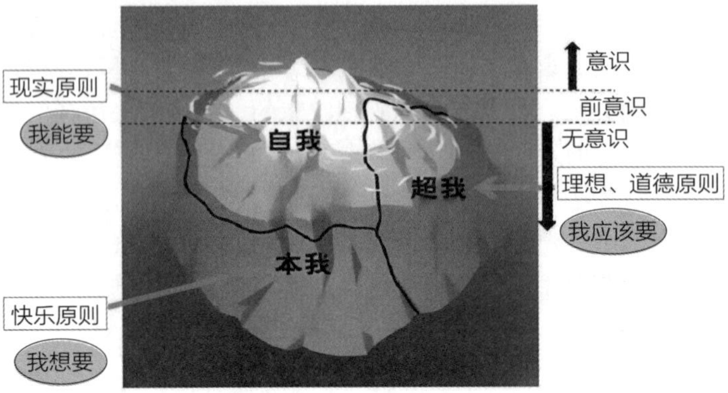

图7–1 弗洛伊德的冰山理论

2. 防御机制

精神分析理论认为，在心理治疗中来访者常见的防御机制如下。

（1）压抑。一些为社会伦理道德所不容的冲动、欲望，在不知不觉中被抑制到无意识之中，使人自己不能意识到其存在。

（2）投射。把自己的愿望与动机归因于他人，断言他人有此动机、愿望，这些动机和愿望往往都是超我所不能容忍或自我所难以控制的。

（3）否认。有意识或无意识地拒绝承认那些使人感到焦虑、痛苦的事件，似乎其从未发生过。

（4）退行。当遇到挫折和应激时，心理活动退回到较早年龄阶段的水平，以原始、幼稚的方法应付当前情景。

（5）固着。心理未完全成熟，停滞在过去的某一心理发展水平。

（6）升华。把为社会、超我所不能接受、不能容许的冲动的能量转化为建设性的活动能量。

（7）置换。因某事物而起的强烈情绪和冲动不能直接发泄到这个对象上去，就转移到另一对象上去了。

（8）抵消。以从事某种象征性的活动来抵消、抵制一个人的真实感情。

（9）反向形成。把无意识之中不能被接受的欲望和冲动转化为意识之中的相反的行为。

后期的自我心理学家哈特曼（H. Hartmann）强调自我的重要性不只限于防御，认为自我存在一个自主、无冲突的领域。如果提供一个一般可预期的环境，那么出生时就出现的自主性自我功能就能够成长而不被冲突阻碍。这种自我的功能包括思考、学习、知觉、动作控制与语言等。

客体关系理论则认为驱力是在关系中涌现，驱力主要是朝向客体的追寻。简单而言，外在的人际关系转化为内在的关系表征。而冲突是内化的客体关系在相互对立时的碰撞。

依恋理论则认为小孩和照料者之间存在生物性基础的连带关系，被设计用来确保孩子的安全和生存，对安全的追寻也是一种基本的驱动因素。小孩的目标不是追寻客体，而是借由亲近照料者或客体达成一种安全状态，继而转化为心理性的目标，获得与照料者更亲密的感觉。安全的依恋被存储为心理模式，强烈地影响以后的人际关系。

3. 治疗目标

从历史的角度来说，获得洞察力与自我的了解被视为精神分析理论及精神分析取向治疗的终极目标。具体而言，治疗的目标是改进来访者对于现实的心理适应方式，缓解症状，达到表层目标，并促进来访者自身人格的成熟与完善，实现最终目标。

自20世纪50年代起，精神分析取向咨询师普遍认为建立治疗关系本身也是治疗的重要目标，并认为来访者改变来自建立可为其所用的治疗关系。

不同的理论，治疗目标的侧重点也有所不同：古典精神分析理论注重用诠释来消除冲突，客体关系理论注重改变来访者的内在客体关系，自体心理学取向的治疗目标则在于增强自体的整合。

二、精神分析取向心理治疗的具体操作

1. 治疗设置

精神分析取向心理治疗往往强调稳定的治疗设置，包括治疗频率（古典精神分析频率较高，3～6次/周；目前的精神分析频率多为1～2次/周）、固定的治疗时长（50分钟左右）、尽可能稳定的会面时间。

2. 主要内容

精神分析取向心理治疗的主要内容包括以下几个方面。

（1）共情。对于所有心理治疗方法而言，共情是建立良好治疗关系的基础，来访者感到被咨询师理解往往是他们留在治疗室的最基本诉求。

（2）自由联想。自由联想法是弗洛伊德1895年创造的。他让来访者很舒适地躺着或坐好，把自己想到的（进入头脑中的）一切都讲出来。在弗洛伊德看来，浮现在脑海中的任何事物都不是无缘无故的，都是有一定因果关系的，借此可发掘出无意识之中的症结所在。自由联想是来访者和咨询师沟通的主要模式。自由联想需要来访者放松自己对思考流程习惯性的控制，说出脑中的想法。自由联想的前提是相对成熟的自我，足以维持观察性自我和体验性自我之间的分裂状态。对于有自我缺陷，有精神病性症状的来访者，自由联想可能反而更加导致退行。

（3）诠释。简单而言，诠释就是让先前在无意识里面的事物浮现在意识层面。诠释是一种解释性的说明，将来访者的感受、想法和行为，与它的无意识意义或者根源连接起来。诠释的重点往往是来访者的移情、来访者的过往以及当下的处境，或者是来访者的阻抗及幻想。一般而言，只有在无意识事物将浮现在意识层面，且因此得以被来访者觉察时，咨询师才会给予诠释。

（4）面质。咨询师说出来访者不愿接受的事，或者点明来访者一味逃避或者避重就轻的表现。

（5）移情与反移情。严格来说，移情与反移情并非某种治疗技术，而是精神分析治疗中的一种现象，而对这种现象的处理构成了精神分析取向治疗中重要的组成部分。移情是来访者把对自己重要的人物，如父母、亲人等的感情转移到咨询师身上，即把早期对别人的感情转移到了咨询师身上。咨询师通过移情可以了解到来访者对其父母或亲人的情绪反应，通过揭示移情的意义，使移情成为治疗的推动力。反移情则是咨询师将对自己重要的人物的感情转移到来访者身上，觉察反移情往往也是咨询师理解治疗关系互动特点的重要途径，而建立在安全治疗关系前提下，咨询师对自己情感的适度自我暴露也可能成为建立与来访者良好关系的重要手段。

（6）释梦。弗洛伊德于1900年出版了《梦的解析》一书。他在给神经症病人治疗时发现梦的内容与被压抑的无意识幻想有着某种联系。他认为睡眠时自我的控制减弱，无意识中的欲望乘机向外表现。但因精神仍处于一定的自我防御状态，所以这些欲望必须通过伪装变形才可进入意识成为梦象。因此，梦是有意义的心理现象，梦是人愿望的迂回的满足。梦的工作通过凝缩、置换、视象化和再修饰才把原本杂乱无章的东西加工整合为梦境，这就是做梦者能回忆起来的显梦。显梦的背后是隐梦，隐梦的思想，做梦者是不知道的，要经过精神分析学家的分析和解释才能了解。对梦的解释和分析就是要把显梦的重重伪装层层揭开，由显相寻求其隐义。为了得到梦的潜隐内容，咨询师仍需采用自由联想技术，要求来访者对其梦中内容进行自由联想。通过联想，咨询师就可获得梦的真实意义。在分析过程中，由于阻抗的作用，来访者可能会歪曲梦的内容。因此，咨询师还需突破来访者清醒时的防御，才能达到理解梦的象征性的目的。释梦被认为是了解来访者无意识的重要途径。来访者通过对于所梦内容的联想，了解梦的外显内容之下的内隐内容。对梦的内容的象征进行诠释，有助于来访者进一步了解自己的无意识内容。

（7）修通。诠释往往被阻抗所干扰，需要咨询师不断重复诠释，这种反复诠释移情及阻抗最后使得来访者洞见深植于来访者意识层面的自我知觉过程，称为修通。梅宁格（K. Menninger）提出，在治疗中，来访者在咨询师反复的诠释下，将自己的外在关系的模式和移情模式以及与家人的关系联系起来，使得无意识中发生的连接浮现到意识层面，洞察这种关系，继而能够掌控它，而不为它所困。从客体关系理论角度出发，则是来访者“自体—客体—情感”三者的结合体，不断浮现在移情、移情外的人际关系以及过去关系的记忆中。治疗的良好疗效，是来访者通过移情来重新体验这些核心的关系模式，并在当下的治疗关系中获得新的关系体验。

3．适宜对象

具有以下特点的来访者，可能更适合于精神分析取向心理治疗。

（1）具有强烈的求助动机。

（2）主观上有强烈的痛苦感，有动力承受治疗的严苛挑战。

（3）对治疗中的退行具有一定的自控和反省能力。

（4）具有洞察力，及心理学头脑，或心理悟性。

（5）具有相对完整的现实感。

（6）具有持久的客体关系。

（7）具有一定的冲动控制能力。

（8）能够保持一定的工作能力。

（9）可以应用类推和隐喻来思考。

（10）能够反思试探性诠释。

精神分析治疗主要应用于癔症、心理创伤、性心理障碍、人际关系障碍、焦虑症、抑郁性神经症、强迫症、恐怖症、抑郁症、适应障碍等的缓解期。

4．治疗步骤

精神分析取向心理治疗的步骤如下。

（1）心理活动探讨：听取个人史；探讨深层情感、矛盾；探讨来访者的防御机制。在这个阶段咨询师应该持一种非批评态度和具有同情特质，帮助来访者倾诉、发泄，主要的技术是释梦、自由联想等。

（2）综合了解心理：从过去来了解现在；连接有意识与无意识。

（3）指点解释：对峙、澄清、指点说明；处理阻抗达到情感转移。

（4）修通：运用以解释为主的各种技术，结合自由联想的材料和移情，向来访者揭示他的无意识欲望和无意识冲突，使来访者了解症状的真意。最后，由于来访者的领悟而导致他的行为、态度和结构的改变，使得某一情结得到了解决。

5．注意事项

精神分析取向心理治疗应注意以下几个方面。

（1）精神分析取向心理治疗对来访者的心理领悟能力要求较高，对于较为严重的来访者首先需要进行药物治疗或住院治疗，稳定来访者情绪，提高来访者的认知功能，才能更好地解决来访者的心理疾病。

（2）精神分析取向心理治疗通常针对来访者个人，而来访者的心理疾病不仅仅是来访者单一的个人因素所致，其问题的根源往往与原生家庭有关，必要时还需结合家庭治疗来调整来访者的外部环境，争取家人的支持与理解。

（3）精神分析取向心理治疗属于长程治疗，由于其针对人格结构和深层心理问题做工作，力求达到对人格结构的修补和完善，因此耗费的时间和精力要比其他理论取向的治疗更长、更多，而其治疗效果则相对更加稳固。该疗法适合具有稳定的经济实力和家庭支持的来访者。

（4）对于无法坚持长程精神分析治疗的来访者，可以考虑采用短程精神分析治疗，设定短期的治疗目标，而不是一味地追求获得洞察力与自我的了解，把时间留给治疗后的自我反思和调整上。

三、认识领悟疗法

钟友彬先生首创了中国式的精神分析技术——认识领悟疗法。认知领悟疗法就是要找出一个人不现实的、不合理的或非理性的、不合逻辑的思维特点，并帮助他建立较为现实的认知问题的思维方法，来消除他的各种不良的心理障碍。

认识领悟疗法是通过解释使来访者改变认识、得到领悟而使症状得以减轻或消失，从而达到治病目的的一种心理治疗方法，是钟友彬先生结合多年临床实践，依据心理动力学疗法的原理与我国国情及人们的生活习惯相结合而设计的。该疗法适用于对患有神经症、情感性精神障碍、心因性精神障碍、心身疾病、露阴癖、恋物癖、挨擦癖、窥淫癖、性变态、强迫症和对人恐怖症等来访者的心理治疗。认识领悟疗法的治疗原理是把无意识的心理活动变成有意识的，使来访者真正认识到症状的意义，以得到领悟，症状即可消失。

钟友彬先生提出了认知领悟疗法的心理病理学说，认为："'病症的根源'在于儿童时代受过的精神创伤，这些创伤引起的恐惧在脑内留下的痕迹，在成年期遇到挫折后就会再现出来影响人的心理，以致必须用儿童的态度，去对待本来不值得恐惧的事物。"由于症状都是幼年期经历的恐惧在成人身上的再现，因此症状的表现必然带有幼稚性，具有不成熟的儿童式的心理表现。

1. 认知领悟疗法的本质

认知领悟疗法可以看作是在咨询师的指导下进行的来访者自我教育，是对幼稚心理的改造。来访者在接受治疗前，对他病态行为的幼稚性和儿童式的行为模式概不自知，通过咨询师的解释、分析、互相讨论，并联系自己深入思考后，才真正认识到病态行为的幼稚性，领悟到它是幼年时期留下的痕迹，是成人不应再保持的幼年心理行为模式。最后随情感和行为的改变，症状也就自然消失。

钟友彬先生认为，治疗的目的是要消除来访者的症状，而症状的消除就需要来访者对咨询师解释的领悟。来访者的领悟是在咨询师引导下达到的，因此疗效的取得不在于揭示了幼年的创伤，而在于来访者对咨询师解释的信任，这就是领悟的本质。

领悟的内容是咨询师灌输给来访者的，当来访者自己感觉到以前的想法及行为可笑时，自己也就抛弃了原有的态度、行为，使症状得以消除。因此，认识领悟疗法治疗的过程不仅是一个咨询师与来访者交互作用的过程，也是极需来访者主观努力的过程。

2. 认知领悟疗法的治疗方式

认知领悟疗法采取直接全面的交谈方式。每次时间为60～90分钟，疗程由双方商定，可相隔几天、一周或更长时间。会谈最好单独进行，每次会谈后，要求来访者写出对咨询师解释的意见，并结合自己对病情的体会提出问题。还有一种家庭作业是要求来访者暗中调查一下其他成人对自己恐惧的事物、认为有意义事物的看法，以消除他某些不正确的观念。

初次会谈时，让来访者或家属，叙述症状产生和发展的历史及其症状的具体内容，尽可能在1小时内叙述完。同时进行躯体和精神检查以确定诊断。如果是认知领悟疗法的适应证，即可对来访者进行初次解释，说明他的病是可以治好的。如果初次会谈时间许可，可直接告诉来访者，他的病态情绪和行为的根源是在幼年时期形成的。病态情绪和行为实际上是用幼年的方式排除成人的心理困难或满足成人的性欲望，是幼年时期恐怖情绪的再现等。解释的内容因诊断不同而略有出入。

在以后的会谈中，可以询问来访者的生活史，以及容易忆起的相关经历，但不要求"刨根问底"。对于来访者的梦，也可偶尔谈到，一般不进行过多的分析，用较多的时间引导来访者并和他一起讨论分析症状的性质，让来访者充分领悟症状大多是幼稚的、不符合成人思维逻辑规律的感情或冲动，其症状表现是以幼年的方式来解决成人的问题。在这一过程中，具体的解释要结合来访者的实际情况。

当来访者对上述解释和分析有了初步认识和体会之后，再向来访者进一步解释病的根源在过去，甚至在5岁以前。

第二节 行为疗法

行为疗法是在行为主义心理学的理论基础上发展起来的一个心理治疗派别，是当代心理疗法中影响较大的派别之一。行为疗法又称行为治疗，是基于现代行为科学，根据学习心理学的理论和心理学实验方法确立的原则，对个体反复训练，以减轻或改善来访者的症状或不良行为为目标的一类心理治疗技术的总称。与精神分析等其他的疗法不同，它不是由某位研究者有系统地创立的一个体系，而是由许多人依据一种共同的心理学理论分别开发出的若干种治疗方法集合而成的。行为疗法的发展已有上百年的历史，具有针对性强、易操作、疗程短、见效快等特点。由于学派理论甚多，它的种类名称也呈现百家争鸣的局面。

一、行为疗法的基本理论

行为疗法根据学习理论、再教育理论或条件反射理论、技术等，来矫正和消除来访者建立的异常的条件反射行为，或通过对来访者个体进行反复的训练，建立新的条件反射行为，以改变、矫正来访者的不良行为。

行为疗法是行为主义在心理治疗领域的具体体现。行为主义理论认为“没有来访者，只有症状”，治疗的目标就是改变来访者的行为，即消灭不良行为，塑造良好的、健康的行为。同时认为不良行为是学习得来的，是习得的不良习惯，通过学习也能把它们消灭掉。

1. 经典条件反射的相关理论

巴甫洛夫（I. P. Pavlov）经典条件反射学说有关实验性神经症模型的理论，强调了条件化刺激和反应的联系及其后继反应规律，解释了行为的建立、改变和消退。该理论认为兴奋和抑制是高级神经活动的基本过程，但如果兴奋和抑制不能协调，就会造成大脑机能的混乱，从而产生行为的混乱，形成实验性神经症。

研究证实，导致实验性神经症的三种情境为：一是刺激非常强烈，引起兴奋过程过度紧张；二是刺激过分复杂，要求细胞做出精细分化，以做出相应反应，造成抑制过程过度紧张；三是兴奋与抑制过程急剧变化，或已形成的动力定型急剧改变，引起灵活性过度紧张。

心理学以经典条件反射理论为基础推导出了多种心理治疗理论，包括厌恶疗法、系统脱敏疗法、泛滥疗法、爆炸疗法。其中泛滥疗法和爆炸疗法被用来使个体对事物产生焦虑，并因为潜在的危险而受到道德争议。

2. 操作条件反射的相关理论

斯金纳（B. F. Skinner）的操作条件反射学说，阐明“奖励性”或“惩罚性”操作条件对行为塑造的正面与负面影响。操作条件反射是一种由刺激引起的行为改变。操作条件反射与经典条件反射不同，操作条件反射与自愿行为有关，而经典条件反射与非自愿行为有关。

3. 社会学习理论

班杜拉（A. Bandura）及华生（J. B. Watson）的学习理论，前者强调社会性学习对行为的影响，后者认为任何行为都是可以习得或弃掉的。

班杜拉的社会学习理论着眼于观察学习和自我调节在引发人的行为中的作用，重视人的行为和环境的相互作用，强调个人的认知、行为与环境因素三者及其交互作用对人类行为的影响，并提出了自己的交互决定论。

班杜拉的社会学习理论认为个体的学习行为有三种机制，即联结、强化和观察学习。这三种机制为人们正确理解社会行为提供了独特的视角和方法。

（1）联结。社会学习理论中的联结概念，源于巴甫洛夫的经典条件反射学说。根据该学说提出的联结理论认为，学习就是刺激–反应联结的形成。这一理论强调各种联结的作用：情境与行为的联结，一些行为与另一些行为的联结，一些知觉的联结，甚至一些情绪也是由联结而形成的。在社会心理学中，人们经常用联结的观点来解释社会态度、人际吸引、社会规范等现象。

（2）强化。强化理论认为，人们学习表现某个行为是因为随后会有一个令人愉快的，或者可以满足某种需要的事物出现，这是一种正强化；而人们避免表现出某种行为是因为随后会有一个不愉快的结果出现，这是一种负强化。强化可以分为直接强化、替代强化与自我强化三种。直接强化就是人们受到自己行为的直接后果的影响；替代强化就是人们还会观察他人做出某种行为后得到了什么后果，这种后果也会影响人们是否以及怎么样做出相同的行为；自我强化就是人们在做出某种行为之后，对自己的认知与评价会影响自己进一步的行为表现。在行为强化过程中，强化物、强化频率、强化时间等都会对人们的行为产生影响。

（3）观察学习。观察理论认为，人们仅通过观察他人或模仿榜样，就可以学习某种社会态度和行为。在观察学习中，环境中的他人是一个重要的信息来源。观察学习可以在没有任何其他外在强化的情况下出现。

4．再教育理论

再教育论认为病态行为可通过教育改变和改造。

二、行为疗法的特点与适应证

行为疗法把治疗的着眼点放在可观察的外在行为或可以具体描述的心理状态上。

1．行为疗法的基本特点

（1）行为疗法的对象是个体的非适应性行为。

（2）行为疗法强调环境事件的重要性。行为治疗理论认为，人类行为是由其所处环境中的各种事件所控制的，行为治疗的目的就是识别这些事件，对与非适应性行为有关联的环境事件进行评估，改变非适应性行为和环境中的控制变量之间的相互关系，从而对非适应性行为加以矫正。

（3）行为疗法不对行为的潜在动因进行假设。有些心理治疗方法，如精神分析疗法，着眼于假设行为的潜在动因（如俄狄浦斯情结），但行为疗法拒绝这种假设，认为这种解释及其与之试图解释的行为之间的相互关系缺乏科学性、可操作性，其真伪永远也无法证实。

（4）行为疗法是一种系统的、可操作性很强的方法。行为疗法强调对治疗的程序和方法进行精确的描述，这样可便于咨询师正确实施这些程序和方法。除此之外，行为疗法还重视在进行治疗干预的前后对目标行为（靶行为）的评价，从而可以及时把握治疗干预的效果。

2．行为疗法的具体特点

（1）注重形成靶行为的现实原因、而不是它的历史原因，治疗只能针对当前来访者有关的问题而进行。

（2）以可观察的行为作为评价治疗效果的标准，治疗以特殊的行为为目标，这种行为可以是外显的，也可以是内隐的。

（3）依据实验研究，引申出假设和治疗技术，治疗的技术通常都是以实验为基础的。

（4）用客观的、操作的术语描述治疗程序，以便使治疗过程能够被重复。

（5）精心发现靶行为，并认真选择测量行为改变的方法。

（6）对于每个来访者，咨询师根据其问题和本人的有关情况，采用适当的经典条件作用、操作条件作用、模仿学习或其他行为治疗技术。

3. 行为疗法的适应证

（1）恐怖症、强迫症和焦虑症等神经症。

（2）抽动、肌痉挛、口吃、咬指甲和遗尿等习得性的不良习惯。

（3）贪食、厌食、烟酒和药物成瘾等自控不良行为。

（4）阳痿、早泄、阴道痉挛、性感或性乐缺乏等性功能障碍。

（5）恋物癖、异性服装癖、露阴癖等性变态。

（6）慢性精神分裂症和精神发育迟缓的某些不良行为。

（7）轻性抑郁状态及持久的情绪反应等。

三、行为疗法的基本假设与基本过程

1. 行为疗法的基本假设

（1）人的行为，不管是适应性或非适应性的，都是经过学习而获得的，并由于强化而得以巩固。一般来说，当某一行为的结果不再具有社会适应性时，该行为就会减弱、消退。而某些行为则不同，它们在丧失了适应性后仍不消退，这就需要借助咨询师的帮助来加以改变。

（2）通过奖赏或惩罚的强化方式，可以控制行为增减或改变的方向。也就是说，个体可以通过学习消除那些习得的非适应性行为，也可通过学习获得所缺少的适应性行为。概括地说，行为疗法就是以行为学习理论为指导，按照一定的治疗程序，来消除人们的非适应性行为的一种心理治疗方法。

2. 行为疗法的基本过程

（1）了解来访者非适应性行为（或疾病）产生的原因。来访者的非适应性行为往往不是由单一因素引起的，而是多种因素（生物、心理、社会因素）综合作用的结果。只有比较准确地把握了这些影响因素，才能奠定有效治疗的基础。

（2）确定需要矫治的靶行为。来访者的非适应性行为往往十分复杂，其中有主要的，也有次要的；有“原发性的”，也有“继发性”的。因此，需要把来访者非适应性行为的主要表现确定下来，即把需要矫正的靶行为确定下来，作为治疗的目标。然后通过观察、检查，记录下来访者非适应性行为的严重程度与出现的频率，并列出治疗前症状表现的基线，作为治疗时的对照指标。

（3）向来访者说明行为治疗的目的、意义和方法。行为治疗的实施方案和程序虽然是由咨询师制定的，但实施过程必须取得来访者的主动配合才能成功。行为治疗从表面上看，咨询师是主动的，来访者是被动的，但实际上，双方必须密切配合，特别是来访者的主动配合行动是行为治疗能否取得理想疗效的关键。因此，在治疗开始之前咨询师要向来访者说明行为治疗的目的、意义和方法，使其消除由于无知而产生的不必要的疑虑和心理阻抗，从而主动配合治疗。

（4）采用专门的行为治疗技术或配合必要的药物或治疗器具进行治疗。行为治疗技术种类繁多，但每种技术都有其一定的适应范围。在开始进行行为治疗时必须根据靶行为的临床特点、治疗的目的，选用一种或两种最为恰当、最可能取得可靠疗效的行为治疗技术。有时，为了提高疗效，还需配合一定的药物或治疗器械，作为综合性的治疗措施。

（5）根据行为治疗技术的性质及来访者行为的改变情况给予正、负强化。治疗过程中，咨询师根据选用的治疗技术本身特点和靶行为的性质、特点、形成原因以及治疗目的（例如，是对靶行为进行消退、改造，还是进行重塑，或是形成新的行为以取代旧有的行为），给予相应的正强化或负强化，并且在整个治疗的过程中针对来访者行为改变的具体情况而变换方式，以达到最佳疗效。

（6）根据治疗的转变情况，调整治疗方法。由于来访者的非适应性行为大多数是经过相当长的时间逐渐形成的，而且形成的原因也很复杂，所以不经过一定的疗程难以治愈。因此，在治疗开始以后就需要根据治疗情况的变化，对治疗方法与措施做适当的调整。

（7）将治疗效果迁移到非治疗情境中。行为治疗一般都是在专门的治疗情境中（如治疗室）进行，来访者有可能在特殊的治疗情境中是有效的，如何将疗效迁移到日常生活情境中，这是行为治疗经常碰到的一个难题。可能的解决方法之一，是根据归因理论，特别是“归因—维持模型”，通过改变归因，强化来访者的行为自由感和“自我引导感”，训练他的抗干扰能力。

3．治疗步骤

行为治疗虽名目繁多，但在治疗时一般包括几个阶段。

（1）靶行为发生的情境及其功能分析。了解来访者非适应性行为产生的原因，确定治疗的目标。

（2）靶行为的量化与标定。

（3）矫正目标的制定。

（4）向来访者说明行为治疗的目的、方法和意义，帮助来访者树立治愈的信心从而使其主动地配合治疗。

（5）制定并实施增加积极行为、减少消极行为的干预计划、监测干预计划并根据情况进行调整。

（6）采取专门的治疗技术，并辅之药物或器械治疗。

（7）根据来访者行为改变的情况，分别给予正强化和负强化。

（8）结束以及复发的处理。根据病情的转变情况，调整治疗方法，巩固疗效。

四、行为治疗的常用方法

（一）强化法

强化法又称操作条件疗法，它是指系统应用强化手段去增进某些适应性行为，以减弱或消除某些不适应行为的心理治疗方法。强化法是根据斯金纳的操作条件反射理论设计出来的，目的在于通过强化而造成某种期望出现的良好行为的一种行为治疗技术。一般采用逐步晋级的作业，并在完成作业时按情况给予强化，以促使增加出现期望获得的良好行为的次数。

1．强化的分类

（1）根据强化的目的，可以将强化分为正强化、负强化、正惩罚、负惩罚和消退。它们的区别表现为：①正强化是给予一个好刺激。为了能建立一个适应性行为模式，采用奖励的办法，使这种行为模式反复出现。②负强化是去掉一个坏刺激。运用批评或指责的方式去对待不希望出现的行为，引发所希望的行为出现。③正惩罚是施加一个坏刺激。这是当不适当的行为出现时给予处罚的一种方法，往往是给对方一种使之感到不快的刺激。在实行这种惩罚方式时必须注意，意义要明确，时间要适当。④负惩罚是去掉一个好刺激。这种惩罚比正惩罚更为常用。当不适当的行为出现时，不再给予原有的奖励。⑤消退是指某种不良行为出现时，不予理睬，让这种行为自行消退。一般来说，由正强化建立起来的不良行为较容易消退，由负强化建立的行为消退较难，应和其他方法结合使用。

（2）根据行为之后的结果是由外界（或者他人）还是自身提供，可以将强化分为外界提供的强化和自动化强化。

在很多情况下，行为的结果是由他人或者外界提供的，但是有些行为本身就会带来强化，这种强化不需要外界刺激物作为中介。例如，当手被蚊子咬了之后，人们会用手去抓、挠，抓、挠被蚊子咬过的皮肤可以减轻这种令人难受的痒的感觉，因此下一次被咬的时候还会去抓、挠。这种强化就是一种自动化强化。

自动化强化的行为就是那些不需要其他人呈现某种结果就具有强化作用的行为。这种强化通常与其他人提供的社会性刺激物没有关系，其强化主要来自身体内部的感觉刺激。在我们所使用的语言中，有一些词汇常常被用来描述这种感觉刺激的结果，比如“感觉不错”“很舒服”“看起来很好”等。有一些个体如孤独症儿童常常会持续出现某种毫无目的、刻板的自我刺激式的行为，如不断转圈、抓头发、咬手、用脚尖走路、左右摇摆等，这些动作通常都会给个体带来一些感觉刺激，从而产生自动化强化。对于这类不良行为，由于强化来自行为自身，因此会持续出现，而且很难矫正。

综上所述，使用强化法，可起到三个作用，即增加适应性行为、提高期望行为发生的可能性和降低过剩行为。

2．正强化的方式

正强化的方式包括连续强化和间歇强化。

（1）连续强化：当个体需要的靶行为一旦出现，就予以强化。连续强化是组织行为学中强化程序的一种，指每一次靶行为出现时，都给予强化，可以快速学习新行为，但习得行为也会快速消失，如表扬和恭维。

（2）间歇强化：间歇强化是一种偶然的，并不是在每次靶行为出现都给予的强化。对靶行为进行间歇强化可以直接地或者间接地围绕靶行为的比例以及时距进行，尤其是靶行为的比例。比例的强化要求强化之前个体的靶行为必须发生一定的次数，而时距的强化则要求靶行为在获得强化之前需要经过一段时间。另外，还可以根据个体靶行为要求的次数或者时距是不变的还是可变的，将强化程序划分为固定强化和可变强化。由此，可将间歇强化分为四种，分别是固定比例强化、可变比例强化、固定时距强化和可变时距强化。

（3）连续强化和间歇强化的区别：一是间歇强化更容易操作。连续强化要求干预者在个体每次出现靶行为之后都进行强化，但在实际生活中，要做到这一点非常困难。要对每次发生的靶行为都进行强化，必然意味着每次靶行为发生之后都能被其他人注意到，这在实际生活中是很难做到的，人们不可能随时随地都去关注其他人的行为，也就不可能每次都能对其他人所出现的靶行为进行强化。从这一点来说，间歇强化比连续强化更容易操作。二是间歇强化更经济。对于尚未形成的行为，连续强化的方式可以帮助个体更快地形成该行为，但是对于已经形成的行为，没有必要在每次行为发生时都进行强化，连续强化不是一种经济的做法。三是间歇强化更能克服强化物的饱厌现象。在连续强化中，靶行为发生之后每次都给予强化物，很容易导致个体出现强化物的饱厌现象，虽然这种饱厌现象可以通过一些方式来延迟出现，比如每次给予少量强化物、强化物品种多样化等。但是多次连续给予强化物，特别是如果给予的强化物是可吃的消费性强化物，那么饱厌现象仍旧很容易出现。但在间歇强化中，由于强化物的给予不是每次都发生的，相同数量的靶行为只能获得比连续强化更少的强化物，因此，个体对强化物的兴趣下降得较慢，能够一直维持在一个较高的水平，不太容易出现对强化物的饱厌现象。四是间歇强化所维持的靶行为保持得更具有持久性。如果个体的靶行为每次发生之后都能获得强化物，那么如果不再给予强化物，靶行为就容易出现消退。但是如果个体靶行为在持续一段时间或者在发生了一定次数之后才能获得一定数量的强化物，这种强化方式所维持的靶行为更具有持久性。当个体面对没有强化物的结果时，他们通常更容易相信，下一次自己能够获得强化或者再坚持一段时间自己能够获得强化物，比如沉迷赌博的人在每次输了的时候都会相信自己下一次会赢。行为的这一强化特征也能够有利于个体将外部的强化转化为内部的动机，让个体从由外部强化的人发展为自我强化的人。五是间歇强化对于靶行为的维持具有重要的作用。在实际工作中，不管干预者最初采用的是何种行为改变的技术，在干预计划结束之后，都需要考虑一个问题，那就是如何让靶行为维持下去。

此时往往需要考虑采用间歇强化的方式，让个体已经形成的良好行为继续保持下去，继而使之成为个体的一种行为习惯。

（4）连续强化和间歇强化的联系：它们同属于强化中正强化的内容，连续强化和间歇强化的效用，从行为的消退角度来看不尽相同。斯金纳的实验表明，间歇强化停止后产生的反应消退，远远低于数量相同的连续强化停止后产生的反应消退。例如，如果只是偶然对儿童的良好行为给予强化，在停止强化后，这种良好行为保持的时间，要比每一次良好行为都给予强化保持的时间长得多。斯金纳认为，当强化物很有限时，这一差别具有实际意义。研究表明，一种行为偶尔得到正面的回应会比每次都得到正面回应更能激发个体的兴趣。

3．强化物的种类

强化物可划分为一级强化物和二级强化物两类。一级强化物满足人和动物的基本生理需要，如食物、水、安全、温暖、性等；二级强化物是指任何一个中性刺激如果与一级强化反复联合，它就能获得自身的强化性质，包括社会强化（社会接纳、微笑等）、信物（钱、级别、奖品等）和活动（自由地玩、听音乐、旅游等）。比如金钱，对婴儿来说它不是强化物，但当小孩知道钱能换糖时，它就能对小孩的行为产生效果；再如分数，也是在受到教师的注意后才具有强化性质的。

4．建立新行为的常用技术

（1）行为塑造技术。行为塑造技术是通过强化手段塑造人的行为，使之逐步接近某种适应性行为模式的强化治疗技术。在行为塑造过程中，多采用正强化的手段，即一旦所需的行为出现，就立即给予强化。这是行为疗法中最常用的技术之一。行为塑造技术可用于许多行为领域，如学生学习社交行为和运动行为，尤其用于单一行为方式的建立时则更有效。

（2）正强化技术。正强化技术又称阳性强化法，是一种采用奖励的办法训练和建立某种良好行为的治疗技术。具有奖赏效用的强化物称之为正强化物。在进行心理治疗时，正强化技术常常被用于矫正来访者的不良行为（如神经性厌食）以及矫正儿童不良行为和治疗性变态。

（3）代币强化技术。代币强化技术又称代币管制法，是正强化技术的另一种形式。它是一种适用于病房环境中，利用代币作强化刺激，以矫正不良行为习惯、建立良好反应的行为治疗技术。代币指的是可以在某一范围内兑换成物品的证券，如小红花、小红旗、购物券等。代币强化技术通常用来奖励人们所希望的行为，这种行为得到不断强化逐渐巩固，从而帮助来访者形成良好的行为习惯。代币强化技术的主要目的是培养动机，以鼓励来访者产生适应性行为。

（4）行为渐隐技术。行为渐隐技术先利用明显刺激（线索），帮助来访者形成正确的反应，改变非适应性行为，然后再逐渐消退这些线索，使他达到与自然环境相同的水平，再让来访者利用这些自然线索，做出正确的反应，建立新的适应性行为。行为渐隐技术是心理咨询中行为矫正的常用方法。

5．强化法的实施步骤

（1）治疗前，首先了解来访者的病史，再确认靶行为，划出基准线。被选出的靶行为应该是能被客观地控制，可观察与评价其程度，而且能够反复进行强化。

（2）选择有效强化物。如消费性强化物、活动性强化物、操作性强化物、拥有性强化物、社会性强化物等。选择有效强化物，以期达到确实有效的强化与矫正目的。

（3）拟订矫正方案或塑造新行为方案，以期取得来访者的积极配合。矫正方案不但确认被矫正或塑造的行为，还应包括采用何种治疗形式和方法、确定应用何种强化物等。根据情况变化，矫正方案还可随时调整。

（4）治疗过程中，每当靶行为出现，应立即给予强化物，不能延长时间，并向来访者讲清楚被强化的具体行为，使他明确今后该怎么做。

（5）一旦靶行为多次按期望的频率发生时，应当逐渐消除可见的强化物，而以社会性强化物及间歇强化的方法，继续维持该行为，以防止出现强化物的饱厌情况。

（6）治疗程序结束之后，周期性地对该行为做出评价。

6. 强化法的注意事项

（1）应以正强化方式为主。对完成个人目标的来访者，给予及时的物质和精神奖励（强化物），以求充分发挥强化作用。

（2）采用负强化（尤其是惩罚）手段要慎重。负强化应用得当会促进新行为的形成，应用不当则会带来一些消极影响，可能使来访者由于不愉快的感受而出现悲观、恐惧等心理反应，甚至发生对抗性消极行为。

（3）注意强化的时效性。采用强化的时间对于强化的效果有较大的影响。一般来说，强化应及时，及时强化可提高新行为的强化反应程度，但须注意及时强化并不意味着随时都要进行强化。不定期的非预料的间歇强化，往往可取得更好的效果。

（4）因人制宜，采用不同的强化方式。由于来访者的个性特征及其需要层次不尽相同，不同的强化机制和强化物所产生的效应会因人而异。因此，在运用强化手段时，应采用有效的强化方式，并随对象和环境的变化而相应调整。

（5）利用信息反馈增强强化的效果。信息反馈是强化来访者的行为的一种重要手段，尤其是在对靶行为进行强化时，定期反馈有利于及时发现问题，分析原因，修正操作。

（二）放松训练

放松训练是指使机体从紧张状态松弛下来的一种练习过程。放松有两层意思，一是指肌肉松弛，二是指消除紧张。放松训练的直接目的是使肌肉放松，最终目的是使整个机体活动水平降低，达到心理上的松弛，从而使机体保持内环境平衡与稳定。放松训练是以一定的暗示语集中注意，调节呼吸，使肌肉得到充分放松，从而调节中枢神经系统抑制或兴奋性的方法包括肌肉放松法、想象放松法和呼吸放松法。

1. 肌肉放松法

人在肌肉紧张的时候，心理也会紧张，如果能让肌肉放松，那心理上也可以放松下来。放松主要是消除肌肉的紧张，在所有生理系统中，只有肌肉系统是人可以直接控制的。当压力事件出现时，紧张不断积累，压力体验逐渐增强。此刻，持续几分钟的完全放松比一小时睡眠效果更好。

肌肉放松法通过让人有意识地去感觉主要肌肉群的紧张和放松，从而达到放松的目的。肌肉放松法对于应付紧张、焦虑、不安、气愤的情绪与情境非常有用，可以帮助人们振作精神，恢复体力，消除疲劳，稳定情绪。训练方法如下：

（1）准备工作。咨询师要帮助来访者先学会这一方法，进而自行练习。首先，找到一个舒服的姿势，这个姿势使来访者感觉轻松而毫无紧张感，可以靠在沙发上或躺在床上；其次，要在安静的环境中进行练习，光线不要太亮，尽量减少无关的刺激，以保证放松练习的顺利进行。

（2）放松的顺序。按手臂部→头部→躯干部→腿部的顺序进行。这一顺序不是绝对不能打乱的。也可对此顺序进行新的编组排列，咨询师可根据情况下达放松指令。咨询师教来访者放松时可自己示范做两遍，第一遍咨询师边示范边带来访者做；第二遍由咨询师发指令，来访者先以舒服的姿势闭眼躺好或坐好，跟随咨询师的指令进行练习。

（3）放松的方法。国外有研究者把每一部分肌肉放松的训练过程总结为以下5个步骤：集中注意—肌肉紧张—保持紧张—解除紧张—肌肉松弛。

（4）放松的注意事项。咨询师在给出放松的指令时，特别要注意利用自己的声调语气来创造出一个有利于来访者放松的气氛。从开始到最后，语速是逐渐变慢的，但也不能太慢，注意发出的指令要与来访者的呼吸协调一致。每部分肌肉由紧张到放松的过程都要有一定的时间间隔，为来访者更好地体验紧张和放松留有适当的余地。

2. 想象放松法

选一个安静的房间，平躺在床上或坐在沙发上。闭上双眼，想象放松每部分紧张的肌肉。想象一个你熟悉的、令人高兴的、具有快乐联想的景致，或是校园或是公园。仔细看着它，寻找细致之处。如果是花园，找到花坛、树林的位置，看着它们的颜色和形状，尽量准确地观察它。此时，张开想象的翅膀，幻想你来到一个海滩，你躺在海边，周围风平浪静，波光熠熠，一望无际，使你心旷神怡，内心充满宁静、祥和。随着景象越来越清晰，幻想自己越来越轻柔，飘飘悠悠离开躺着的地方，融进环境之中。阳光、微风轻拂着你。你已成为景象的一部分，没有事要做，没有压力，只有宁静和轻松。在这种状态下停留一会儿，然后想象自己慢慢地又躺回海边，景象渐渐离你而去。再躺一会儿，周围是蓝天白云，碧涛沙滩。然后做好准备，睁开眼睛，回到现实。此时，头脑平静，全身轻松，非常舒服。

3. 呼吸放松法

呼吸放松法是指一种通过呼吸调节来缓解紧张情绪的方法，是一种简单、易行的自我放松调节法，在任意时间、地点都可以进行。为了达到理想的放松效果，需要掌握运用以下三个要点：一是要调身，调节身体的姿势。一定要选一个坐着或者躺着很舒适的姿势，让自己感到舒服。通常情况下，练习者选择坐着的姿势，要让自己的屁股坐在椅子的前1/3部分，尽量后背要挺直，不要靠着椅背，双手放在自己的膝盖上，最好能闭上眼睛，这是呼吸放松法的第一要点，要把姿势摆好。二是要调息，调整呼吸。呼吸最重要的是要深吸气、深呼气，不是每个人都能掌握好，要练习之后才能达到这个状态。深吸气时，一定要缓慢匀速地吸满胸腔，让自己的胸腔胀满为止，要屏住3～5秒钟，然后再缓慢匀速地把胸腔内的气体呼出去。所谓呼气，就是腹部收缩，排气，把胸腔里面的气体挤压出去。深呼吸时要用口腔吸气，要用鼻腔呼气。吸气和呼气时，最好能够配合着数数。比如说从1默数到7，这样才会把握好节奏，吸气时要吸满，呼气时要排净。三是要调心，集中注意力。在深呼吸练习全过程中，练习者一定要集中注意力，把大脑整个意识都放在深呼吸这件事上。深呼吸时，练习者能够感受到吸气时，空气的凉爽，感受到气体进入喉咙，进入胸腔，甚至会挤压腹腔，最后再通过收缩慢慢排气，呼出气体的温暖感，练习者应该能够有这种感觉。一般来说，吸气呼气算一次，连续做10～15次，练习者就会有一种非常放松、非常松弛的感觉，这就是呼吸放松法。

（三）自体发生训练

自体发生训练简称自生训练，是一种有效地降低慢性焦虑、使人迅速恢复心理平衡的系统训练方法。自生意味着来自自己的一些东西。自体发生训练是19世纪末柏林研究所的脑生理专家伏格塔（O. Vogt）从催眠疗法的研究中衍生出来的。伏格塔让被试处于恍惚状态，这种状态对降低疲劳、紧张和头痛症状有了效果。柏林精神病医师舒尔茨（Shultz）将伏格塔的自我暗示方法与瑜伽的技术结合起来，1932年，在他的《自体发生训练》一书中介绍了这一种新的方法。

自体发生训练认为，一个人如果没有及时从情绪和身体的应激状态恢复过来，那么他体内的化学物质就会失去平衡，产生情绪失调。在极端情况下，会引起高血压、动脉血管硬化、消化道溃疡、偏头痛、风湿性关节炎等疾病。而焦虑和压抑情绪常常与这些疾病相伴，在一般情况下这种情绪还会引起肌肉紧张、颈背痛、消化不良、手脚冰冷等症状。自体发生训练的目的，就是使人的生理、心理和情绪过程正常化，恢复机体的平衡。

这种自体发生训练方法不仅有传统催眠的效果，而且不需要依赖咨询师。来访者依照舒尔茨所编的口诀练习，就能引起温暖和沉重感。他的口诀分为三类：第一类是着重于身体的标准练习；第二类是集中于心理的静默练习；第三类是特殊命题练习，用于对付特殊病症。

1. 标准练习

标准练习的目的，是逆转身体或情绪有压力时的应激状态。第一种标准练习使来访者产生沉重感，促进随意肌的松弛。第二种标准练习使外周血管放松，即当你默诵“我的右手温暖”时，控制右手血管的平滑肌放松，大量的热血流进右手。这样可使躯体和头部的血得以疏散。第三种标准练习是使心血管活动正常化，应用的口诀如“我的心跳平静”。第四种标准练习用于调整呼吸系统，口诀如“我的呼吸缓慢而深沉”。第五种标准练习是松弛和温暖腹部，如说“我的太阳穴处温暖”。第六种标准练习用于减少头部血流，口诀如“我的额部感到凉”。

2. 静默练习

静默练习要训练的是心理调节功能，而不是机体的功能，主要是强化标准练习的效果。凡具有半年至1年标准练习经验、能使身体放松状态延续40分钟又无严重副作用者，可以进行静默练习。静默练习能激发创造性思维、发挥身体和心理的潜能、增进自我意识、促进情绪和身体的健康。这个练习的第一阶段，每天需练习2次，每次20分钟。以后每次可延长至1小时。沉思的对象，由简单几何图形的颜色、运动，到各种物体、抽象的概念，幻景和现实的颜色与运动的静默练习需要1周，其他练习共需2～6周。

3. 特殊命题练习

特殊命题练习是发生特殊问题时自我矫正的方法，口诀是舒尔茨所编造的“器官特殊陈述句”，将意念集中于与问题无关的身体部位。训练末期，当人达到完全松弛状态时最易接受暗示。这时可用舒尔茨所谓的“意愿口诀”来对付疑难的症状和难以矫正的习惯。特殊命题口诀可以插入标准练习的口诀之间，也可以在标准练习结束后使用。

自体发生训练的适应证，主要有呼吸道疾病、消化道疾病、循环系统疾病、内分泌系统疾病以及广泛性焦虑和睡眠障碍等。5岁以下儿童、缺乏动机或具有严重心理问题的来访者不能进行自体发生训练。严重糖尿病、高血压、低血压、低血糖或心脏病来访者应在医生监护下进行自体发生训练。

自体发生训练主要靠自身的“意念”使体内产生生理变化。自体发生训练和我国气功中的“以意领气”的功法颇为相似。所谓以意领气，是指利用练功者的意念使机体向所希望的方向发生变化，如使身体的某一部位发热。

（四）冥想

冥想是用某个注意对象来净化心灵的一种从精神到肌肉的放松技术。冥想的目的是实现对自己注意力的控制，以使自己能选择注意的对象，而不是受制于不可预测的外界环境变化。

冥想来源于东方文化，却在西方文化中得到普及。在冥想被传到西方世界的过程中，有一位比较重要的人物——优济（M. M. Yogi）。他出生于1918年，1942年在印度的阿拉哈巴德大学获得了物理学学位。经过13年的研究之后，优济找到了一种人人皆可轻松学习的简单冥想形式。超觉冥想就是他在喜马拉雅山上的一个山洞里与世隔绝两年之后所创造出来的，后来经大众传播、广告的宣传等，使得这种冥想形式得到了广泛传播。

由于冥想十分流行且学习起来快捷简单，因此它成为研究者关注最多的放松技术之一。许多研究发现了冥想的生理和心理作用。

1. 冥想的生理作用

早期对印度瑜伽修行者和禅宗大师的研究就已经发现了冥想的生理作用。1946年，有一个研究发现印度瑜伽修行者可以控制自己的心率。后来，另一个研究也发现这些修行者可以放慢呼吸，每分钟呼吸4～5次，降低了70%的导电能力，大量释放α脑电波，还可以把心率降到比正常心率少24次。其他对瑜伽和禅宗冥想者的研究也发现了类似的结论。

近年来，研究者证实了瑜伽修行者的非凡能力，即能将他们的身体调整到一种代谢减退的状态。其他研究者也证实，瑜伽修行大师们没有痛觉。他们用核磁共振成像技术和脑磁图描记术（检测大脑功能）发现，瑜伽修行者改变了大脑负责痛觉的脑岛和扣带回皮质。

一些研究者还发现，肌肉紧张度的下降也与冥想有关。冥想者和非冥想者的皮肤电反应（皮肤导电的能力）也有差异。导电性越弱，压力感也就越轻。根据皮肤电反应研究结论，研究者总结出：冥想者能更好地处理紧张，也有更稳定的自主神经系统。

冥想对大脑有深远的影响。通过使用脑电图来测量大脑功能，研究者发现，冥想者有能力“切断不相关的大脑网络，以维持内存注意和抑制不恰当信息”。脑电图也证实了，冥想者能改变他们释放的脑电波，从而降低他们的心率。

冥想对血压有积极的影响，能预防高血压，降低基础皮质醇，甚至影响衰老过程。通过减少认知压力和压力唤起因素，以及增加积极的意识状态和促进端粒修复的激素，冥想对端粒长度有积极的影响。

以上所讨论的研究工作，很多都受到了华莱士（R. K. Wallace）的启发。华莱士是最早用科学方法研究冥想的现代研究者之一。他早期的研究以及后来与本森（H. Benson）的合作研究都证明了冥想可减少耗氧量，降低心率和降低 α 脑电波的释放量。同时，冥想也可增强皮肤抵抗力，减少血乳酸（与减少焦虑有关）含量和二氧化碳的产生，以及增加外周血液的流量。

因此，有足够的证据证明，冥想可引起特定的生理变化，这些变化不同于其他放松方式（如阅读、看电视、睡觉）引起的变化，而且有益于身体健康。人们把这些变化称为“放松反应”或“向营养性反应”。

2. 冥想的心理效果

冥想的生理作用也会有心理意义。大量的研究已经发现，冥想者的心理比非冥想者更健康。例如，有研究发现冥想者的焦虑更少，在经过18周的冥想训练之后，学生们减轻了对考试的焦虑。还有研究表明，冥想能降低人们的特质焦虑和状态焦虑水平。甚至那些经历过考试焦虑的学生也发现，冥想能让他们更放松。

除了能减轻焦虑，研究者还发现，冥想与内部控制点、更好的自我实现、更积极的感受（遭遇压力源后）、睡眠的改善、吸烟的减少、头痛的减轻以及积极的心理健康状况有关。冥想甚至对饮食障碍也有积极的作用。

（五）生物反馈

生物反馈又称生物回授。它在不同的场合下具有不同的含义，既可以指机体内发生的一种过程，又可以表示一种方法，还可以表示一种特殊的治疗手段。

生物反馈是借助精密的专门工具，去探查和放大人体固有的生理变化过程所产生的各种信息，通过显示系统，将此种信息转变为易于为来访者理解的信号或读数，在医务人员的指导下进行训练，使来访者学会利用发自自身经过处理的信号，有意识地控制体内各种生理、病理过程，促进机能恢复，从而达到治疗疾病的目的。生物反馈涉及检测个体的数量化的指标，如血压、心跳、皮肤温度、汗腺活性指数、肌肉紧张度等，实时地把信息传递给来访者，提高来访者对于自身非自主生理活动的意识和自控能力。

1. 生物反馈治疗机理

生物反馈治疗是通过中枢神经系统、内分泌系统、免疫系统的调节，在有意识的主导下，通过运用心理过程来影响生理过程。在放松的基础上训练控制自身生理活动，调整纠正各种自律性功能紊乱，促使失去平衡状态的身体恢复到平衡状态的水平。

生物反馈信号本身能十分有效地教来访者学会怎样指挥体内的机能活动。当生物反馈信号把来访者体内正在发生的信息传送到大脑时，此种无意识的心理过程就会起作用，以改变体内的此种机能活动。在此过程中，来访者的大脑将会对生物反馈信息进行区分和及时做出新的认知评价，然后使信号沿着神经传送以改变肌肉的紧张水平。一般情况下，皮肤表面电位是与等张肌紧张电位呈平衡关系的，肌肉紧张程度与情绪焦虑程度呈正相关。而前额部的骨骼肌最有代表性，用于放松训练，它可以代表全身肌肉的紧张程度并可很好地监视来访者的情绪波动情况，有效地帮助来访者放松缓解焦虑，达到治疗的目的。

2. 生物反馈治疗中自信心的建立

自信心的建立是提高治愈率的基础。治疗过程中，咨询师要帮助来访者充分认识生物反馈治疗的目的，肯定治疗效果，一次成功，尝到甜头并得以证实，就会促使下次再用，产生良性循环，使来访者以良好的心态去接受和配合治疗。在来访者接受治疗时，咨询师要根据病情有目的地暗示来访者将意念集中，方能得到良好的效果。例如，一个意念集中的来访者去学习控制自己的肌肉紧张水平时，其头脑就从生物反馈信号获得关于本来感觉不出的肌肉紧张状态的信息，并利用这些来解除肌肉紧张。此外，注视或倾听这种生物反馈信号，还能把一个人的注意力从其发生烦恼的问题上引导开去，从而能减轻这种肌肉紧张状态和经常的警觉状态，减轻心理压力，获得轻松感。可见治疗前首先让来访者建立自信心是取得较好疗效的前提。

（六）自我肯定行为训练

自我肯定行为训练，又称自我决断训练，也称自信训练、果敢训练，目的是促进个人在人际关系中公开表达自己的真实情感和观点，维护自己的权益也尊重别人的权益，发展人的自我肯定行为。

自我肯定行为包括四种反应内涵：一是说“不”的能力，不会因为对人说“不”而产生罪恶感，拒绝他人无理要求而又不伤害对方；二是请求的能力，请求他人为自己做某事，以满足自己合理的需要；三是表达正向和负向情感的能力，真实地表达自己的意见和情感；四是不会事先担心进行谈话、维持交谈和终止谈话的能力。

自我肯定行为训练通过角色扮演等方式，增强来访者的自信心，再将学得的应对方式应用到实际生活情境中。

自我肯定行为训练是一种认知行为疗法，适用于自信心不足、有自卑感、情绪压抑和人际沟通困难的人。自信心不足的人常有三种错误的信念：一是不相信自己有权利坚持自己的主见，在父母、老师、长辈、上司和优越者面前尤其如此；二是对坚持自己的主见感到高度的焦虑和恐惧，如害怕别人会讽刺挖苦自己、担心自己出“洋相”等；三是认为自己缺乏有效地表达与沟通的技能，如认为自己口笨、眼睛或表情不自然等。

1. 自我肯定行为训练的步骤

（1）设置训练情境。

（2）以角色扮演方式逐一进行训练。

（3）决定其他变通的方式。

（4）在现实生活中运用学到的交往方式。

（5）评价训练的效果。

2. 自我肯定行为训练的要点

自我肯定行为训练的要点包括以下几个方面。

（1）用“我”的描述而非“你”的描述，如“我很生气”而非“你让我很生气”或“你很糟糕呀”。

（2）直接表达而非间接表达。

（3）要求需针对特定的、具体的而非笼统普遍的事件，如“请你帮我写这一页，好吗?”而非“你帮我好吗?”。

（4）履行必要的社会义务，包括解释原因、表达对他人的体谅或理解、表达对他人的赞美、寻求双方都能接受的解决办法。

（七）自我管理技术

自我管理技术是一种通过学习和实践掌握自我控制能力，以改变自己的行为模式，从而达到自我发展和提高个人生活质量的方法。自我管理技术是一种行为主义疗法的方法，因其强调效果可验证、可观测和可控制，得到广泛的应用。

1. 自我管理技术的原理

自我管理技术的原理基于行为主义的核心原则。行为主义将行为看作是一种对刺激的反应，行为可以通过学习和实践来改变。在行为主义疗法中，自我管理技术的原理是通过对来访者行为的分析和评估，找出行为中的问题，并通过学习和实践来建立新的行为模式。

自我管理技术的原理还包括自我监测和自我强化。自我监测指的是来访者要求自己对自己的行为进行持续的监视和评估，以便及时发现和纠正可能存在的行为问题。自我强化是指通过奖励和惩罚机制来增强或弱化一种行为，从而建立合适的行为模式。自我强化可以通过奖励自己早期的行为和遏制不良的行为来建立新的行为模式，同时也会减少不适当的行为。

2. 自我管理技术的组成

自我管理技术包括自我监测技术、自我强化技术和自我指导技术。

（1）自我监测技术。自我监测技术是通过行为记录和数据分析，让来访者了解自己的行为模式和行为变化。自我监测技术的步骤包括：设立目标、记录行为、评估数据、自我反馈。来访者根据数据分析结果，对自己行为的优劣做出评价，为以后的行为控制做出调整。

（2）自我强化技术。自我强化技术包括正强化和负强化。正强化是通过提供积极的奖励或激励，来鼓励和增强积极的行为，而负强化是通过消除不愉快的刺激或可避免的问题，来增加积极行为的频率和持续性。

（3）自我指导技术。自我指导技术通过培养内部对话、自我问答和自我建议等自我相似思维技术，提高自我感知，增加自我影响。例如，在遇到困境时、缓解情绪时，向自己发问“需要怎么样?”“我需要做些什么?”或者“这个问题有没有什么缓解的措施?”。

3. 自我管理技术的应用

自我管理技术主要用于帮助来访者改变负面的行为模式，以达到身心健康的目的。在临床实践中，自我管理技术可以应用于以下几个方面。

（1）管理焦虑和抑郁症状。自我管理技术有助于减轻焦虑和抑郁症状，因为它可以帮助来访者掌握应对负性情绪的技巧。自我监测可以帮助来访者了解自己的焦虑和抑郁行为模式，自我强化可以通过激励自己来建立积极的行为模式，自我指导可以帮助来访者调整不良行为后果。

（2）管理身体疾病。自我管理技术还可以用于管理不良的身体疾病行为，如过度饮食等。自我监测可以帮助来访者发现自己的身体问题，自我强化可以通过激励自己来养成更健康的生活方式，自我指导可以帮助来访者应对身体不适和疼痛。

（3）管理时间和工作安排。自我管理技术可帮助来访者增强时间管理技巧和控制力。自我监测可以帮助来访者评估日常工作和时间安排，自我强化可以通过激励自己来养成更加高效率的习惯，自我指导可以帮助来访者调整不适宜行为方式和调整工作安排。

4. 自我管理技术的实际应用

自我管理技术是一种行为主义疗法的方法，通过学习和实践来帮助来访者掌握自我控制能力、改变不良行为模式，从而达到身心健康的目的。来访者可以通过自我监测、自我强化和自我指导来培养自我感知、保持积极的行为、调整不良行为以及管理时间和工作安排。未来，自我管理技术可以为促进心理健康和身体健康做出更大的贡献。

自我管理技术可以应用于多个领域，如工作、学习、娱乐、健康、家庭生活等。下面通过几个具体的应用场景来说明自我管理技术的实际运用。

（1）工作场景。在工作场景中，自我管理技术可以帮助来访者规划时间、提高工作效率、减轻工作压力。在完成一个任务之前，先设定任务目标，然后自我监测任务进度，对于进度过慢的部分进行自我调整。工作中运用自我管理技术能让来访者避免触发自己的负性情绪，以更愉悦的心态完成任务。

（2）学习场景。在学习场景中，自我管理技术可以帮助来访者掌握知识技能、提高学习习惯、减轻学习焦虑。在学习一门新课程之前，进行学习策略的规划，并且设定学习目标。然后，记录每天的学习进度并根据不同的学习策略进行调整。在学习过程中，及时处理发生的问题，并且及时向老师或者同学询问解决方法。学习中运用自我管理技术能够帮助来访者养成良好的学习习惯，掌握自己的知识技能，增强学习动力和自信心。

（3）娱乐场景。在娱乐场景中，自我管理技术可以帮助来访者平衡休息和娱乐的时间，提升生活质量。在使用社交网络时，制定时间限制来防止不良行为和个人信息过度分享。在慢性疲劳和压力过大的状态下，可以通过运动降压，活跃身体。娱乐场景中运用自我管理技术可以帮助来访者发现自己的特长之处，提供更多的乐趣和成就感，帮助来访者在休息娱乐的同时保持身心健康。

（4）家庭生活场景。在家庭生活场景中，自我管理技术可以帮助来访者改善家庭关系、平衡亲子关系、增加家庭和睦。在处理家庭问题之前，设立自我监测机制以更好的跟进问题。在家庭成员之间建立良好的沟通机制，以更好地处理家庭问题。家庭生活中运用自我管理技术有助于提高来访者的情绪稳定性和情绪表达能力，增强家庭成员之间的信任和理解。

（八）系统脱敏法

系统脱敏法又称交互抑制法，是由美国行为治疗心理学家沃尔普（J. Wolpe）创立和发展的。这种方法主要是诱导来访者缓慢地暴露出导致神经症焦虑、恐惧的情境，并通过心理的放松状态来对抗这种焦虑或恐惧情绪，从而达到消除焦虑或恐惧的目的。

当来访者面前出现焦虑和恐惧刺激的同时，咨询师施加与焦虑和恐惧相对立的刺激，从而使来访者逐渐消除焦虑与恐惧，不再对有害的刺激敏感而产生病理性反应。该方法可以用来治疗恐怖症，除此之外，也适用于其他的以焦虑为主导的行为障碍，如口吃、性功能障碍和强迫症等。

1．基本原理

系统脱敏法主要是建立在经典条件反射和操作条件反射理论的基础上，它的治疗原理是对抗条件反射。

系统脱敏法的基本原则是交互抑制，常常是用来治疗恐怖症和其他焦虑症状的有效疗法。它采用层级放松的方式，鼓励来访者逐渐接近所害怕的事物，直到消除对该刺激的焦虑或恐惧，即在引发焦虑或恐惧的刺激物出现的同时让来访者做出抑制焦虑或恐惧的反应，直至最终切断刺激物与焦虑或恐惧间的条件联系。

2．准备工作

使用系统脱敏法，要做两项准备工作。

（1）放松训练。一般需要6～10次练习，每次历时半小时，每天1～2次，反复训练，直至来访者达到能在实际生活中运用自如、随意放松的娴熟程度。

（2）建立焦虑或恐怖的等级层次。这一步包含两项内容：一是找出所有使来访者感到焦虑或恐惧的事件；二是将来访者报告出的焦虑或恐怖事件按等级程度由小到大的顺序排列。采用等级制和百分制来划分主观焦虑或恐惧程度，每一等级刺激因素所引起的焦虑或恐惧应小到足以被全身松弛所抵消的程度。

3．系统脱敏训练

系统脱敏训练包括以下三个阶段。

（1）进入放松状态。首先应选择一处安静适宜、光线柔和、气温适度的环境，然后让来访者坐在舒适的座椅上，让他随着音乐的起伏开始进行肌肉放松训练。训练从手臂、头、面部、颈部、肩部、背部、胸部、腹部直到下肢部依次进行，并要求来访者学会体验肌肉紧张与肌肉松弛的区别。来访者经过这样反复长期的训练，在日常生活中能够达到熟练使用、任意放松的程度。

（2）想象脱敏训练。首先应当让来访者想象着某一等级的刺激物或事件，若来访者能清晰地想象并感到紧张时停止想象并全身放松，之后，反复重复以上过程，直到来访者不再对想象感到焦虑或恐惧，那么该等级的脱敏就完成了。以此类推做下一个等级的脱敏训练。一次想象训练不超过4个等级，如果训练中某一等级来访者出现强烈的情绪反应，则应降级重新训练，直到可适应时再往高等级进行。当通过全部等级时，可从模拟情境向现实情境转换，并继续进行脱敏训练。

（3）现实脱敏训练。这是治疗最关键的阶段，仍然从最低级开始至最高级结束，逐级进行放松、脱敏训练，以不引起来访者强烈的情绪反应为止。咨询师应为来访者布置家庭作业，要求来访者可每周在治疗指导后对同级自行强化训练，每周2次，每次30分钟为宜。

4．系统脱敏法的变式

系统脱敏法具有以下四种变式。

（1）快速脱敏法。此法也称真实生活脱敏法。它的主要特点是用造成焦虑或恐惧反应的实际刺激物代替对它的想象；咨询师陪伴着来访者通过一系列令来访者感到焦虑或恐惧的情境，直到抵达原先最害怕的情境而不再紧张为止。这种方法比较适用于广场恐怖症和社交恐怖症。

（2）接触脱敏法。这种方法特别适用于特殊物体恐怖症，如对蛇和蜘蛛的恐怖症。接触脱敏法也采用按焦虑或恐惧的等级层次进行的真实生活暴露方法，与其他脱敏方法的不同之处是增加了两项技术，即示范和接触。让来访者首先观看咨询师或其他人处理引起来访者焦虑或恐惧的情境或事物，而后让来访者一步一步地照着做。如果来访者害怕的是一种事物，如蛇，那就让来访者观看过咨询师触摸、拿起和放下蛇的示范后，先从事一些与接近、触摸蛇有关的一些活动，而后逐渐接近蛇、触摸它，直到敢于拿起它而无紧张感为止。

（3）自动化脱敏法。根据同来访者的一系列会谈的结果，咨询师将所识别出的来访者的焦虑或恐惧情境（如喧闹嘈杂的声音、拥挤的人群或爬行中的蛇）录音、录像，而后利用这些素材制作新的录音、录像对来访者进行治疗。这种方法的突出优点是：①来访者可以在家里独立使用，而不必花费咨询师太多的时间；②来访者可以依据自己的情况自己决定脱敏的速度和进度，这有助于减少脱敏治疗中的一些不良反应；③录音和录像中可加入咨询师的指导和有关的治愈范例，从而起到指导与示范作用。

（4）情绪意向脱敏法。这种方法的特点是通过形象化的描述，诱发来访者的兴奋的欢快情绪，用这种积极情绪来对抗由恐怖或焦虑刺激物引起的焦虑反应。由兴奋情绪一步步抵制和驱散焦虑和恐惧心态。如因失去父母之爱而焦虑的儿童，因夫妻间缺少温存和关怀引起的焦虑症都可使用这个方法。

5．使用系统脱敏法的注意事项

在使用系统脱敏法进行治疗时，需要注意以下几个方面。

（1）咨询师应帮助来访者树立治疗的信心。

（2）咨询师应要求来访者积极配合、坚持治疗。

（3）在引起焦虑或恐惧的刺激出现或者存在时，咨询师应要求来访者不出现回避行为或意向，这一环节对治疗至关重要。

（4）每次治疗后，咨询师要与来访者进行讨论，要对来访者正确的行为加以赞扬，以强化来访者的适应性行为。

（九）暴露疗法

暴露疗法又称满灌疗法、爆破疗法、情绪充斥法，该疗法依据的是福阿（E. B. Foa）和科萨（M. J. Kozak）的情绪加工理论。与系统脱敏法正好相反，暴露疗法不需要给来访者进行任何放松训练，而是让来访者想象或直接进入最焦虑、恐惧的情境中，或是直接呈现大量的焦虑、恐怖刺激（满灌、泛滥），以迅速矫正来访者对焦虑、恐怖刺激的错误认识，并消除由这种刺激引发的习惯性焦虑、恐惧反应，故其也称冲击疗法或泛滥疗法。

暴露疗法具有两种方法。第一种是使用想象满灌疗法，就是以想象中的意象为刺激源。一般要鼓励来访者想象最使他焦虑或恐惧的场面，或者咨询师在旁边反复地甚至不厌其烦地讲述他最感到焦虑或恐惧的情境中的细节，或者用录像、幻灯片放映最使来访者焦虑或恐惧的情境，以加深来访者的焦虑或恐惧程度，同时不允许来访者采取堵耳朵、闭眼睛、哭喊等逃避措施。在反复的焦虑或恐惧刺激下，使来访者因焦虑或恐惧而出现心跳加剧、呼吸困难、面色发白、四肢发冷等自主神经系统的反应，来访者最担心的可怕灾难并没有发生，焦虑或恐惧反应也就相应的消退了。第二种是使用现实满灌疗法，就是以现实情境作为刺激源，直接把来访者带入他最焦虑或恐惧的情境，经过重新实际体验，觉得也没有什么了不起，慢慢地就不焦虑或恐惧了。

1. 基本原理

由于焦虑或恐惧是经过经典条件作用而学习得来的，因此，焦虑或恐惧是一种条件反应。某一事物或情境在一个人身上所引起的焦虑或恐惧体验，会激发他产生逃避行为，而不管此事物或情境是否真的构成了对他的威胁。这种逃避行为会影响焦虑或恐惧体验的强弱，从而起着负强化的作用。由此，专家们认为，与其逃避，不如让来访者面对。一旦来访者毅然正视焦虑或恐惧，焦虑或恐惧就会减轻。

同系统脱敏法类似，暴露疗法也是鼓励来访者去接触自己敏感的对象，在接触中实现脱敏；与系统脱敏法不同，暴露疗法是一开始就让来访者进入自己最焦虑或恐惧的情境之中，给他一个强烈的冲击，同时不允许其堵耳朵、闭眼睛、哭喊等逃避行为。其基本原理是消退性抑制，即通过快速、充分地向来访者呈现他焦虑或恐惧的刺激，经过实际体验，如感到这么焦虑或恐惧的事情并没有在此时真正出现，焦虑或恐惧就会慢慢消除。刺激的出现要坚持到来访者对此刺激习以为常为止。

2. 操作程序

暴露疗法的操作程序如下。

（1）咨询师突然用来访者感到最焦虑或恐惧的刺激或某种情境冲击式地刺激来访者。

（2）咨询师鼓励来访者在刺激面前不要退缩，并尽量坚持长一些时间，期间可以用放松训练、听音乐等手段使自己减轻焦虑或恐惧。

（3）第一次冲击和放松后，休息20分钟，咨询师视来访者的具体情况可再进行第二次或若干次冲击治疗。

（4）咨询师以每次冲击时焦虑或恐惧持续时间减少的多少来评估其治疗效果，或以来访者的主观焦虑评估为标准。

3. 使用暴露疗法的注意事项

使用暴露疗法应注意以下几个方面。

（1）要向来访者说明暴露疗法带来的焦虑或恐惧是无害的。只有来访者体验到严重紧张，面对害怕，并且忍耐1～2小时以上，焦虑或恐惧情绪才会逐渐消失。经过一系列先易后难的渐进的满灌暴露作业后，就会起到控制病情的作用。

（2）不允许来访者有逃避行为，否则会加重焦虑或恐惧反应，导致治疗失败。

（3）在具体运用时，还要考虑来访者的文化水平、需要暗示的程度、发病原因和身体状况等因素。对体质虚弱、有心脏病、高血压和承受力低的来访者，不能应用此法，以防发生意外。

4．适应证

暴露疗法常常被用来治疗焦虑症和恐怖症。

（十）厌恶疗法

厌恶疗法又称对抗性反射疗法，这是一种应用具有惩罚性质的厌恶刺激来矫正和消除某些适应不良行为的方法。厌恶疗法是采用条件反射的方法，把需要消除的靶行为与不愉快的或者惩罚性的刺激结合起来，通过厌恶性条件反射，以消退靶行为对来访者的吸引力，使症状消退。例如，要消除来访者酗酒的不良行为，可以在他个人生活习惯中最喜欢喝酒的时刻进行厌恶疗法，使用催吐吗啡或电击等惩罚性刺激，造成来访者对酒的厌恶反应，从而阻止并消除原来酗酒的不良行为。又如，要消除来访者吸烟的不良行为，“戒烟糖”“戒烟漱口水”等都可以直接或间接使来访者在吸烟时感觉到一种难受的气味，从而对吸烟产生厌恶感，最终使来访者放弃吸烟的不良行为。

1．原理

厌恶疗法与其他的行为疗法的理论基础相同，是巴甫洛夫的经典条件反射学说和斯金纳的操作性条件反射学说。

2．形式

厌恶疗法包括以下四种形式。

（1）电击厌恶疗法。将来访者习惯性的不良行为反应与电击连在一起，一旦这一行为反应在想象中出现就予以电击。电击一次后休息几分钟，然后进行第二次。每次治疗时间为20～30分钟，反复电击多次。治疗次数可从每日6次到每两个星期1次，电击强度的选择应征得来访者的同意。

（2）药物厌恶疗法。在来访者出现贪恋的刺激时，让其服用呕吐药，产生呕吐反应，从而使该行为反应逐渐消失。药物厌恶疗法多用于矫治与吃有关的行为障碍，如酗酒、饮食过度等，其缺点是耗时太长，且易弄脏环境。

（3）橡皮圈疗法。橡皮圈疗法是取代电击的一种方法，在日常生活中可用，也可由来访者自己掌握。具体做法是在腕部戴上橡皮圈，当出现不良行为时立即用橡皮圈弹击皮肤。

（4）想象厌恶疗法。将咨询师口头描述的某些厌恶情境与来访者想象中的刺激联系在一起从而产生厌恶反应，以达到治疗目的。此疗法操作简便，适应性广，对各种行为障碍疗效较好。

3．步骤和适应证

（1）厌恶疗法的操作步骤如下：

①确定靶症状。厌恶疗法具有极强的针对性，因而必须首先确定打算消除的是什么行为，即确定靶症状。来访者或许有不止一种不良行为或习惯，但是只能选择一个最主要的或是来访者迫切要求消除的不良行为作为靶症状。

②选用厌恶刺激。厌恶刺激必须是强烈的。因为不适行为常常可以给来访者带来某种满足感和快意。这些满足感和快意不断地强化着这些不良行为。厌恶刺激必须强烈到一定的程度，使来访者产生的不快要远远压倒原有的种种满足感和快意，才有可能取而代之，从而削弱和消除不良行为。常用的厌恶刺激有电刺激、药物刺激和想象刺激。总的来说，厌恶刺激是根据它对跟随其后的行为所引起的作用来界定的。

③把握时机进行治疗。要想尽快地形成条件反射，必须将厌恶体验与不良行为紧密联系起来。在实施不良行为或欲施不良行为冲动产生之前，即使来访者出现厌恶体验，肯定无益于两者建立联系。同样，在不良行为停止以后才出现厌恶体验，也达不到建立条件反射的目的，充其量只能算一个小小的惩罚。厌恶体验与不良行为应该是同步的。但不是每种厌恶刺激都能立即产生厌恶体验，时机要把握准确。

（2）厌恶疗法的适应证：厌恶疗法对戒酒瘾和治疗强迫症有一定的疗效，也可以适用于儿童的攻击行为、暴怒发作、遗尿和神经性呕吐。

4. 消极后果

需要注意的是，使用厌恶疗法可能会出现以下几种消极后果。

（1）厌恶疗法会给来访者带来非常不愉快的体验，咨询师在决定采用此法之前，务必向来访者解释清楚，在征得来访者的同意后，方可进行治疗。并且，咨询师一般应把厌恶疗法作为最后一种选择。

（2）疗效的预测性差。厌恶疗法往往只是短暂压抑而不是彻底消除不良的行为。

（3）厌恶的泛化。厌恶和惩罚治疗会造成来访者对咨询师和治疗场所的厌恶。

（4）厌恶疗法的伦理问题。厌恶疗法中呈现的厌恶刺激是非常强烈的，可能有悖于医疗和心理治疗的宗旨。

（十一）示范法

班杜拉于1967年创立的示范法也称模仿疗法。班杜拉认为，儿童的许多行为并非通过直接实践或受到强化形成的，而是通过观察、学习产生共鸣，从而增加良好行为的获得或减少、削弱不良行为。因此，模仿与强化一样，是学习的一种基本形式。示范法有许多优点，如成效快、适用情境广泛，还可与其他行为治疗方法结合使用，特别适合于集体心理治疗时应用。

示范法适用于儿童恐怖症、社会退缩、精神发育迟滞与孤独症病儿的行为问题等。

示范法包括现场示范法，参与模仿法，自我示范法，电影、电视或录像示范法以及想象模仿法等多种类型。

（1）现场示范法。例如，让患病儿童在现实环境中，观察其他儿童如何与狗玩耍、相处。据报道，该法有效率达50%～67%。

（2）参与模仿法。例如，让患病儿童观摩示范儿童如何与狗玩耍、相处，还让患病儿童在指导下逐步参与此种活动。该法有效率高达80%～92%。

（3）电影、电视或录像示范法。例如，让患病儿童观看示范儿童与狗玩耍、相处的有关电影、电视或录像，使患病儿童逐渐模仿示范儿童的行为举止，消除对狗的恐惧。该法有效率为20%～30%。

在运用示范法时，尤其应当根据患病儿童的能力来确定靶行为。示范过程中，患病儿童若能集中注意力，可以增加示范行为的呈现时间，让他有较多的时间观看示范行为。在模仿行为产生之后，立即记录其进步情况，确保强化效果。

第三节 认知疗法

认知心理学不是一个学派，所以无门派偏见，它最大的优点就是吸收了各种理论中的科学见解。认知是指一个人对某一事件或某对象的认识和看法，包括对过去事件的评价、对当前事件的解释，以及对未来发生事件的预期。它是人类心理活动的一个组成部分，是与情感、意志、动机和行为相联系的一种功能。认知作为理性的心理活动，对人的情绪、情感、动机和行为，有较强的调控作用。这一特征用在心理咨询与心理矫正方面，便产生了形形色色的与认知有关的疗法。由于所有认知阶段和各阶段的联系都与认知因素有关，所以，从理论上说，如果改善认知因素的结构、调整认知的逻辑、理顺各认知阶段的联系，就有可能矫正心理问题，从而达到心理咨询和矫治的目的。

一、认知疗法概述

认知疗法于20世纪60—70年代在美国产生，它的主要着眼点放在来访者非功能性的认知问题上，意图通过改变来访者自己对人或对事的看法与态度，来改变并改善来访者所呈现的心理问题。

认知疗法不同于传统的行为疗法。它更重视改变来访者的认知方式和“认知—情感—行为”三者的和谐。

认知疗法也不同于传统的认识领悟疗法或精神分析取向心理治疗。认识领悟疗法重视来访者的既往经历特别是来访者的童年经历对心理问题的影响，重视来访者的无意识而忽略意识中的事件；而认知疗法重视来访者的认知对其心身的影响，即重视来访者意识中的事件而不是无意识。认知疗法还可以被认为是针对精神分析取向心理治疗的缺陷而发展起来的。因为精神分析取向心理治疗着重于心理与行为的潜意识和情感症结，但这种潜意识的欲望或情感，往往只是咨询师的分析推测，不容易向来访者解释，也不容易被来访者接受，更不容易作为治疗的着眼点来操作；而认知疗法将着眼点放在了来访者的认知上，它不去分析研究看不到、也抓不到的潜意识，只要更正这些可用语言描述的观念、想法、信念，处理好非功能性的“认知”问题即可，这种操作既明显，又具体，易取得来访者的理解与协作。

认知疗法是以合理的认知方式和观念取代不合理的认知方式和观念的过程，这是个看似简单实则复杂的过程。首先，咨询师会帮助来访者反省目前生活中造成他情绪困扰的是哪些不合理认知，并帮助他辨别什么是合理认知，什么是不合理认知。然后，帮助来访者明确目前的情绪问题是由自己现在持有的不合理认知导致的，自己应对自己的情绪和行为负责。通过一些必要、合适的认知调节技术（如与不合理认知进行辩论等），咨询师会帮助来访者认清不合理认知的不合理性或荒谬性，进而使他逐步放弃这些认知。这是认知调节过程中最重要的一步。最后，咨询师帮助来访者学习合理认知方式和观念，并使之内化，以避免成为不合理认知的牺牲品。

（一）认知疗法的基本原理

认知疗法的基本原理是通过改变人们的思维方式和信念来改变他们的情绪和行为。认知疗法的核心理念是人们的情绪和行为是由人们的思维方式和信念所驱动的。因此，如果能够改变人们的思维方式和信念，就能够改变人们的情绪和行为。

认知疗法的基本原理包括认知三角、负面思维模式、认知重构和行为实验。

1. 认知三角

认知三角是认知疗法的核心概念之一。它指的是人们的思维方式、情绪和行为之间的相互作用关系。认知疗法认为，人们的情绪和行为是由他们的思维方式和信念所驱动的。因此，如果能够改变思维方式和信念，就能够改变他们的情绪和行为。

2. 负面思维模式

认知疗法认为，负面思维模式是导致许多心理问题的根源。负面思维模式包括过度一般化、过度简化、黑白思维、过度自我责备等。这些思维方式会导致人们对自己、对他人和对世界的看法变得消极和扭曲，从而导致情绪和行为问题。

3．认知重构

认知疗法的策略，在于重新构建来访者的认知结构，常常采用认知重建、心理应付、问题解决等技术进行心理辅导和治疗，其中认知重建最为关键。认知重构是认知疗法的核心技术之一。它指的是通过改变人们的思维方式和信念来改变他们的情绪和行为。认知重构的过程包括识别负面思维模式，挑战这些思维模式的合理性和准确性，寻找替代的、更积极的思维方式和信念，并将这些新的思维方式和信念应用到实际生活中。

4．行为实验

行为实验是认知疗法的另一个核心技术。它指的是通过实际行动来测试人们的思维方式和信念的准确性和合理性。行为实验可以帮助人们更好地理解自己的思维方式和信念，并找到更好的解决问题的方法。

虽然认知疗法也采用行为技术，但是认知疗法的目标是改变认知过程，而不是某些行为。认知疗法目前尚无令人满意的分类，主要包括艾利斯的理性情绪疗法、贝克认知疗法和梅肯鲍姆（D. Meichenbaum）的自我指导训练等。

（二）认知疗法的治疗过程

1．建立求助的动机

在认知疗法中，咨询师首先要求来访者尽可能充分地表达负性情绪和体验。这有助于来访者更好地识别不合理的思维方式和信念，认识自己的不合理思维方式和信念。

2．分析与证据核实

咨询师分析并检验来访者的不合理的思维方式和信念，通过提供证据证明这些思维方式和信念是不合理的或是不实际的。具体操作如下。

（1）提问。咨询师可以利用提问来促进来访者的思考和自我发掘。这些问题可能是抽象的，也有可能是具体的案例。

（2）作业。咨询师可以要求来访者完成一系列有意义的写作、阅读、行为记录、模拟情境、自我观察等活动，以帮助来访者更好地理解自己的不合理思维方式和信念。

（3）实验。咨询师还可以建议来访者进行实验以获取更多的证据，以帮助来访者更好地理解自己。

在此过程中，要认识适应不良的“认知—情感—行为”类型。来访者和咨询师对来访者的问题达成认知解释上的意见统一。对不良表现给予解释并且估计通过矫正所能达到的预期效果。比如，可让来访者自我监测思维、情感和行为，咨询师给予指导、说明和示范等。

3．适应不良性认知的矫正

当来访者知道这些负性情绪和反应与不合理的或不实际的认知模式有关时，咨询师将与来访者合作来建立和强化新的、更积极和更实际的认知模式。此过程中，要使来访者建立新的认知和行为来替代适应不良的认知和行为。比如，咨询师指导来访者广泛应用新的认知和行为。

4．在处理日常生活问题的过程中培养观念的竞争

用新的认知对抗原有的认知。在此过程中，要让来访者练习将新的认识模式应用到社会情境之中，取代原有的认知模式。比如，咨询师可使来访者先用想象的方式来练习处理问题或模拟一定的情境或在一定条件下让来访者以实际经历进行训练。

5．改变有关自我的认知

在此过程中，作为新认知和训练的结果，要求来访者重新评价自我效能以及自我在对待他人、处理事情和在具体情境中的作用。比如，在练习过程中，咨询师让来访者自我监察行为和认知。

（三）认知疗法的临床技术

1．识别自动思维

由于引发心理障碍的思维方式是自动出现的，已构成了来访者思维习惯的一部分，多数来访者不能意识到在不良情绪反应以前会存在着这些思想。因此在治疗过程中，咨询师首先要帮助来访者学会发现和识别这些自动化的思维过程。咨询师可以采用提问、自我演示或模仿等方法，找出导致来访者不良情绪反应的自动思维。可使用表7–1的形式进行记录。

表7–1　识别自动思维

事件	自动思维	情绪和行为反应

核心信念是支持每个自动思维的核心部分，类似于世界观、价值观等，它是指导和推动生活的动力。这些信念被人们认定是绝对的真理，认为事情就应该是这个样子。大多数人会维持比较正向的核心信念，如“我是有价值的”。有心理苦恼的人多有负性的核心信念，例如，如果一个来访者的核心信念是“我是没有能力的”，那么在生活中他就会倾向于选择性地注意与此核心信念有关的某些信息，即使有积极的信息，他也倾向于做消极性解释，会持续相信和维护这一信念。负性核心信念大多数和早年的成长经历有关。与自动思维不同的是，核心信念深藏在来访者的内心，不容易被清楚地表达，一般在治疗中和咨询师持续探询，才能了解。

2．识别认知性错误

所谓认知性错误即来访者在概念和抽象上常常犯的错误。这些错误相对于自动思想更难识别，因此咨询师应听取并记录来访者的自动思维，然后帮助来访者归纳出它们的一般规律。

3．真实性检验

检验假设并矫正认识歪曲、错误思想的一个方法是检验支持和不支持某种错误假设的证据。例如，某一来访者在受到挫折后，认为自己“一事无成”“别人都看不起我”，非常抑郁。实际上，他成功地做过很多事。检验假设这一过程不仅帮助来访者认识事实，还能发现自己对事物的认识歪曲和消极片面的态度。

真实性检验就是将来访者的自动思维和错误观念作为一种假设，鼓励他在严格设计的行为模式或情境中对假设进行检验，如使用表7–2检查信念“我是个失败者”是否正确，使他认识到原有观念中不符合实际的地方，并自觉纠正，这是认知疗法的核心。

表7–2　检查信念：我是个失败者

支持的证据	反对的证据
他不喜欢我	我有许多喜欢我的朋友
上次工作报告中我做得很糟糕	我比人们的平均水平要做得好多了

4．替代思维

替代思维包括挑战自动思维和用积极想法替代消极想法两种类型。

（1）挑战自动思维。在挑战自动思维时，来访者可以想象自己被带到一次审判中，原告（自动思维）一直在起诉自己，给自己贴上无能者、懦弱者等标签。这时，来访者的任务就是要扮演辩护律师，抨击这些证据。可使用表7-3的形式进行记录。

表7-3　挑战自动思维

自动思维	证明思维不正确的事例	有时候我会
我总是被人拒绝	上次他没有拒绝我	有时候我不被拒绝

（2）用积极想法替代消极想法。例如：用“我会聪明些的”替代“我很愚蠢”；用“我能够思考并表述清楚”替代“我从不知道如何讲话”；用“只要努力，我会改变的”替代“我没希望了”；用“我会坚强起来的”替代“我太软弱了”。可使用表7-4的形式进行记录。

表7-4　替代思维

事件	自动思维	情绪和行为反应	替代思维	情绪和行为反应

5. 家庭作业

根据治疗进程，咨询师可给来访者布置家庭作业，一般包括个人资料的收集、验证假设以及认知治疗技术的练习等。

6. 去中心化

去中心化就是让来访者意识到自己并非被人注意的中心。很多来访者总感到自己是别人注意的中心，自己的一言一行都会受到他人的评价，为此，他常常感到自己是无力的、脆弱的。如果来访者认为自己的行为举止稍有改变就会引起周围人的注意，那么咨询师可以让他不像以前那样去和人交往，即在行为举止上稍有改变，然后要求他记录别人不良反应的次数，结果他发现很少有人注意他言行的变化，他自然会认识到自己以往观念中不合理的成分。

7. 焦虑水平监控

大多数来访者都认为他们的抑郁或焦虑情绪会一直不变地持续下去，而实际上，这些情绪常常有一个开始、高峰和消退的过程，而不会永远持续。如果让接受咨询的来访者体验这种情绪涨落变化，并相信可以通过自我监控，掌握不良情绪的波动，就可以增强来访者改变的决心。

（四）认知疗法的局限性

认知疗法是一种有效的心理治疗方法，在扰动情绪、焦虑、抑郁或其他情感问题的处理中有广泛的应用。在一项研究中，使用认知疗法的来访者报告的抑郁、焦虑和创伤后应激症状的改善速度高于其他目标治疗组。另外一项关于恐怖症和强迫症的研究发现，采用认知疗法的群体，在治疗诊断症状方面比其他治疗方式更成功。通过这些研究，可以看出，认知疗法是一个有效的心理治疗方法。

认知疗法可以有效地治疗焦虑障碍、社交恐怖、偏头痛、慢性疼痛等许多心理性及身心性疾病。其中疗效最好的是用于治疗抑郁症、厌食症、性功能障碍和酒精中毒等。它也用于正常人以建立更合理的思维方式和观念，提高情绪合理度，开发人的潜能和促进个人的心灵发展等。

然而，认知疗法并非对所有情感问题都有效。在一项对社交焦虑治疗的比较研究中，使用药物治疗的来访者在症状缓解方面表现出明显的优势。这表明认知疗法并非适用于所有类型的情感问题，咨询师应根据来访者的具体情况和表现，确定是否适用该方法。

二、认知行为疗法概述

1. 认知行为疗法的产生

认知行为疗法（cognitive behaviour therapy，CBT）是由行为疗法（behaviour therapy，BT）和认知疗法（cognitive therapy，CT）组成的一系列治疗方法，而不是单一方法。因此相关此疗法的世界性大会的名称是“世界行为（疗法）和认知疗法大会”而不是“世界认知行为疗法大会”。

拉赫曼（S. J. Rachman）在2015年的“世界行为疗法和认知疗法”大会上总结了行为和认知疗法发展的四个重要阶段，拉赫曼写道：在早期的行为疗法尝试之后出现了认知疗法，后来，这两种疗法整合成为了认知行为疗法。第一阶段是在1950 年至 1970 年期间，行为疗法以独立、平行的发展路径出现在美国和英国；第二阶段是认知疗法于20世纪60年代中期开始在美国出现；第三阶段是随着心理治疗的发展，将行为疗法和认知疗法合并到了认知行为疗法中，在20世纪80年代后期形成了良好的发展势头；第四阶段是该疗法现在在英国、北美、澳大利亚和欧洲部分地区已经很成熟。

以下是这四个发展阶段的简要概述。

第一阶段：学习理论、行为矫正和行为疗法。

现代认知行为疗法的起源可以追溯到学习理论原理的早期应用，如经典和操作条件反射对临床问题的应用。

当时，行为疗法是一种与精神分析疗法有着根本区别的治疗方法，该疗法的出现让主流心理治疗（主要是药物和物理治疗）发生了重大的转变。

1963 年新创立的期刊《行为研究与治疗（Behaviour Research and Therapy，BRAT）》代表着新治疗科学的发展，期刊的首字母缩写“BRAT（中文意思是淘气鬼）”以一种内隐的联想的形式宣布了一个新疗法的出现。

学习理论原理的最早应用，可以追溯到 1920 年华生和他的研究生雷纳（R. Rayner）进行了仅4个月的“小阿尔伯特（little Albert）实验”，它是最早记录行为疗法对情绪反应进行调节的研究。

在接下来的几十年里，行为疗法继续发展，例如，沃尔普于1958发表的系统脱敏论文《相互抑制的心理治疗》与《行为研究与治疗》第一期的出版一起成为了行为疗法的里程碑。后来，又相继成立了一些国家和国际协会，例如，1966 年的行为治疗进步协会（Association for Advancement of Behavior Therapy, AABT）和1971年的欧洲行为治疗协会（European Association for behavioural Therapies，EABT）。

随着越来越多的证据证明其有效性和功效，人们可能已经预测到这种行为疗法可能会盛行。

第二阶段：认知疗法。

在美国，艾利斯和贝克（A. T. Beck）都接受了心理动力学心理治疗的培训，但是他们对这种方法的基本假设感到不满，并开启了新的发展路径，贝克后来发展并形成了认知疗法（cogntive therapy），而艾利斯于1962年创立了理性情绪疗法（rational emotive therapy）。

行为疗法强调条件反射和行为控制，而认知疗法强调内部事件的重要性，如（功能失调的）思想、信念系统、有条件和无条件的假设。历史的发展证明了这些差异并没有阻止这两种方法走得更近。贝克（1970）在行为疗法的一篇论文中总结了这些新发展及其与行为疗法的关系，他写道：尽管行为疗法主要基于学习理论，而认知疗法更多地植根于认知理论，但是这两种心理疗法有很多共同之处。

不过，必须指出的是，并非所有行为咨询师都采用了新兴的认知行为疗法范式。行为治疗后来出现的新分支包括海斯（S. C. Hayes）（1999）等的"接纳与承诺疗法（acceptance and commitment therapy，ACT）"，该疗法在行为疗法的基础之上改进了斯金纳的功能方法。

第三阶段：认知行为疗法。

当代的认知行为疗法是目前行为和认知疗法的主要形式。克拉克（D. M. Clark）的恐慌症认知理论（1986）很好地总结了这种疗法的融合过程，拉赫曼在评论中写道：在行为疗法与认知疗法合并的过程中，强调经验的行为主义被吸收到了认知疗法之中，这样，认知疗法的治疗完整性和可信度得到了增强。同样，认知概念也被吸收到了行为治疗中。

到了20世纪80年代末，认知行为疗法的地位已经确立，方法论也变得越来越强大，许多实证研究表明了这种治疗方法对各种精神障碍和身体问题的有效性。

库恩（T. S. Kuhn）认为认知行为疗法提供了一个潜在的总体范式，可以在接下来的几十年中指导认知行为疗法的研究和传播。

1995 年在丹麦举行的第一届世界行为和认知疗法大会（WCBCT）决定将世界行为治疗大会和世界认知治疗大会合并在一起进行，这进一步反映了来自行为和认知传统的临床医生和研究人员的明确意图——在前进的道路上分享彼此的研究成果，并且共同在认知行为疗法的道路上持续发展。

第四阶段：自 20世纪90 年代初期以来的发展——图式疗法、正念、接纳与承诺等。

当全球越来越多的国家和卫生系统建立了认知行为疗法组织团体的同时，杰出的研究人员和临床医生再次意识到认知行为疗法的最初假设可能无法满足所有来访者的需求。在这种情况下，贝克的一位前同事杰弗里·E. 杨（Jeffrey E. Young）于1990年出版了他的著作《人格障碍的认知疗法：一种以图式为中心的方法》。尽管当时他仍称其为"认知疗法"，但这种方法很快就发展成为一种新的治疗方法——图式疗法（Schema therapy）。

杰弗里·E. 杨认为，标准的认知行为疗法做出了许多基本假设（如来访者能够基于认知模型形成传统的治疗关系），这些假设通常不适用于被诊断为人格障碍的来访者。他将其他心理治疗学派的方法（如人际关系方法）引入他的新方法中。

大约在同一时间，同样与诊断为人格障碍来访者一起工作的林内翰（M. Linehan）认识到治疗边缘型人格的巨大挑战。林内翰（1993）在她的治疗实践中形成了辩证行为疗法（dialectic behavior therapy, DBT）的理论体系，她强调了对行为改变进行平和的原则（如应急管理），以及一些接受技能（如正念）的必要性。

接受和正念，这种方法由海斯和他的团队开发，该方法不相信认知行为疗法中的认知部分，而是继续在斯金纳的背景方法中进行工作。

后来，西格尔（Z. Segal）等人（2002）开发了基于正念的认知疗法（mindfulness-based cognitive therapy, MBCT）以预防抑郁症复发。

很多咨询师认为认知行为疗法的这些新发展非常有希望，而其他人则担心认知行为疗法治疗领域会变得过于异质化。海斯以"第三浪潮（third wave）"一词来描述认知和行为疗法的这些新方向："第三浪潮重新制定和综合了前几代的行为和认知疗法，并将它们带入了一个新的领域，以期提高对症状的理解和治疗的结果。"

认知行为疗法经过数十年的发展，也在不断完善，它经历了三次浪潮，从最开始关注外显行为的改变到把认知干预作为行为改变的关键策略，再到现在的注重行为和情感改变。第三代认知行为疗法有以下几点共同之处：聚焦正念（mindfulness，关注眼前），接纳或确认内心感受（inner sensations），由价值观、人生目标、人际关系等驱动行为改变。第三代认知行为疗法把注意力扩展到心理、环境和经验领域。

认知行为疗法也延伸了很多很有效果的技术，常见的有以下几种：

（1）正念治疗（mindfulness-based therapies，MBTs）。通过关注当下意识，确认自己的情感、思想和躯体感觉而产生的一种精神状态称为正念（mindfulness），源于东方传统并已流传数千年。其目的不在于改变来访者的想法，而是鼓励来访者意识到想法仅是想法，既无需深究其产生根源也不必改变该想法，这正是其有别于传统认知行为治疗之处。正念治疗将传统的正念与当代心理治疗相结合以改善心理功能，提升幸福感。在具体实践时，来访者通过反复训练观察内心感受，拒绝被过去或未来所牵绊，不断关注此时此刻的经历体验，改变思维模式和提高解决问题的能力，达到内在安宁和谐，以及过上平静的生活。此外，通过治疗，来访者还可内化吸收并发展出适应自己偏好与需求的正念训练方法。

（2）接纳与承诺治疗。由海斯发展的接纳与承诺治疗，脱胎于认知行为治疗，以关系框架理论为理论背景。接纳与承诺治疗强调语言会诱导来访者在个人生活中爆发冲突（wage war）。所以，当困境或破坏性个人事件出现时，接纳与承诺治疗帮助来访者坚持追寻自己的价值观。接纳与承诺治疗使用接纳和正念策略促进来访者改变行为以适应个人价值观，增强心理灵活性。海斯所谓的心理灵活性（psychological flexibility）是指能将内心经验与当前情境相结合的能力，产生以价值观为基础并且有明确目标的行为。正念、认知解离、自我情境化、隐喻是接纳与承诺治疗常用的方法技巧。接纳与承诺治疗适用于物质滥用、精神错乱、焦虑抑郁、强迫、慢性疼痛、职业倦怠和进食障碍。

（3）辩证行为治疗（dialectical behavioral therapy，DBT）。由林内翰（M. M. Linehan）发展的辩证行为治疗主要是针对边缘人格障碍尤其是高自杀倾向的来访者，且被认为是边缘人格障碍的“金标准疗法”。该疗法使用一定技术帮助来访者调整紊乱的情感使之与自己的日常认知、行为和人际关系相协调。治疗核心是辩证方法（两个同一时间内对立但最终是统一联系的概念）。鼓励来访者接受他自己是谁和他当前的处境，同时理解有必要做出改变。

（4）自我指导训练（self-instructional training）。自我指导训练是由梅肯鲍姆、古德曼（F. Goodman）于1971年提出的一种广泛用于处理儿童心理问题的认知行为干预方法。从理论上说，它来源于维果茨基（L. Vygotsky）的高级心理机能理论和班杜拉的社会学习理论。这种方法旨在建立一套严格的程序，由训练者按照规定的步骤教儿童在解决他们所面临的问题时学会使用言语的自我指导的方法。

（5）解决问题技术。解决问题技术（由D. Zurilla，Goldfied，Spivak等提出），认为有情绪异常的人往往缺乏解决问题的能力，难以对不同境遇做出不同的反应，难以准确地预测自己行为的后果，常常适应不良。解决问题技术需要来访者学习如何确定问题，将问题分解成小问题，思考可能的解决方案，并选择最佳的解决办法。

问题的解决总是伴随着愉快情绪的出现或不愉快体验的消失，因此有人将其视为认知行为疗法，并概括归纳成以下五个步骤：第一步，明确解决问题的总方向；第二步，明确问题的实质是什么；第三步，提出可供选择的解决办法；第四步，做出选择和决定；第五步，回头检查。

（6）认知分析治疗（cognitive psychoanalysis therapy）。认知分析治疗认为情绪和行为的异常与由于个体早年的心理创伤和教育不良而形成的认知缺陷有关，认知分析治疗的目的就在于用恰当的认知结构代替有缺陷的认知结构。

（7）压力接种训练（stress inoculation training）。压力接种训练又称“心理压力疫苗”，是根据行为免疫学（behavioral immunology）发展而来的一种心理技术，让人们通过训练，掌握一系列高压力（应激）状态下的心理应对策略。由于来访者问题的出现有时与其不能有效应对应激障碍或挫折有关，压力接种训练治疗可以教会来访者在遇到应激障碍或挫折时不要感到无助和失望，先学会适应小的挫折，从而提高适应重大逆遇和不幸的能力。

2. 认知行为疗法的治疗过程

认知行为疗法是一种常见的心理治疗方法，它通过帮助来访者改变不合理的思维方式和行为模式来缓解各种精神障碍，如抑郁症、焦虑症、强迫症等。该疗法的治疗过程包括以下几个步骤。

（1）评估和诊断。在开始治疗之前，咨询师需要对来访者进行全面的评估和诊断，以确定来访者的症状和精神障碍类型。评估的内容包括来访者的病史、症状、生活情况以及情绪、行为、认知、价值观和心理状态等方面。咨询师会评估来访者的问题和现状，通过评估和诊断，咨询师可以制定出个性化的治疗方案。

（2）目标制定。咨询师需要与来访者一起制定治疗目标，这些目标应该是具体、可行、有挑战性和与来访者的症状和需求相关的。咨询师和来访者需要一起讨论目标的实现方法和进度，以确保治疗方案的有效性。

（3）认知重构。认知重构是认知行为疗法的核心内容，它通过帮助来访者改变错误的思维方式和信念来缓解症状。咨询师首先会帮助来访者识别和分析他的负面思维模式，并帮助他发现这些思维方式的不合理性和不真实性。然后，咨询师会帮助来访者找到替代的、更合理和更真实的思维方式，以改变他的心理状态和行为。

（4）行为干预。行为干预是认知行为疗法的另一个重要内容，它通过帮助来访者改变不良的行为模式来缓解症状。咨询师会帮助来访者识别他的不良行为模式，并帮助他找到替代的、更积极和更健康的行为模式。同时，咨询师会鼓励来访者采取实际行动来改变他的行为，并帮助他建立自我效能感和自我控制能力。咨询师会教给来访者一些实用的技能和策略，如放松技巧、问题解决技能和沟通技能等，以帮助他应对问题。

（5）行为实验。咨询师会与来访者一起设计实验，以测试新的思考和行为模式的有效性，通过学习和反馈来逐渐进行调整。

（6）评估进展。咨询师会定期评估来访者的治疗进展，与来访者讨论他的观察和体验，以便及时调整治疗方案。

（7）巩固和维持。认知行为疗法的最后一个步骤是巩固和维持。咨询师会帮助来访者巩固和维持他的治疗成果，长期维持积极的心理状态和行为模式。咨询师会鼓励来访者继续练习他学到的技能和策略，并帮助他制订自我管理计划，以应对未来可能出现的挑战。治疗结束后，来访者会得到专业的巩固维护计划，以帮助他保持治疗效果，并避免复发，如定期复查或写日记记录等。

三、认知疗法与认知行为疗法的区别

认知疗法与认知行为疗法都是改变来访者的心理状态，从而改善其行为的一类心理治疗方式。它们之间有一些相似之处，但也有很大不同。相同点就是两者都是基于认知理论，即来访者通过思考、判断以及记忆形成对自己和周围环境的认识，从而影响其情绪和行为。不同点就是认知疗法的目的是帮助来访者更好地理解自己的认知模式，并拥有更积极的心态；而认知行为疗法则更加重视行为，让来访者能够改变行为模式，从而改善其情绪。两种疗法的详细区别如下。

（1）治疗的对象。认知疗法更关注来访者的思维、信仰和价值观，而认知行为疗法更关注行为表现。认知疗法通过改变来访者的思维方式来改善其情绪和行为，而认知行为疗法则通过改变行为来影响来访者的情绪和思维。

（2）治疗的目的。认知疗法的目的是改变来访者的认知模式，使其对问题的看法更加积极和现实。而认知行为疗法的目的是帮助来访者改变不健康的行为模式，比如恐惧和回避行为。

（3）治疗的方法。认知疗法通常通过与来访者的会谈来改变其认知模式。而认知行为疗法则通常采用行为实验和行为日志等方法来帮助来访者改变其行为模式。

（4）治疗的效果。认知疗法可以改变来访者的认知模式，使其更加积极和现实。但是，这种方法可能需要较长时间才能产生显著的效果。而认知行为疗法更加注重来访者行为的改变，因此其治疗效果可能更加显著和快速。

综上所述，认知疗法和认知行为疗法虽然有许多相似之处，但它们的治疗对象、目的、方法和效果都不同。咨询师选择哪种方法应该根据来访者的具体情况而定。如果来访者主要是因为思维方面的问题导致的情绪和行为问题，那么认知疗法可能更适合。而如果来访者主要是因为行为问题导致的情绪和思维问题，那么认知行为疗法可能更适合。例如，一个学生因为成绩不好而频繁出现焦虑状态，此时，认知疗法可以帮助他尝试去改变他的心态，认识到他拥有提高成绩的能力，从而改善其焦虑情绪；而认知行为疗法则可以帮助他改善其学习习惯，改变他的思维模式，从而提高其学习成绩。

四、认知行为疗法的适用范围

相较于精神类药物治疗，相关研究发现，单独使用认知行为疗法对治疗不极其严重的抑郁和焦虑、创伤后应激障碍（PTSD）、抽搐、药物滥用（除了阿片类药物滥用）、饮食失调和边缘型人格障碍有效。

认知行为疗法经常被推荐用于治疗其他病症，如严重的强迫症和严重的抑郁症、阿片类药物成瘾、双相情感障碍和精神障碍。此外，认知行为疗法被推荐作为治疗儿童和青少年心理障碍的第一道防线，包括攻击性和品行障碍。认知行为疗法作为一种短期疗法，帮助来访者学会专注于当前的想法和信念。

认知行为疗法还可用于治疗多种疾病，包括：①上瘾；②易怒；③焦虑；④双相型障碍/抑郁；⑤饮食失调；⑥惊恐发作；⑦人格障碍；⑧恐惧。除了精神健康状况，认知行为疗法也被发现有助于人们应对：①慢性疼痛或者严重的疾病；②离婚或者分手；③悲痛或损失；④失眠；⑤自卑；⑥关系问题；⑦压力管理。研究人员发现，其他的善意的治疗干预措施对于治疗成人的某些病症同样有效，但在治疗大多数疾病方面，认知行为疗法在治疗上更胜一筹。

除了人际心理治疗（IPT），认知行为疗法在治疗指南中被推荐作为一种心理治疗的选择。认知行为疗法和人际心理治疗是精神病学住院医生必须接受的心理社会干预措施。

五、常见疗法介绍

（一）理性情绪疗法

理性情绪疗法，又称合理情绪疗法，是20世纪50年代由艾利斯在美国创立，它是认知疗法的一种，因其采用了行为治疗的一些方法，故又属于认知行为疗法。

理性情绪疗法认为，人的情绪是由人的思维、信念所引起的，而不合理的信念往往使人陷入情绪障碍之中。

1. 理论背景

理性情绪疗法建立在人性的复杂和可变的假设基础上，其基本理论主要是ABC理论。艾利斯认为：人的情绪和行为障碍不是由于某一激发事件（activating event，A）直接所引起，而是由于经受这一事件的个体对它不正确的认知和评价所引起的信念（belief，B），最后导致在特定情景下的情绪和行为结果（consequence，C），这就是ABC理论。

2. 不合理信念的特征

不合理信念一般具有如下三大特征（图7-2）。

（1）绝对化的要求（demandingness）。绝对化的要求是指人们以自己的意愿为出发点，对某一事物怀有认为其必定会发生或不会发生的信念，它通常与“必须”“应该”这类字眼连在一起。合理情绪疗法就是要帮助来访者改变这种极端的思维方式，认识其绝对化要求的不合理、不现实之处，帮助他学会以合理的方法去看待自己和周围的人与事物，以减少他陷入情绪障碍的可能性。

（2）过分概括化（overgeneralization）。这是一种以偏概全、以一概十的不合理思维方式的表现。一方面，表现为对自身的不合理评价。自己做错了一件事情就认为自己一无是处，以某一件或几件事情来评价自己的整体价值，其结果往往是导致自责自罪、自卑自弃，从而产生焦虑和抑郁等情绪。另一方面，表现为对他人的不合理评价。别人稍有一点不足就认为他坏透了，完全否定他人，一味责备他人，从而产生敌意和愤怒等情绪。

（3）糟糕至极（awfulizing）。这是一种认为如果一件不好的事情发生了，将是非常可怕、非常糟糕，甚至是一场灾难的想法。这将导致个体陷入极端不良的情绪体验，如耻辱、自责自罪、焦虑、悲观、抑郁等的恶性循环之中，而难以自拔。理性情绪疗法认为非常不好的事情确实有可能发生，尽管有很多原因使我们可以不要发生这种事情，但没有任何理由说这些事情绝对不该发生。

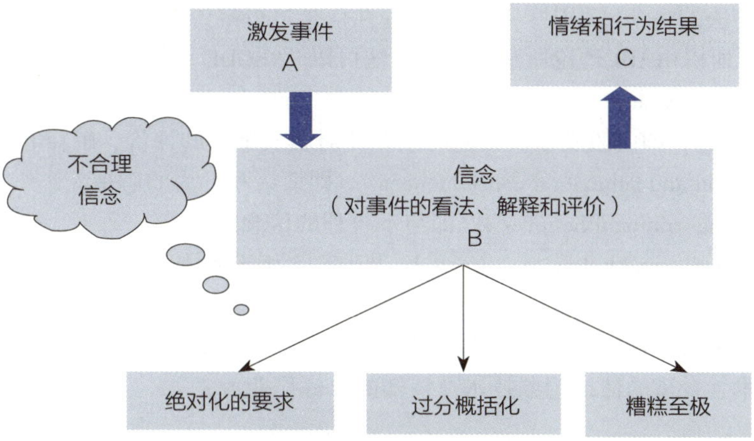

图7-2 不合理信念的特征

3. 适应范围

理性情绪疗法适用于各种神经症和某些行为障碍的来访者。

4. 方法与技术

理性情绪疗法认为，来访者的情绪障碍是由来访者的不合理信念所造成，因此简要地说，这种疗法就是要以理性治疗非理性，帮助来访者以合理的思维方式代替不合理的思维方式，以合理的信念代替不合理的信念，从而最大限度地减少不合理的信念给情绪带来的不良影响，通过以改变认知为主的治疗方式，来帮助来访者减少或消除他已有的情绪障碍。

5. 治疗过程

理性情绪疗法的治疗过程包括心理诊断、领悟、修通和再教育四个阶段。

（1）心理诊断（psychodiagnosis）。这是治疗的最初阶段，首先咨询师要与来访者建立良好的咨访关系，帮助来访者建立自信心。其次了解清楚来访者所关心的各种问题，将这些问题根据所属性质和来访者对它们所产生的情绪反应进行分类，从来访者最迫切希望解决的问题入手。

（2）领悟（insight）。这一阶段主要帮助来访者认识到自己不适当的情绪和行为表现或症状是什么，产生这些症状的原因是自己造成的，要寻找产生这些症状的思想或哲学根源，即找出它们的非理性信念。

（3）修通（working through）。这一阶段，咨询师主要采用辩论的方法动摇来访者的非理性信念。用夸张或挑战式的发问要来访者回答他有什么证据或理论对激发事件持与众不同的看法等。通过反复不断的辩论，让来访者理屈词穷，不能为其非理性信念自圆其说，使他真正认识到，他的非理性信念是不现实的，不合乎逻辑的，也是没有根据的，从而使来访者开始分清什么是理性的信念，什么是非理性的信念，并用理性的信念取代非理性的信念。这一阶段是理性情绪疗法最重要的阶段，治疗时还可采用其他的认知和行为疗法，如给来访者布置认知性的家庭作业（如阅读有关本疗法的文章，或写一个与自己某一非理性信念进行辩论的报告等），或让来访者进行放松训练，以加强治疗效果。

（4）再教育（reeducation）。这也是治疗的最后阶段，为了进一步帮助来访者摆脱旧有思维方式和非理性信念，咨询师还要探索来访者是否还存在与本症状无关的其他的非理性信念，并与之辩论，使来访者学习到并逐渐养成与非理性信念进行辩论的方法。培养来访者用理性方式进行思维的习惯，这样就达到建立新的情绪的目的，如进行解决问题的训练、提高社会技能的训练，以巩固这一新的目标。

6. “ABCDE”模型

在理性情绪疗法的整个过程中，由于与非理性信念进行辩论是帮助来访者的主要方法，并获得所设想的疗效，所以由ABC理论所建立的本疗法可以“ABCDE”模型（图7-3）作为其整体模型。

（1）A（activating events），即激发事件。

（2）B（believes），即由激发事件引起的信念（对激发事件的评价、解释等）。

（3）C（emotional and behavioral consequences），即情绪和行为的后果。

（4）D（disputing irrational believes），即与不合理的信念辩论。

（5）E（new emotive and behavioral effects），即通过治疗达到的新的情绪及行为的治疗效果。

7. 特色技术

理性情绪疗法中最常用的，也是区别于其他心理治疗的最具特色的几种治疗技术，包括与不合理信念辩论技术、合理的情绪想象技术及认知的家庭作业。

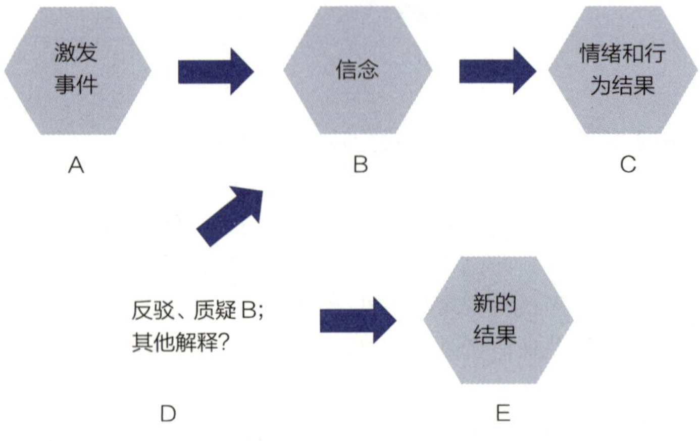

图7-3 “ABCDE”模型

（1）与不合理信念辩论技术。该技术由艾利斯所创立。使用这一技术的咨询师必须积极主动地、不断地向来访者发问，对其不合理的信念进行质疑。提问的方式，可分为质疑式和夸张式两种。

（2）合理的情绪想象技术（rational-emotive imagery，REI）。该技术是理性情绪疗法中最常用的技术之一。它与心理治疗中通常所用的想象技术既有联系又有区别。它也是需要由咨询师进行指导，帮助来访者进行想象的技术。

（3）认知的家庭作业。认知的家庭作业主要有：理性情绪疗法自助量表（RET Self-help Form）与不合理的信念辩论和合理的自我分析（rational self-analysis，RSA）。

（二）贝克和雷米的认知疗法

贝克认知疗法是贝克在研究抑郁症治疗的临床实践中逐步创建起来的心理疗法。贝克认为，认知产生了情绪及行为，异常的认知产生了异常的情绪及行为。认知是情绪和行为的中介，情绪问题和行为问题与歪曲的认知有关。

贝克认知疗法主要目标是协助来访者克服认知的盲点、模糊的知觉、自我欺骗、不正确的判断，以及改变其认知中对现实的直接扭曲或不合乎逻辑的思维方式。咨询师通过接纳、温暖、同理的态度，避免采用权威的治疗方式，引导来访者以尝试错误的态度，逐步进入问题解决的历程中。

1．理论基础

认知疗法的基础理论来自信息加工的理论模式，认为人们的情绪、行为是由人们对事物的认知所影响和决定。人们的认知建立在自己以往经验的态度和假设基础之上。

贝克指出，心理障碍的产生并不是激发事件或不良刺激的直接后果，而是通过认知加工，在歪曲或错误的思维影响下促成的。歪曲和错误的思维包括主观臆测，在缺乏事实或根据时的推断；夸大，过分夸大某一事情（事件）和其意义；牵连个人，倾向于将与自己无关的事情联系到自己身上；走极端，认为凡事只有好和坏，不好即坏，不白即黑。贝克还指出，歪曲或错误的思维常常以“自动思维”的形式出现，即这些歪曲或错误的思维常常是不知不觉地、习惯地进行，因而不易被认识到，不同的心理障碍有不同内容的认知歪曲。因此，认知治疗的重点在于矫正来访者的歪曲或错误的思维。

雷米（V. C. Raimy）的理论与贝克的理论的基本前提都是一致的，即都认为导致不适应行为和情绪的根本原因是错误的认知过程和观念。但如果说贝克的理论所关心的是错误的认知过程以及在这过程中所产生的错误观念，那么雷米的理论则主要强调这些错误观念的存在状态，即这些错误观念是以什么样的顺序和方式表现出来并发生作用的。在雷米的理论中，错误观念主要指个体对自我的不正确或不适当的评价，也就是指错误的自我概念。雷米认为，这些错误观念不是独立存在的，而是以群集的方式表现出来。每一个错误观念的群集都对应着某一类情绪障碍。

对此，雷米提出了“中心—边缘”模型。他认为每一种群集中的各个错误观念，其重要程度是不同的。有一些观念是主要的、基本的，它支配着那些较为次要的观念。在实际治疗中，有时来访者可能会轻易地放弃了某种错误观念，但如果不能根除那些基本的错误观念，就仍无法改变那些不适应的情绪和行为。但是基本的错误观念并不是在一开始就表现出来。这些观念往往隐藏得比较深而不容易被发现，只有解决了那些表层的或边缘的错误观念，才能逐步揭示出那些处于中心位置的基本错误观念。因此，雷米提出，认知治疗的目的是揭示并改变那些中心的、深层的错误观念，而治疗的手段则应从边缘、表层的错误观念入手，逐步靠近中心，挖掘深层的错误观念并最终予以纠正。

2．治疗步骤

贝克和雷米的认知疗法的治疗关键，一是要能够识别和改变来访者的自动思维，打破不合理的认知和情绪障碍间的恶性循环，促进来访者情绪和行为的改善；二是要能够识别和改变来访者潜在的功能失调性假设，从而减少情绪障碍复发的危险。其治疗的步骤如下。

（1）启发、引导来访者寻找不合理的认知。

（2）协助来访者暴露认知曲解或逻辑错误，并加以讨论、检验、合理推论。抑郁和焦虑的来访者往往用片面的方式解释境遇或推测未来的变化，为了迎合内心已有的消极结论（认知图式）而对事实进行取舍，结果导致认知失真或认知曲解。咨询师帮助来访者识别自动思维中包含的逻辑错误，这已成为认知治疗的核心。

（3）通过反复"诘难"改变负性自动思维，放弃原有的错误认知，建立正确认知。自动思维是在特定情境下自动呈现在意识中的想法，常常不经逻辑推理突然出现，稍纵即逝。大多数来访者往往觉得这些想法很有道理，对其情绪影响很大。引出来访者的自动思维的方法包括：①直接提问；②"循循善诱"或启发式提问；③在来访者出现强烈情绪反应时询问；④心理想象；⑤角色扮演；⑥注意在身体出现紧张或惊恐时的想法；⑦了解对某些事件的看法；⑧记录所出现的消极悲观认识；⑨安排行为作业，并记录同时出现的想法或念头；⑩记录每天心境的变化及自动思想。检验自动思维的方法有两种：一是言语盘问法，通过系统而且敏锐的提问引导来访者重新评估自己的思考，如"这样想的证据是什么?""有无可供选择的其他不同看法?""这样想有什么好处和坏处?""这样想在逻辑上是否出了什么错误?"然后，运用三栏作业（即"自动思维、认知曲解类型、合理想法"三栏）帮助来访者寻找比较积极和现实的替代想法。二是行为实验，通过咨询师与来访者协作的方式设计一种行为作业，以检验来访者负性自动思维（预测）的真实性。纠正自动思维的方法包括：①验证支持和反对这些想法的证据；②用另一种解释来替代现有想法；③确定每一种解释的现实可能性；④收集有关资料和依据；⑤分散或转移对解释的注意力；⑥使用重新确认的新术语；⑦再归因；⑧角色扮演；⑨应用功能失调性态度表。

（4）识别功能失调性假设。深层的功能失调性假设（underlying dysfunctional assumptions）或图式（schemas）是来访者童年经验形成的，已成为来访者支配行为的规则，通常无明确的表达，不被意识所觉察。因此，它们基本上是潜意识的，相对不受日常经验的影响，有相当的稳定性。功能失调性假设是派生负性自动思维的基础，如果不予以识别与矫正，就不能认为已从根本上解决了情绪障碍。由于功能失调性假设的存在，来访者对某些重大事件表现出脆弱性，由此派生出大量负性自动思维。潜在的功能失调性假设是抑郁或焦虑来访者的一种易患倾向，一旦为某种严峻生活事件激活，即可派生出大量负性自动思维，伴随出现抑郁或焦虑症状（图7-4）。认知治疗时除了应对负性自动思维以改善情绪外，还应改变潜在的功能失调性假设，只有这样才能减少复发的危险。功能失调性假设的类别（贝克，1985）有：①成就，包括很高的操作标准、对成功的需要等；②接受，包括要求被人喜欢、被人爱等；③控制，如要控制事物的变化、要成为强者等。识别功能失调性假设的线索有：①查找负性自动思维的主题，查看认知治疗日记；②识别逻辑错误，如绝对性思考，"假如我们再有争执，我就只好和他分手"（想法），"假如我不能和他完全一致，就毫无理由同他建立友好关系"（假设）；③盘问追根法，通过反复提出"假如那是真的，对您意味着什么?"的问题，追索想法背后的一般信念。

（5）认知转变和认知重建。鲁斯（L. Ross，1977）认为，引起认知改变的主要途径有：①信念不能证实（disconfirmation）。来访者的信念（想法、想象）没有得到事实证据的支持，和来访者以往的生活经验矛盾，或使其面对相反的证据。②概念重建（reconceptualization）。改变观察、理解问题的角度，赋予问题另一种不同的解释，促使来访者重新进行选择，从而改变其行为。③领悟（insight）。咨询师帮助来访者对自身问题有本质的理解。④重复的适应性自我对话（rehearsal）。通过重复的、积极的自我对话，建立起积极的信念或适应性中介机制。

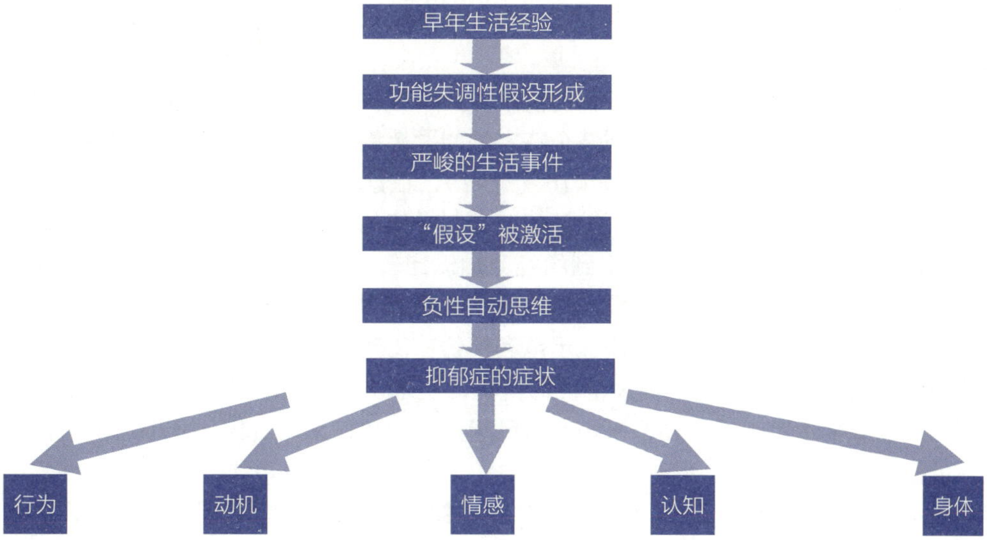

图 7-4　抑郁症的认知模式

3．行为改变技法

针对不同的对象，设计不同的“日常活动计划表”。对于缺乏动机及活力的来访者，遵循“循序渐进，先易后难”原则。

使用“MP”技巧。M即调控、把握，P为愉快、欢乐。根据来访者的日常活动评价M值和P值（0～5分制），并书面记录下来，依计划行事调整进度，动机强化后，成功的自信心及愉快感也由之增加。

4．价值观念矫正

实践中，来访者常常出现以下三种价值观念，需要予以矫正。

（1）“该与不该”信条：来访者的内心价值体系中总有一些“应该”与“不应该”的人生守则，目标过高会不堪负荷，范围过广则难以宽以待人，造成人际关系紧张。

（2）“幸福与痛苦”信条：这常常是来访者人生目标追求过程中的两种极端情绪化反应。

（3）“危险与安全”信条：对环境及事件发生前危险度的估计因人而异，估计过高会产生不必要的紧张、焦虑，使行为受限（如恐怖症、强迫症）；估计过低，则易发生意外。

5．适应范围

贝克和雷米的认知疗法的适应范围如下。

（1）对轻、中度的抑郁症及非精神病性抑郁最为有效。

（2）对躯体疾病或生理功能障碍伴发的抑郁状态也有较好的疗效。

（3）内因性抑郁或精神病性抑郁，需配合药物治疗。

（4）广泛性焦虑症、惊恐障碍、恐怖性强迫症、酒瘾、药物成瘾等。

（5）偏头痛、慢性疼痛等心身疾病。

（6）对多动性行为障碍，冲动性行为等行为问题，也有较好疗效。

6．工作程序

贝克和雷米的认知疗法的工作程序如下。

（1）建立咨访关系。良好的咨访关系是任何种类的心理咨询赖以持续的基础；在认知疗法中，咨询师扮演着诊断者和教育者的双重角色。诊断来访者的问题，了解其问题及背后的认知过程；教育、引导来访者对其问题及其背后的认知过程进行思考和认识，帮助其改变不适应的认知方式。

（2）确定咨询目标。该咨询的根本目标在于发现并纠正错误观念及其认知过程，使之改变为正确的方式。

（3）确定问题。运用提问和自我审查的技术。为了尽快地发现来访者问题背后的错误认知，咨询师的首要任务就是把来访者引导到某个特定的问题范围内，要求来访者集中注意那些具体的问题和可以观察的事实（而这些常常被来访者忽略），在这个过程中，咨询师常常使用提问和自我审查技术，以及两者的结合来实现：①提问，控制会谈的方向，引导来访者关注到某些特定的问题，让来访者将自己意识到和未意识到的经验加以比较，发现思维上的问题并主动加以改变；②自我审查，鼓励来访者说出自己的看法，并加以细致的体验和反省。

（4）检验表层错误观念。运用建议、示范和模仿：①建议来访者实践某种行为，以验证其认知（或对问题的解释）；②通过某种示范性的情境，使来访者能够对其错误观念的作用方式和过程进行观察；③观察示范者的活动，来访者自己想象或模仿该活动，体验其中的情绪，并检查其中的认知过程。

（5）纠正核心错误观念。运用语义分析技术：通过严密和抽象的逻辑分析技术，帮助来访者改变核心错误观念（关于自我概念的命题），如“我是毫无价值的”。

（6）行为矫正技术。运用行为矫正技术进一步改变来访者的认知。认知理论认为认知过程决定行为的产生，行为的改变也可以引起认知的改变。行为的改变可以打破恶性循环。

（7）巩固新概念。进行认知复习：布置家庭作业，让来访者阅读相关材料。

（三）梅肯鲍姆的认知治疗技术

梅肯鲍姆认为一个人的自我陈述在很大程度上与别人的陈述一样能够影响个体的行为。基于认知重建的认知行为矫正法由梅肯鲍姆提出，其基本观点是“行为改变的先决条件在于当事人必须注意他们如何思考、如何感受、如何表现及如何对别人产生影响”。为了产生改变，当事人必须介入其行为的内部对话中，这样他们才能够在各种情境中评估自己的行为。

1. 行为的改变的三个阶段

第一阶段：自我观察行为改变过程的第一步是来访者学习如何观察自己的行为。来访者需要一个新的认知结构，使他能用新的观点看他自己的问题。这种重组概念的历程是经过来访者和咨询师共同努力而达成的。

第二阶段：开始一个新的内部自我对话。来访者对自己所说的话必须能引起一个新的行为链（behavioral chain），一个与他的不适应行为不相容的锁链。当来访者学习改变那些使他进入治疗的内部对话时，新的内部对话引导出新的行为，这是认知重建的重要结果。

第三阶段：学习新技巧，并在现实生活情境中不断加以练习。认知重建可帮助来访者改变对失败的消极看法，因此能使他更愿意参与所期望的活动。

2. 认知行为矫正技术

有代表性的认知行为矫正技术是应对技能学习程序，其基本原理是通过学习如何矫正认知“定势”来获得更有效的应对压力情境的策略。具体程序如下。

（1）通过角色扮演和想象使来访者面临一种可以引发焦虑的情境。

（2）要求来访者评价他的焦虑水平。

（3）教给来访者觉察那些他在压力情境下产生的引发焦虑的认知。

（4）帮助来访者通过重新评价自我陈述来检查这些想法。

（5）让来访者注意重新评价后的焦虑水平。

3. 压力接种训练

压力接种训练是应对技能学习程序的具体应用。它是一系列技术、过程的组合，包括信息给予、苏格拉底式问话、认知重组、问题解决、放松训练、行为复述、自我监控、自我指导、自我强化和改变环境（情境）。它既可应用于应对当前问题，也可应用于应对未来困难。

梅肯鲍姆（1985）为压力接种训练设计了一个三阶段模型，分别为概念阶段、技能获得和复述阶段、应用和完成阶段。

（1）概念阶段。该阶段的关注点是咨询师与来访者建立一种工作关系。这一点主要是通过帮助来访者获得对压力本质的一个更好的理解，以及用社会交互作用观点来对它进行重新定义而做到的。来访者通常要记一种开放性的日记。在日记中，来访者系统地记录自己的具体想法、情感和行为。

（2）技能获得和复述阶段。该阶段的关注点是教给来访者各种认知和行为应对技术以应用于不同的压力情境。咨询师介绍给来访者一系列的放松方法，并教给他如何使用这些方法来降低压力的唤醒水平。

（3）应用和完成阶段。该阶段关注的是将治疗情境中发生的改变迁移到现实生活中，并将效果维持下去。

压力接种训练既可用于矫正也可用于预防。它的应用领域包括愤怒控制、焦虑管理、自信训练、创造性思维的提高、抑郁治疗和对健康问题的处理。此外，压力接种训练也被用来治疗肥胖者、多动儿童、社会孤立者、创伤后应激受害者以及精神分裂症患者。

第四节　人本主义疗法

人本主义心理学是20世纪60年代在美国兴起的一个心理学学派，创始人是马斯洛，还有戈尔德斯坦（K. Goldstein）、罗杰斯、奥尔波特（G. W. Allport）等。他们认为机体有一种发展自身潜能的内在倾向，人除了具有一般的生物潜能外，还有人所特有的心理潜能，如需要或动机。它有七个层次，自我实现或创造潜能的发挥是最高层次的需要，能带来“高峰体验”的喜悦，人能达到这一层次就是最有价值，并且是最健康的。在这一理论基础上构建的心理疗法，就是要实现对人的价值和尊严的关心，反对贬低人性的生物还原论和机械决定论。

人本主义学派，既反对精神分析学派的潜意识决定论，也反对行为主义学派的环境决定论，而主张从人的意识本身出发来研究人的心理。

人本主义疗法（humanistic therapy）的核心理念包括四个方面：一是个人自由。认为每个人都有自由意志，有能力做出自己的选择，也有能力改变自己的生活。二是个体独特性。要尊重每个人的独特性，强调个体的主观经验和他对自己生活的理解。三是自我实现。认为每个人都有自我实现的潜力，即实现自己的能力与价值的潜力。咨询师的角色是提供一个支持性的环境，帮助个体发现和实现这种潜力。四是人性的积极面。强调人性的积极面，认为人本质上是积极的，有意义的，有能力实现自我完善。

人本主义疗法包括来访者中心疗法、存在主义疗法、格式塔疗法（完形疗法）等。其中以罗杰斯开创的来访者中心疗法影响最大，是人本主义疗法中的一个主要代表。后来罗杰斯又提出将此疗法进一步延伸，改称为以人为中心疗法，更强调以人为本，突出来访者是正常人。

一、以人为中心疗法

在众多的人本主义疗法中，使用最广、影响最大的是罗杰斯倡导的以人为中心疗法，在20世纪中期被誉为继精神分析疗法和行为疗法发展起来的第三大疗法，被视为心理治疗理论中的“第三股势力”。

罗杰斯1940年最初将其理论与治疗称为“非指导性治疗”，1951年改称为“来访者中心治疗”或“来访者中心心理治疗”，1961年之后确立为“以人为中心疗法”或“以人为本治疗”。1979年，罗杰斯曾就这一术语的变化做过解释。罗杰斯说，之所以要使用“以人为中心疗法”，是因为来访者中心治疗的发展进入了一个更为广阔的领域，大大超出了心理咨询和心理健康领域。该疗法名称的演变，显示了罗杰斯对人性理解的改变和心理咨询界对此疗法接纳的过程。

罗杰斯认为个体内部蕴藏着自我实现的强大推动力，咨询师只要提供适宜条件，来访者就能发挥其内在的潜能，自发地开始改变和成长，消除心理问题，达到心理健康。正是基于这种观点，罗杰斯提出了以人为中心疗法，这是一种以来访者为主导的治疗方法，而咨询师的作用退居其后，在治疗中咨询师主要是创造一种帮助来访者了解自身的环境气氛。

以人为中心疗法旨在促进和协助来访者依靠自己的能力自己解决问题。罗杰斯强调，咨询过程中咨访双方共同营造的成长性氛围才是咨询工作的核心，而不是以承担某种角色的单个的“人”为中心。罗杰斯在开创以人为中心的治疗模式、创造团体治疗的新形式、建立良性互动的咨访关系、使用现代化治疗工具等方面均做出了重要的贡献。

罗杰斯的创新之处在于，他的学说提出了一种新的人生观，认为人是可能自我成长和自我实现的。罗杰斯称前来咨询的人为“来访者”，而非“患者”；他和他的追随者们由此总结出一套非常具有指导性的、来访者与咨询师之间更加平等的、以来访者为中心的心理治疗模式，而治疗的目的就是促进来访者的“个人成长”。在临床工作中，咨询师必须根据来访者本人的发展确定治疗的方向，要把治疗重点更多地放在解决现实问题上，而不是以前的问题上；要更重视来访者的感觉，而不是其想法；要更重视来访者自身的资源，而不是咨询师的资源；要更重视来访者的潜能，而不是病态；要更重视治疗中双方的关系，使这种关系能够给来访者提供积极体验，而不是给来访者提供某种合理的解释。罗杰斯相信，每一个人都具有理解和处理自己问题的能力，这也是罗杰斯的以人为中心疗法的核心思想。

（一）心理失调形成的机制

以人为中心疗法重视理解是什么原因使来访者保持了现在的这种行为，而不是满足自己的真正需要。个体根据什么原则行动？什么情况促使精神障碍形成？失调的行为和知觉是怎样保持下来的？罗杰斯关于人格的自我概念理论解答了这类问题。

1．低自我概念和经验、体验的不一致

罗杰斯认为，当经验或体验被准确地言语化，并被结合进自我概念之中时，就可以认为自我概念和经验、体验是一致的，或者说自我概念与机体的自我是协调一致的。而当经验或体验遭到否认或歪曲时，自我概念与经验或体验就不一致了。这种不一致既可在经验或体验是积极的情况下产生，也可在消极的情况下产生。在治疗过程中，来访者大多具有很低的自我概念，经常否认和歪曲来自外部的积极信息反馈，也常常抑制来自其自身的积极情感。

2．紊乱状态和精神崩溃

适应程度低的个体，其自我概念常常阻碍了他自身的感觉和对本体经验或体验的准确感知。在这样的情况下，一旦突然出现某种特别重要的经验、体验或在某一领域中出现非常明显的不协调情况，防御机制就可能失灵，不能成功地控制局面。这样，不仅因其自我概念受到某种程度的威胁而产生焦虑，而且由于防御机制失败，这种经验或体验就可能言语化而被意识到。此时个体就不得不面对着那些他所否认的经验或体验，而这些经验或体验又超出了他所能把握的范围，其结果就是个体出现了紊乱的状态，甚至可能出现精神崩溃的情况。简单的问题也有可能导致严重的失调。罗杰斯提到，当个体寻求“治疗”时，精神崩溃就已经发生了。而一旦出现了精神崩溃的现象，防御机制就开始保护个体免受由不一致的知觉带来的痛楚和焦虑的干扰作用了。

3. 无效的自我概念与心理失调维持的原因

自我概念是理解个体的心理失调状况产生的关键。有效的自我概念允许个体真实地感知其经验或体验，不论这种经验是来自机体内部的，还是来自外部环境的；无效的自我概念，虽然不能使个体正确地感知其经验、体验，却很顽固地固守其阵地，其原因包括四个方面：第一，与有效的自我概念相似，无效的自我概念也使个体感受到了需要的满足，它也是个体适应的源泉。第二，无效的自我概念中包含许多价值的条件作用，这可能会成为人生某一阶段的功能，这些作用一旦被保存下来，还会发展出某些有用的机制。尽管如此，由于价值的条件化产生于个体对积极的评价需要，它们可能作为“情绪的负担（emotional baggage）”而深深植根于自我概念和其结构之中。第三，价值的条件作用越是深深地植根于自我概念之中，它们就越来越难以改变，这是因为要改造它们，必将产生由于意识到自我概念与经验或体验的不一致而导致的焦虑。第四，价值的条件化对个体来说具有使个体价值感下降的作用，这就使得个体很少能有足够的勇气承认和面对他自身的矛盾之处。虽然把不一致的知觉同化到自我概念之中去的可能性时刻存在，但对于适应程度低的个体来说，这种可能性似乎太小了。

（二）基本假设

以人为中心疗法的基本假设：一是人作为人，超越了组成人的各种成分的总和，人不能被还原为其组成成分；二是人具有他独特的存在，这种存在处于特定的人文和生态背景之中；三是人是有意识的，能意识到自己的存在；四是人具有选择能力；五是人具有意向性，行为是有目的的，行为的目的性使得人追寻意义、追寻价值、追求自我实现。

罗杰斯（1967）将以人为中心疗法的基本假设归纳成一句话：“如果我能提供某种特定形式的关系，以及其他人发现自己有能力去运用这种关系以促进成长及改变，则个人的发展就随之而发生。”

以人为中心疗法的理论前提是人有一种与生俱来的实现倾向。人的内在动力是由多种不同的需求组成；人的不同需求是由低级向高级发展，并存在着个体差异性；这种实现的倾向不仅要在生理、心理上维持自己，而且要不断增长和发展自己。当自我与自我概念的实现倾向一致时，人就达到了一种理想的状态，即自我实现。自我得到的经验、体验与自我概念冲突、矛盾时，自我概念受到威胁就产生了恐惧，个体就会通过防御机制否认和歪曲自身的经验、体验。当经验、体验与自我的不一致有可能被意识到、觉察到时，焦虑就产生了。一旦防御机制失控，个体就会心理失调。因此，心理失调的实质是自我概念与经验或体验之间的不协调。基于这种认识，罗杰斯在《来访者中心治疗》一书中，从心理治疗角度解释了什么措施可以使精神状态好转。

因此，以人为中心疗法相信人在本质上是可信赖的，人有不需要咨询师直接干预就能了解自己及解决自己困扰的极大潜能，只要提供适宜的环境气氛，建立有治疗功能的良好关系，使来访者体验到那些被自己否定和扭曲的感觉，学习接纳自己，增进自我觉察，“将一个具有充分潜能的人早已存在的能力释放出来”，助长个体“真实自我”，他就能朝着自我引导的方向成长，得以“实现自我”。心理治疗的实质则是重建个体在自我概念与经验或体验之间的和谐，或者说是达到个体人格的重建。

（三）人格理论

1. 人性观

罗杰斯认为，人性本善，人都存在一种自然成长的力量，会朝向健康、自我实现、自我了解的人格前进。如果给来访者提供一种最佳的心理环境或心理氛围，他就会动员自身的大量资源去进行自我理解，改变他对自我和对他人的看法，产生自我指导行为，并最终达到心理健康的水平。这是因为人性是善的，所以不需要对人进行控制，而且正是企图控制人的欲望才使人“变”坏了。

2. 人格结构

人本主义心理学将人格分为自我和理想自我。

（1）自我（the self）。自我是一套有组织的、可观察的知觉型态。一个健康成熟的人，他的自我概念应当是与他本身的情况相符，也就是与他的真实自我（real self）相符合或者相接近。

（2）理想自我（ideal self）。理想自我是一个人希望自己所具备的样子，是一个人认为重要的和有价值的东西，是个体努力追求的发展目标。

一个心理健康的人的真实自我和理想自我是相当接近或相互符合的。

3. 人格适应

人本主义心理学关于人格适应的相关理论是自我协调和自我不协调。

（1）自我协调是心理健康的关键，指自我与实际经验或体验的一致性。

（2）自我不协调是一种内心紧张、纷乱、焦虑的状态，个人感受到自我概念与实际经验或体验之间出现差距。自我是保守的、保护性的，会采用否认、曲解等防卫行为使自我不受到威胁。

4. 人格动力

人的基本动力就是谋求自我的充分发展，即自我实现的倾向。自我实现的倾向会促使个体发展。

（1）使个体由一个简单的组织成长为一个复杂的组织。

（2）由一个依赖的个体成长为独立的个体。

（3）从一个固执、呆板的状态发展为可以变化的、能够自由表达的状态。

（四）治疗关系（咨访关系）

罗杰斯曾指出：“治疗的成功并非主要依赖于咨询师技巧的高低，而是依赖于咨询师是否具有某种态度。”1957年，他在《治疗性人格改变的充分必要条件》一文中提出，咨询师应以真诚、无条件积极关注和共情的态度对待来访者。他认为咨询师的主观态度影响着咨访关系的质量，而咨访关系对来访者人格的改变所产生的影响远远大于咨询师所采用的治疗技术。

咨访关系需要具备哪些特点，才能有益于创造一种适当的心理治疗气氛，使来访者体验到必要的安全和自由，以促进其人格的改变呢？罗杰斯（1987）认为，下列六个方面是人格改变的必要及充分条件。

（1）两个人有心理上的接触。

（2）来访者表现出表里如一。

（3）咨询师在咨访关系中始终是一位表里如一或整合的人。

（4）咨询师对来访者提供无条件的尊重，或真正的关怀。

（5）咨询师对来访者的内在参考架构有共情的了解经验，并尽量将这种经验告知来访者。

（6）咨询师共情的了解与无条件的尊重在与来访者沟通中应达到让对方能感受到的最低标准。

（五）治疗原则与过程

以人为中心疗法从根本上来讲是一种以咨访关系为导向的方法。以人为中心疗法反对把咨询过程技术化。罗杰斯认为，咨访关系是来访者发生积极改变的充分必要条件，除此之外没有其他的必需条件。咨访关系是咨询过程的开始，是咨询中的主要事件，也是咨询的结束。所以说，以人为中心疗法其实是一种“没有技术的技术”和“没有方法的方法”。

1．咨询师的三个立场

使得咨访关系具有帮助力量的，是咨询师的三个立场（或称三种态度或者三项技术），即真诚一致（坦诚交流）、无条件积极关注、共情（设身处地地理解）。咨询师的态度、个人特质、咨访关系的性质是治疗过程中的首要决定因素，而咨询师的理论知识与技术则是第二位的。

（1）真诚一致。咨询师在与来访者沟通时，要任随自身内部的感受和态度开诚布公地表达和流露，使来访者感受到咨询师对自己的真诚态度，不怀疑咨询师有任何保留，就能使来访者发生内在的改变，并向建设性方向转化。在治疗中要想做到真诚一致地交流，咨询师就必须注意以下五个方面，即：从角色中解放出来、自发性交流、非防御的态度、一致性、自我暴露。

（2）无条件积极关注。咨询师要不带价值判断地表达对来访者的基本尊重，接纳来访者有权产生自己的感受，并且对来访者的接纳与关怀是无条件的，由此创造一种有利于来访者转变自我概念的气氛。

（3）共情。共情开始于全神贯注地倾听。咨询师的倾听和日常生活中的听是不同的，有经验的咨询师能完全进入来访者的内心世界，不仅能理解来访者自己意识到的部分，甚至对来访者自己尚未觉察的潜意识层的意思也能觉察出来，并把这种理解传达给来访者本人。

2．以人为中心疗法遵循的原则

以人为中心疗法遵循以下三个原则。

（1）坚持以人为中心：在整个治疗中，关注的重点是人而不是问题。

（2）治疗转变过程：在整个治疗中，来访者经历的是一个学习的过程。

（3）使用非指令性技巧：在整个治疗中，并不给予“权威性”的指导。

3．以人为中心疗法的实施过程

关于以人为中心疗法的实施过程，罗杰斯提出了12个步骤，同时强调这些步骤是浑然一体的，不能截然分开。

（1）来访者主动求助。这是一个重要的前提。如果来访者没有改变自己的需要，咨询很难成功。

（2）咨询师说明情况。咨询师向来访者说明，对于他所提出的问题，这里并无解决的答案；咨询师只是提供一个场所或氛围，帮助来访者自己找到答案或是解决问题。

（3）鼓励来访者自由表达情感。不管来访者表达出什么样的情感，咨询师必须以友好、诚恳、接纳的态度，促进来访者的自由表达。

（4）咨询师要能够接受、认识、澄清来访者的消极情感。这是很困难，也是很微妙的一步。咨询师接受了来访者的这种信息后必须对此有所反应，但反应应深入来访者的内心，特别注意发现对方暗含的情感，如矛盾、敌意或不适应的情感。咨询师应以接受的态度加以处理，努力营造出一种气氛，使来访者认识到这些消极情感也是自身的一部分。咨询师可以对这些情感加以澄清而不是解释，目的是使来访者自己对此有更清楚的认识。

（5）来访者成长的萌动。当来访者充分暴露其消极情感之后，模糊的、试探性的、积极的情感便不断萌生出来，成长由此开始。

（6）咨询师接受和认识来访者的积极情感。咨询师不加评价地接受来访者的积极情感，让来访者了解自己，使其无须为消极情感而防御，也无须为积极情感而自傲。这样，就能促进来访者自然达到领悟与自我了解的地步。

（7）来访者开始接受真实的自我。由于咨询师对来访者采取了接受和理解的态度，来访者便能有机会重新认识自我，并接受真实的自我，这为其进一步在新的水平上达到心理的整合奠定了基础。

（8）咨询师帮助来访者澄清可能的决定及应采取的行动。新的整合意味着新决定与新行为的产生。咨询师要协助来访者澄清其可能做出的选择。对于来访者此时因恐惧与缺乏勇气而不敢做出决定的表现，咨询师应有足够的认识。这时，咨询师不能勉强来访者或给予劝告。

（9）效果的产生。来访者的领悟导致了某种积极的、尝试性的行动，此时疗效就产生了。由于是来访者自己达到了领悟，自己对问题有了新的认识，并且付诸行动，因此这种效果即使只是瞬间的也仍然很有意义。

（10）进一步扩大效果。当来访者已有所领悟，并开始进行一些积极的尝试后，咨询工作就转向帮助来访者发展更深层次的领悟，并注意扩展其领悟的范围。

（11）来访者的全面成长。来访者不再惧怕选择，处于积极行动与成长的过程中，并有较大的信心进行自我指导。此时咨询师与来访者的关系达到顶点，来访者常常主动提出问题与咨询师共同讨论。

（12）咨询结束。来访者感到无须再寻求咨询师的协助，咨访关系就此终止。通常来访者会对占用了咨询师许多时间而表示歉意。咨询师用上述步骤中相似的方法向来访者澄清这种感情，让他接受和认识咨访关系即将结束的事实。

上述实施过程归纳起来有四个阶段分别为：①预备阶段，即咨访关系的建立过程；②探讨阶段，即协助来访者进行自我探索阶段；③行动阶段，即协助来访者产业动力性态度与行动改变；④跟进阶段，即咨询师的评估与支持。

后来，佩特森（Peterson）提出咨询过程的七阶段说：第一阶段，来访者对个人经验持僵化和疏远态度，来访者不愿意主动寻求治疗和帮助；第二阶段，来访者开始“有所动”；第三阶段，来访者能够较为流畅地、自由地表达客观的自我；第四阶段，来访者能更自由地表达个人情感，但在表达当前情感时还有顾虑；第五阶段，来访者能够自由表达当时的个人情感，接受自己的感受，但仍然带有一些迟疑；第六阶段，来访者能够完全接受过去那些被阻碍、被否定的情感，他的自我与情感变得协调一致；第七阶段，由于上一阶段的变化是不可逆转的，因此在此阶段，来访者对治疗条件的作用，如关注、接纳等已不再看得那么重要。

（六）治疗目标与效果

1. 目标

以人为中心疗法与传统的方法不同。以人为中心疗法的目的在于帮助个体更为独立与整合。它注重个体本身，而不是长久呈现的问题。罗杰斯（1977）认为，治疗的目的不仅在于解决来访者的问题，而且在于协助来访者成长，这样他就更能克服目前和将来所面对的困难。

怎样才能去除防卫面具发现真实自我？治疗的基本目的是建立安全与可信任的咨访关系，使来访者能减少防卫，真实地进行自我探索，进而觉察阻碍成长的各种障碍。在安全的治疗气氛中，来访者开始了解他是因戴了这些防卫面具而失去了真实自我。

除去社会化过程中形成的防卫面具，从虚假的背后显现出来的应该是一个不断实现的来访者。他对自己有较实际的看法和积极的评价。他自我信任和较有自主能力，性格较健康、具有统合性，能够对自己和本身的感受以及对他人较为接纳。他善于评估内在资源，对经验采取开放的态度，能克服压力，易克服挫败，行为表现较成熟、具社会化、适应能力强、乐于继续成长。鼓励并发挥来访者的这些特质，就是以人为中心疗法的目标。

2. 效果

使用以人为中心疗法，能够产生以下几个方面的效果。

（1）实际。使来访者对自己有较实际的看法和积极的评价。

（2）自主。使来访者增加自信和较有能力自主，性格较健康。

（3）接纳。使来访者能够较为接纳自己和他人的感受。

（4）应对。使来访者较少压抑自己的经验，较能克服压力。

（5）适应。使来访者的行为表现得较成熟，适应能力增强。

二、存在主义疗法

存在主义疗法（existential therapy）是一种基于哲学思想来帮助来访者理解和了解自身的心理疗法，也可称为治疗实务的一种智性取向或是咨询师所遵循的一种哲学，因为存在主义疗法并非独立的治疗学派，也不是一种可以明确界定模式的特殊治疗技术。存在主义疗法基于的原则为当生活充满苦难的时候，来访者应如何遵循自己的价值观去生活。

（一）代表人物

1．弗兰克尔

弗兰克尔（V. E. Frankl）是弗洛伊德的学生，受到存在主义哲学家作品的影响，发展了属于自己的一套存在主义的哲学与精神分析治疗法。其基本概念有自由、责任、生命的意义和追求价值等。他还发展出经由追寻意义来治疗的意义治疗法。弗兰克尔指出，现代人拥有生活的工具，却没有生活的意义。当人们不再忙于例行事务或工作时，便可时常体验到当前时代的病征是无意义，或称为“存在虚无”。进行治疗的目的在于促使人们经由外在事务、苦痛、工作和爱来发掘生命的意义与目的。

2．罗洛·梅

罗洛·梅（R. May）是存在主义从欧洲传至美国的代表人物之一，他的著作对美国的存在主义治疗实务有重大的影响。《存在：精神病理学和心理学的新领域》是他将存在主义推广到美国的重要著作。罗洛·梅认为，“存在”需要勇气，而且我们的选择决定了我们成为怎样的人。在我们内心深处，不时会有挣扎交战。虽然我们想追求成熟与独立，但也知道这种成长通常会是一个痛苦的过程。因此，我们就徘徊在依赖时的安全感以及追求成长时的喜悦与痛苦感之间的挣扎交战。

3．柏根塔尔

在《心理咨询师的艺术》一书中，柏根塔尔（J. Bugental）认为治疗是咨询师与来访者一起探索来访者主观世界的一种探险。他强调，这种探索必须是咨询师乐意去接触自己的现象学世界。他说，治疗的重点在于咨询师协助来访者去检查自己如何回答生活中存在的问题，然后重新调整这些问题的答案，使其开始过着坦诚的生活。

4．亚隆

亚隆（I. D. Yalom）依赖临床经验以及实证研究、哲学与文献，发展了他的存在主义取向治疗法，并将重点放在人类最终关心的四项主题上：死亡、自由、存在的孤独，以及无意义。亚隆的《存在主义心理治疗》，被视为一种前所未有的成就。亚隆认为弗兰克尔是一位卓越的实用主义思想家，对他的著作和存在主义治疗实务均产生相当大的影响。亚隆相信大多数有经验的咨询师，不论其持有何种理论取向，都采用了他书中所讨论的存在主题。他认为，上述四项主题构成了存在主义心理动力的核心，也跟存在主义治疗实务密不可分。

（二）运作原理

生活中，我们都面临着一些普遍的准则条件，而应对这些准则条件的不同选择，造就了人和人之间的差异。例如，人终有一死，有些人却无法面对这一事实，但有些人却能直面并坦然地过着充实的生活。

存在主义疗法既不评判来访者，也不对其施加压力。该疗法的目的是帮助来访者了解自己的价值观、信仰和态度。一旦来访者真正了解到自己的内心，就可以自由地决定自己的思想、情感和行为是否有助于他过上有意义的生活。

存在主义咨询师不会从心理疾病的角度看待来访者，而是帮助他反思内心，阐明自己的“价值观和信仰，以及对世界的态度”。

（三）理论依据

1. 自我知觉能力

我们之所以能够做决定及反应，是因为我们拥有自我觉察的能力。觉察能力愈强，自由的可能性也就愈大，因为拓展我们的觉察能力，能增进我们充分体验生活的能力。

2. 自由与责任

存在主义理论的核心观点是：尽管我们渴望自由，但是我们常常会想方设法逃离我们的自由。尽管我们无法选择是否来到这个世界，但是我们可以选择自己的生活方式、选择自己希望成为怎样的人。正因为这种自由的存在，我们就不得不承担起指导自己生活的责任。咨询师的主要任务有两个：一是要帮助来访者意识到自己是如何让别人来为自己做决定的；二是要鼓励他逐渐学会为自己做决定。

3. 建立自我认同感并建立对个体有意义的人际关系

我们大多数人的麻烦往往出现在我们努力通过生命中的重要他人寻求方向、答案、信仰与价值的这个过程中。我们不信任自己，也不从自身寻找生活冲突的答案，反而去努力成为别人希望我们成为的那个人。这样，我们的生活就根植于他人的预期，而我们也将和自己形同陌路。存在主义咨询师可能会以要求来访者强化自己的感受开始治疗的过程。

4. 寻求意义、目的、价值和目标

治疗过程的任务就在于帮助来访者创建一个与其存在方式相符的价值观体系。来访者时常会被生活的空虚所困，因此他就会放弃为自己的生活寻找意义的努力。咨询师的职责不是告诉来访者他的生活意义是什么，而是要指出，哪怕是在痛苦的时候，他也能发现生活的意义。

5. 焦虑是生活的条件

存在主义焦虑是人们在面对“存在的问题”，如死亡、自由、选择、孤独和无意义是不可避免的结果。存在主义焦虑可能会成为引发个体成长的刺激物。很多寻求治疗的来访者都希望找到消除其焦虑的办法。然而，开辟新生活必然意味着要接纳新焦虑，所以，如果来访者尝试减少焦虑，那么必然要为此付出高昂的代价。德意珍（E. V. Deurzen）认为存在主义疗法的核心目标不是帮助来访者过上更舒适、轻松的生活，而是鼓励来访者承认并处理不安和焦虑的根源。正视存在主义焦虑就是要将生活看作一个充满冒险的旅程，而不是让自己停留在看似可以提供保障的安全感后面。

6. 觉察死亡

亚隆（2003）指出，咨询师应该直接和来访者说明死亡的现实性。亚隆认为我们对死亡的恐惧会潜伏下来并对我们的生活造成终身的负面影响。存在主义疗法的其中一个焦点就是要探索来访者对自己重视的工作的投入程度。一般来说，畏惧死亡的人必然会畏惧生活。当我们从情绪上接纳自己最终必然死亡的现实之后，我们就将更加清醒地认识到自己行为的重要性、认识到我们所面临的选择以及我们的终极责任。

（四）治疗技术

存在主义疗法并不像其他的心理学学派拥有一套定义完整的治疗技术，因此该疗法有时会引用其他学派的技术。以下是咨询师与来访者合作使用的、帮助来访者对自己重要的人、事、物进行识别和反思的四种干预技巧。

1．建立联系

与其他的疗法类似，存在主义疗法也会有开场会谈。在开场会谈的阶段，咨询师会了解来访者生活中的困难，同时帮助来访者评估自身的优势以及局限性。通过会谈，来访者会认识到咨询师并不是在提供同情和怜悯，而是利用存在主义的理论和技术来帮助自己增进对生活的探索能力。开场会谈需要注意四个方面：一是来访者的焦虑来自他对自身脆弱性的澄清所引发的不安全感；二是治疗的目的不是消除来访者的焦虑，而是为了找到他在不安定中生活的勇气；三是真实的生活包括利用生活本身来寻找目标以及意图；四是寻找真实的生活只是一个目标，有可能目前还没实现，但在寻找的过程中还是充满了乐趣和活力。

2．探索四个世界

利用人所存在的四个世界来定位来访者的位置，促使来访者思考那些无法解决的困境与生活中的悖论：一是物理世界，将生存环境与死亡联系在一起，并引导思考，“如果我随时都有可能死去，那怎样才能充分地生活？”。二是社会世界，我与具有相同文化背景的人有何种联系，其他人又是为了什么而活。三是个人世界，我该如何与自身产生联系，包括个人的想象力，以及如何看待未来和过去，我又如何才能成为“我自己”。四是精神世界，我如何与未知的事物、个人的价值体系，以及对于理想世界的愿景相互产生联系，而我又该如何去生活。

3．绘制来访者的世界观

来访者的世界观包括对自己、对他人和对世界的态度、期望和假设。咨询师需要和来访者一起识别和绘制来访者的世界观，并帮助其建立符合自身的生活方式。这有助于来访者理解他在一个不断变化的世界中的位置并赋予其意义。

4．选择和改变

存在主义疗法中，咨询师应当鼓励来访者掌握自己的选择权，这有助于了解现实，并认识到现实是来源于自身的行为。并且，咨询师需要让来访者明白真实的生活需要承担风险，并鼓励其对事情的结果负责。

另外，由弗兰克尔创立的意义治疗法发展出了两种治疗技术，即矛盾意向法和减反省法。

（1）矛盾意向法。对于预期焦虑的来访者，弗兰克尔提出矛盾意向法，要求来访者故意去恐惧他所害怕的东西，使来访者的态度颠倒。通过矛盾意向法，来访者可以客观地观察自己的焦虑，能够避免因对于焦虑的期待不安导致焦虑上升，呈现恶性循环的状况。

（2）减反省法。减反省法适用于解决来访者的过分注意和过分反省。反省通常是潜意识的自动的思考，反省过剩时往往会阻碍行为的进展。因此来访者必须依靠减反省法重建自己身心是值得信赖的理念。而减反省法的另一作用是希望来访者能将注意力转到生活的积极面，朝未来的方向看，而避免将注意力集中在当前的困境。

（五）治疗阶段

1．澄清

第一阶段，咨询师要帮助来访者找出并弄清楚他们对世界的看法。让来访者说出并质疑他们看待和了解自己的存在的方式。咨询师考察他的价值、信念、假设的可靠性。这个任务对很多来访者来说都是困难的，因为他们最初认为问题都是由外部原因引起的。来访者可能会着重于讲述他人怎样“让他们感到”如何，或者他们的行动（或没有行动）如何主要是他人的责任。咨询师要教会来访者怎样考察自己的存在，检查他们自己在造成生活中的问题上的作用。

2．订立改变的目标

第二阶段，咨询师要鼓励来访者更全面地考察他们当前价值观的来源和权威性。这一自我探索过程通常会产生新的想法，导致他们的价值和态度在某种程度上会重建。来访者会更好地考虑什么样的生活值得过，对自己内部的价值过程有更清晰的了解。

3. 行动

在存在主义治疗的最后阶段中，咨询师要帮助来访者将所学到的有关对自己的了解付诸行动。治疗的目标是让来访者找到办法将他们考察过的和内化的价值以具体的方法给予实施。来访者通常会发现他们的强项，找出并利用这些强项帮助自己过一个有目标的生活的方式。

（六）贡献与局限

1. 贡献

存在主义疗法对心理治疗具有以下五个方面的贡献。

（1）强调来访者的自主性、尊严和价值。它既不像精神分析疗法将来访者都视为病人，受潜意识主宰；也不像行为主义疗法认为来访者可以经过改造，被塑造成任何样子。

（2）为心理治疗法提供了一个完整的哲学根基。存在主义疗法带给咨询师许多关于内在信念的思考：人类的本质是什么？人类行为有可能改变吗？谁来做决定，咨询师还是来访者？自由的本质是什么？人能自由决定吗？咨询师是价值中立或价值导向？应该如何处理价值问题？

（3）注重来访者的个体状况，弹性运用咨询技术，不流于机械化。

（4）意义治疗法适用于精神官能症。来访者有属于在命运上不可抗拒的遭遇，如残障、绝症或长期卧病在床。患有精神官能症的来访者的独特的心理困扰时常会被转至精神层面。意义治疗所要处理的是这些来访者具有讨论远大目标的能力。

（5）现代工商业社会的结构，许多人感到空虚、疏离、冷漠、无意义，存在主义疗法重视人存在的问题，正适用于现代人。

2. 局限性

存在主义疗法最受人批判的地方是，它缺少对治疗原理、原则及心理治疗实务做系统性的陈述。此外，它也经常被批判为缺乏严谨的方法。

存在主义疗法往往采用自我实现、会心对话、真诚性和存在世上等含糊且笼统的术语，来叙述自己的治疗风格。由于缺乏明确性而常常令人迷惑，也使得该疗法对指导有关针对存在治疗过程与结果的研究产生困难。

（七）应用举例

1. 如何使用存在主义疗法来治疗悲痛

亲人的死亡不论对于谁来说都是一种打击，谁都希望可以尽早克服这种悲痛，恢复到正常的生活中。但是，时光不能倒流，生活还是需要继续。存在主义疗法通常会让来访者在一个安全的空间内，咨询师为他提供支持，并谈论有限的生命对于失去的人和自己的意义。

2. 如何使用存在主义疗法来治疗抑郁症

抑郁通常会让一个人缺乏改变生活的力量，个体通常感到无助和被动。存在主义疗法认为，抑郁不是一个人所拥有的情感，而是个体本身及其如何定义自己存在于这个世界的方式。咨询师会鼓励患有抑郁症的来访者承担风险，重新定义世界，也重新定义自己。

三、格式塔疗法

格式塔主义是20世纪初在德国出现的反对冯特构造主义的一个学派，主要代表人物是韦特海默（M. Wertheimer）、苛勒（W. Kohler）、考夫卡（K. Koffka）。它诞生于1912年，“格式塔”是德文“Gestalt”一词的音译，意思为“形式”“形状”，在心理学中用这个术语表示的是任何一种被分离的整体。格式塔学派认为，人的心理意识活动都是先验的“完形”，即“具有内在规律的完整的历程”，是先于人的经验而存在的，是人的经验的先决条件。人所觉察到的外界事物和运动都是完形的作用。人和动物的智慧行为是一种新完形的突然出现，即“顿悟”。

德裔美籍心理学家皮尔斯（F. S. Perls）博士在一次精神分析年会上受到很大的打击，从此他彻底脱离精神分析学派，于20世纪60年代提出格式塔疗法（Gestalt therapy），他认为这种疗法的本质是“我必须对于自己的存在承担一切责任”。这种疗法主张通过增加对自己此时此地躯体状况的知觉，认识被压抑的情绪和需求，整合人格的分裂部分，从而改善不良的行为。格式塔疗法是自己对自己疾病的觉察、体会和顿悟，是一种修心养性的自我治疗方法。

（一）格式塔疗法概述

1. 格式塔疗法的基本理念

格式塔疗法的基本理念为：每个人都有一种自我整合的倾向和内驱力，后天的社会化过程虽然会使人压抑自己的需要而与真实自我疏离，以致显示出虚假、扭曲的自我形象，但只要不留恋过去，不逃避体验现在，而去真实地认识此时此地的现在，直接表达从未被充分体验但不知不觉中被带入现实生活里的各种负性情绪，并面对自己的生活和周围的环境，接受自己的本然状态，按照满足自己需要的本然状态生活和自然成长，就能调整由非整合状态而导致的心理问题。

2. 格式塔疗法的基本要点

格式塔疗法具有以下四个基本要点。

（1）人都有能力处理好自己的事情，咨询师的中心任务是帮助来访者充分认识到自我在现实中的存在和感受。由此，咨询师不求为来访者的困难做解释与指导，而是鼓励来访者主动承担责任，主持自我的治疗与改善。

（2）人应该将精神集中在现实的生活与感受当中，而不要对过去的事情念念不忘。来访者的许多焦虑都产生于不能正确对待以往生活向当前生活的过渡，以逃避现实的做法来处理生活中的种种挑战和压力，这严重阻碍了他的健康成长。

（3）使人积极面对现实、健康成长的一个重要手段，就是帮助他完成内心中的那些未完成的情结。来访者因以往生活中的某些心灵创伤和刺激经历所留下的不良情绪体验（如懊恼、悔恨、内疚、愤怒等），它们犹如一个个心结系住了来访者在现实生活中的自由活动，而要使他全心全意地投入现实生活，就必须排除这些心结的干扰。

（4）在咨询手法上，格式塔疗法强调帮助来访者由环境支持转向自我支持，以使来访者从一开始就不依赖他人，尽量挖掘个人的潜能。

3. 格式塔疗法的基本原则

格式塔疗法遵循以下基本原则。

（1）重视来访者此时此地的感受和体验，帮助来访者恢复自知力并使其关注现在的现实生活。

（2）让来访者尽量使用人称代词“我”说话，以使其意识到自己应该对自己的情感和行为负责。

（3）与来访者直接对话，使其敢于面对自己的感受和体验，尽量少提问，以免其过多回忆或想象。

（二）格式塔疗法的治疗目标

格式塔疗法的基本目标在于帮助来访者达到觉察的状态，以及经由觉察而获得更多的选择、肩负更多的责任。觉察包括：了解环境、了解自己、接纳自己，以及能与别人会心接触。觉察能力的提升与丰富化，本身被认为就具有疗效。如果未能觉察，则来访者就没有工具去进行人格改变。有了觉察之后，他就有包容力去面对与接纳自己原先拒绝接受的部分，并能充分地去体会这一部分的主观性，于是他会变得逐渐统一与完整。在来访者停留在觉察状态时，重要的未完成事件总是会浮现出来，此时就可以在治疗中加以处理。格式塔疗法是帮助来访者去注意到自己的觉察历程，使他因而能够负责，能够有所筛选地做选择。在来访者与咨询师真诚地会谈的背景下，来访者的觉察就会出现。

（三）格式塔疗法的技术与应用

格式塔疗法的技术在于帮助来访者获得更敏锐的觉察力、体验内在的冲突、解决不一致性和两极化的问题、突破构成阻碍的僵局，以解决未完成事件。皮尔斯等人对格式塔疗法的一些技术曾有简明扼要的描述，包括对话练习、空椅子技术、绕圈子、我负责、投射、倒转技术、预演练习、夸张练习、感觉留置、完形梦境治疗。

1．对话练习（the dialogue exercise）

格式塔疗法的目标就是要使来访者的个体功能获得整合，进而容纳其人格特质中被否定及拒绝的部分。咨询师尤其需要注意来访者人格上的功能分裂状况。而人格功能主要可分成“优势”（top-dog）及“劣势”（under-dog）两极，因此治疗的重点也就在于此两者之间的平衡上。通过对话练习使来访者觉察自己人格功能上的优势和劣势。

2．空椅子技术（empty-chair）

空椅子技术是使来访者的内射外显的方式之一。此技术运用摆放两张椅子，要求来访者坐在其中一张椅子上，扮演一个胜利者，然后再换坐到另一张椅子上扮演失败者，而让来访者所扮演的两方持续对话。这项技术本质就是一种角色扮演，让来访者去扮演所有的部分。通过这种技术，可使内射表面化，使来访者充分地体验冲突，而由于来访者在角色扮演中能接纳和整合胜利者与失败者，因此冲突可得到解决。同时此技术会协助来访者去接触他潜藏内心深处的情感，以及连他自己都可能否定的一面；借此他可将情感外显化，并充分去体验它，而非仅止于讨论而已。此外，这个技术可以帮助来访者借此去了解这种情感是他真实情感的一部分。

3．绕圈子（making the rounds）

绕圈子，此项格式塔疗法的治疗技术包括要求团体中的某位成员走到其他成员面前向对方说话，或做某些事，它的目的就是要去达成面质、冒险、表达自我、试验新行为模式、促进成长及改变。当咨询师觉得某位参与者的问题有必要使其面对团体中的其他每一位成员时，不妨用此技术。

4．我负责（I take responsibility for...）

咨询师也许会要求来访者在每个陈述之后加上“但我会为……负责”。例如，“我觉得无聊，但我会为我的无聊负责”“我现在不知道说些什么才好，但我会为我的不知道负责”“我觉得受到排斥及孤独，但我会为此种受排斥感负责”。此种技术的使用可有效拓展来访者的感觉领域，同时帮助他接纳和认识自身的情感，以替代自己的情感投射到他人身上。尽管这项技术有点机械化，但却颇具价值。

5．投射（playing the projection）

投射是指一个人在他人身上所看到的事物，其实正是自己所具有的但却不愿看见也不愿接纳的。一个人往往会花费很多精力去否定自己的情感，以及把某些动机转嫁到他人身上，因此，在团体里，当某个来访者在说他人的时候，常常是他自身属性的投射。在投射的过程中，咨询师会要求说“我无法信任你。”这句话的来访者去扮演一个不值得信任的角色，以便让扮演他人的来访者能够发现不信任原来是一种内在的冲突。换言之，咨询师是在要求该来访者去“试演”（try on for size）他在团体中对他人的叙述。

6．倒转技术（the reversal technique）

来访者的某些症状和言行，常常是其潜在行动的倒转表现。针对此种情况，咨询师可要求这类因过分胆怯而痛苦的来访者，试着在团体中扮演一个爱表现的人。倒转技术的进行方式在于，要求来访者潜入每件会为他带来焦虑的事件中，去与他自己已经埋没和否认的部分接触。此项技术可以帮助来访者能够开始去接纳从前被否定的某些个体属性。

7．预演练习（the rehearsal exercise）

皮尔斯认为，我们内心的许多想法其实都在预演中。我们常常在想象世界里预演我们在现实社会中所期望扮演的角色。而当实际表演开始时，因为怕自己演不好，恐惧与焦虑便袭涌而至。由于内在的预演消耗了我们太多的精力，因此抑制了我们的主动性，也阻碍了我们去尝试新行为模式的意愿。借助团体成员相互帮助的治疗方式，并彼此分享预演的情境，可使来访者更能觉察出他们内心预演各种社会角色的情形，同时也使得他们更能觉察他人对自己的期望并设法去达成。此外，这也使得他们自己更能觉察到希望被他人赞美、接纳和喜欢的程度与范围。

8．夸张练习（the exaggeration exercise）

格式塔疗法的目的之一，就是要使来访者更能敏锐地觉察自己身体语言所传递的微弱讯号或线索。虽然动作和姿势都能够用来传递信息，但所表达的内容也许并不很完整。若能要求来访者重复夸张地做出其想表达的动作或手势，将可使其与该行为有关的情感强烈化，进而使其内在隐藏的意义更清楚地表现出来。

9．感觉留置（staying with the feeling）

来访者在情感或情绪不愉快而想逃避的关键时刻，咨询师立即要求对方保持着这样的感觉。绝大多数的来访者都想逃避恐惧或不愉快的感觉，但咨询师会借此机会要求他们停留在体验到的恐惧或不愉快中，从旁鼓励他们趁机去深入探讨这些想要逃避的感觉。要去面对、体验感觉，不仅只需要勇气，同时也要愿意忍受去除障碍时可能遭遇的痛苦，但经历这些之后，却能使来访者有崭新的成长。

10．完形梦境治疗（the Gestalt approach to dream work）

格式塔疗法并不主张去解析梦境，而是要把梦境带至现实生活中使之重现。此时梦已不被当作是过去的事，而是要在现在表现出来。做梦的人或许正是梦境中的一部分。对于梦境的处理方式包括：展现梦境，回忆梦境里的每个人、每件事、每件物品及每种心情，然后将自己变成梦中的每一部分，尽量去表现梦境，并引出对话。由于梦境的每一部分都假设是自我投射，做梦的人会为梦里的各个角色或短暂的际遇编造出剧本，而梦中不同的部分，就是自己的矛盾和不一致层面的表现。通过这些相互对立层面间的对话，来访者于是能逐渐觉察到自己情感表现的世界。

（四）格式塔疗法的贡献与局限性

1．贡献

无论是个体咨询还是团体咨询，这种行动式的疗法可以把冲突和挣扎带进生活，借助这种疗法，来访者可以实际体验他们的挣扎，而非只是以一种敷衍的态度，不停地谈论问题。这样做的结果特别能增进来访者体验现实的觉察力，使其能发现自己崭新的一面。

格式塔疗法的另一项贡献，就是运用活泼的方式，把过去与问题有关的部分带进现在，然后再以生动的态度来处理这些过去的问题。咨询师用颇具创意的方法来激励来访者，借此帮助他们能够觉察以及有能力去清除有关现实功能的障碍。此外，在咨询过程中注意来访者显性言语内容及肢体动作也是一个有效的治疗方法。格式塔疗法借助技术的运用和敏锐的观察，可帮助来访者强化以此时此刻为中心的觉察力，这使他们不但能觉察到此时此刻的感觉与想法，同时也可完全明白自己正在做些什么。经过这种历程后，他们便能对自己的一言一行承担起更大的责任。

2. 局限性

格式塔疗法虽然对心理治疗有突出的贡献，但也有其局限性。

（1）格式塔疗法不太重视人格的认知。皮尔斯的确不鼓励对一个人的经验做思考。许多格式塔疗法学者强调觉察和表达感觉，却往往忽视了检视思考的部分。部分从事实验治疗的工作者认为，把认知结构带进治疗中所体验的事物，正是抗拒感觉体验此时此地的一种防卫。

（2）目前的格式塔治疗工作极重视咨询师与来访者间的接触与对话，即治疗过程中的存在性会心晤谈，此种晤谈对来访者有益。要使格式塔疗法真正发挥功效，咨询师本身必须要有较高层次的人格发展，一方面能完全觉察自己的需求，而且能让这些需求不至于干扰到来访者的治疗过程；另一方面能敏锐地处于此时此刻，同时能无防卫地自我坦露。但是，期间仍存在着一种危险，即若咨询师欠缺纯熟的训练，极可能会有一种要将治疗重心置于给来访者深刻印象的积极欲望上，并试图要操纵他们。

第五节　其他的疗法

一、森田疗法

森田疗法（Morita therapy）是20世纪20年代前后由日本精神病学家森田正马在总结国内外心理治疗方法，以及自己十多年临床治疗经验基础上，反复探索实践，不断改进、完善而创立的一种基于东方文化背景的、独特的、自成体系的心理治疗理论与方法。日本东京慈惠会医科大学森田正马教授生前把他独创的心理疗法称为神经症的“特殊疗法”，1938年森田正马病逝后，他的学生们将这种疗法命名为“森田疗法”，也有的学生称之为“创造性的体验疗法”，还有的学生称之为“不问疗法”“家庭疗法”“顺其自然疗法”“洞察疗法”“禅疗法”“根治的自然疗法”等，目前大多数用“森田疗法”。该疗法是具有独特哲学色彩和人生理论的日本心理疗法，属于与精神分析疗法、行为主义疗法和人本主义疗法可相提并论的地位的认知疗法领域。森田疗法主要适用于强迫症、社交恐怖、广场恐怖、惊恐发作的治疗，另外对广泛性焦虑、疑病等神经症，还有抑郁症等也有疗效。森田疗法随着时代在不断继承和发展，治疗适应证已从神经症扩大到精神病、人格障碍、酒精药物依赖等，还扩大到正常人的生活适应和生活质量中。

（一）基本概念

1. 神经质与神经质症

“神经质”一词是森田正马基于对神经衰弱等神经症的本质的特殊看法而提出的。它表现为来访者存在某种症状，因而主观感觉到这对于正常生活造成不良影响，因此来访者本人具有从症状中摆脱出来的强烈欲望，并积极努力地克服症状的倾向。

森田正马认为神经质的症状纯属主观问题，而非客观的产物。神经质症状是疑病素质和由它引发的精神活动过程中的精神交互作用所致。因此，森田正马不把“神经质”作为一种疾病看待。

“神经质症”是森田正马的学生——森田疗法的另一代表人物高良武久提出来的。高良武久认为：神经质症是神经症中的一部分，是具有神经质症状的神经症，森田疗法不可能治愈所有的神经症，只有神经质症才是森田疗法的真正适应证。森田正马根据症状把神经质症分成普通神经质症、强迫神经质症（恐怖症）和焦虑神经质症（发作性神经症）三类。

神经质症的特点一般包括以下几个方面。

（1）具有克服病态恢复正常的强烈欲望。

（2）对自己的病态表现有批评能力。

（3）其发生机制在正常心理学上能充分理解。

（4）在疑病性基础上，由某种体验诱发，通过精神交互作用、自我暗示、精神拮抗、思想矛盾等使之发展，形成心因性疾病。

（5）症状带有主观的虚构性。

（6）没有实质性的智能障碍或情感迟钝。

另外，患有神经质症的来访者的性格特征可以概括为以下几个方面。

（1）内向、内省、理智、追求完善。

（2）感情抑制性，很少感情用事。

（3）比一般人敏感，爱担心。

（4）好强、上进、不安于现状，容易产生内心冲突。

（5）执着、固执、具有坚持性。

（6）具有一定程度的智能水平。

2. 疑病素质

所谓疑病素质，是一种精神上的倾向性，或称素质。森田正马认为精神上的倾向性有内向与外向之分。人们健康的精神生活是依靠这种内向性和外向性的协调活动而形成的。如果人的精神活动出现了大的偏向，就会逐步形成一种明显的精神上的倾向性。

疑病素质即一种担心患病的精神上的倾向性。具有疑病素质的人精神活动内向，内省力强，对自己心身的活动状态及异常很敏感，被自我内省所束缚，总是担心自己的身心健康。精神活动内向、富于内省在人的精神生活中起着重要作用，是不可缺少的。但如果过分担心自身状况、过分的自我关注，则会产生消极作用，形成疑病素质。森田疗法认为疑病素质是神经质症发生的基础。

3. 生的欲望和死亡的恐怖

富于内省、关心自己的身体状况，这是人人都会有的正常表现，按照森田正马的理论，这是一种人类本性的生存欲望的表现。

神经质来访者生的欲望过强，想达到完善的状态，反而容易陷入“死亡的恐怖”之中去。

患有神经质症的来访者都是生存欲望极强的人，但他们并不是生来就患有神经质症的。而是随着生存欲望的发展，想过超出正常人的生活，但由于某种契机诱发了其疑病体验，使其精神能量不再朝向外界而是完全朝向自己的身心。过高的生存欲望同时伴有对死亡的恐惧。这种对死亡的恐惧常常与惧怕失败、害怕疾病、恐惧不安等心理活动相联系。

生的欲望过于强烈，对自己或事物存有超出寻常的要求，就会因惧怕达不到自身的欲望而产生对死亡的恐惧。此时，若有某种诱发的契机，如感觉到心脏的跳动，就可能把原来属于正常范围的生理现象误以为是病态（如心跳过速）。而努力排除这种病态的结果，是对外界的关心程度开始下降，精神活动完全向内，陷入精神的内部冲突之中，导致神经质症状的产生。因此可以说，过高的生存欲望同时就会伴有对死亡的恐惧，这导致了精神活动的内向性，形成疑病素质，成为神经质症产生的基础。

4. 适应不安与精神交互作用

在环境发生变化时，每个人都会有不安的感觉。但具有疑病素质的人，或排斥适应不安感觉的人，对不安更加注意，由于精神交互作用的影响，使其感觉和注意相互加强，更易于由不安发展成为慢性神经质症。所谓精神交互作用，就是指因某种感觉，偶尔引起对它的注意集中和指向，那么，这种感觉就会变得敏锐起来，而这一敏锐的感觉又会越来越吸引注意进一步固定于它。这样一来，感觉与注意彼此促进、交互作用，致使该感觉愈发强大起来，这种精神活动过程就是精神交互作用的过程。

因此，如果说疑病素质对神经质症的发病具有决定作用，精神交互作用则可以说是对神经质症症状的发展起着决定性的作用。

5. 精神拮抗作用

如果说神经质症的发病与疑病素质有关而其症状的发展与精神交互作用有关，那其症状给神经质症来访者带来苦恼的根源，则与思想矛盾造成的精神拮抗作用的加强有关。

森田正马认为，人的精神活动有一种对应和调节的现象，这种现象类似人体中作用相反、彼此制约、相互调节的拮抗肌的作用，因此被称为精神拮抗作用。精神拮抗作用具体表现为：当一种心理出现时，常常有另一种与之相反的心理出现，如恐惧时常出现的不要怕的心理，受表扬时反而涌现内疚的感情等。

综上所述，森田疗法关于神经质症的形成机理可概括为：由于疑病素质的存在，在偶然事件的诱因影响下，通过精神交互作用而形成神经质症状。造成神经质症的根本原因则在于想以主观愿望控制客观现实而引起的精神拮抗作用的加强。神经症就是一种注意固着状态，是本来正常的心理、生理现象因来访者对人性的错误认识而引起注意，通过精神交互作用，注意固着在这些心理、生理现象上，导致了反常的苦恼等症状。

（二）治疗方式

1. 住院式治疗

住院式森田疗法一般为40天，分为四个阶段。

（1）第一阶段，把来访者隔离起来，禁止来访者与他人会面、谈话、读书、吸烟及其他消遣的活动。除进食、大小便外几乎绝对卧床。绝对卧床期为4天，而后改成1周；1周也没有效果的，可延长至10天或2周。森田正马认为绝对卧床期对失眠、焦虑和苦闷明显的来访者有显著效果。

（2）第二阶段与第一阶段类似，禁止来访者与他人会面、谈话、外出，卧床时间限制在7 ~ 8小时，白天一定到户外接触空气和阳光。该阶段让来访者开始写日记。该阶段一般是4 ~ 5天，不超过7天为宜。

（3）进入第三阶段后，来访者可随意选择各种重体力劳动，如拉锯、田间劳动、庭院劳动、手工等工作。与此同时加上读书的内容。在该阶段，不同的来访者，所需时间不同，以1 ~ 2周为宜。

（4）第四阶段让来访者进行适应外界变化的训练，为他回到实际的日常生活中去做准备。

2. 门诊式治疗

门诊式治疗主要通过医生与来访者一对一的交谈方式进行，一般1周为1 ~ 2次。医生在掌握来访者生活史的基础上，尽可能理解来访者的现实情况，不将症状作为讨论的主要内容。要鼓励来访者面对现实，放弃神经质的抵抗症状的立场，认识到事物不以自己的主观愿望而转移，认识到接受症状的本来面目，不试图去控制，症状就会改观。治疗中，医生应尽可能用提问的方式启发来访者对问题的理解，而不是过多地采用说服的方式。

（三）适应证

森田疗法的适应证如下：一是自认为患病者（疑病）。这种来访者虽然机体功能正常，经医生检查躯体并未患病，但却怀疑甚至坚信自己身体有病，例如，认为自己患有心脏病、高血压，或者某处长有肿瘤、病变等，常常处在对自己疾病的担忧和恐惧之中，被失眠、头痛、乏力、疲劳，脑力减退、记忆力下降、注意力不集中、效率低下，劣等感、忧虑等不良感觉困扰。二是存在烦恼、忧虑、情绪低落，社会适应困难的人。这种来访者感到世道艰辛，人生不如意十之八九，时常处于忧虑、恐惧、紧张的状态之中，担忧自己不能适应社会要求，有的甚至伴有严重的社会适应困难、心理困扰和障碍等。

（四）适宜来访者特点

森田疗法的适宜来访者具有以下几个方面的特点。

（1）不存在生理上的器质性病变，医生无法从来访者生理上检查出病状，但来访者确实感觉到自己有病，并对正常的生活、工作和学习造成严重的影响。

（2）内省力强，遇事总往坏处想，消极暗示多，忧心忡忡，情绪低落。

（3）完美欲强，追求的理想、目标往往很高；不容许自己失败、出错；对自身某些不如人意的客观现实难以接受，并做出各种努力，极力消除之而后快。

（五）治疗原则

采用森田疗法治疗神经质来访者时，首先要帮助来访者认清神经质症到底是一种什么样的疾病、其症状是怎样发生的、神经质者的性格特征如何。搞清神经质症的本质对治疗有极重要的作用。有些来访者弄清了症状的本质就很快治愈了。在治疗过程中，一般遵循以下几条基本原则。

（1）顺其自然。森田正马认为，当症状出现时，越想努力克服症状，就越会使自己的内心冲突加重，苦恼更甚，症状也就越顽固。因此，如果症状出现时，应对其采取不在乎的态度，顺应自然、既来之则安之，接受症状，不把其视为特殊问题，以平常心对待。对于由不得自己的事情，即使着急也无济于事，只能面对现实、接受现实。就像天气一样，不管其好坏，都应该任其自然，坚持去做自己能做的事。顺其自然不是放任自流、无所作为，而是来访者一方面自然接受自己的症状和情绪，另一方面靠自身努力带着症状，去做自己应该做的事。

（2）忍受痛苦，为所当为。神经质症来访者常常采取逃避痛苦的态度。要想改变，必须做到无论多么痛苦，都应该做到忍受痛苦投入实际生活中去，做应该做的事情，这样就可以在不知不觉中得到改善。不忍受痛苦坚持去做自己应该做的事情，从事积极、有效、建设性的活动，症状就永远不可能改善。只有当来访者把原来集中于自身的精神能量投向外部世界，在行动中体验到自信与成功的喜悦，症状就会淡化直到消失。

（3）目的本位，行动本位。森田疗法主张来访者抛弃以情绪为准则的生活态度，而应该以行为为准则。神经质者共有的生活态度是看重情绪，常常感情用事。情绪不好时什么都不想做，一些平常的生理现象也觉得是得了病。森田疗法要求来访者对于不受意志支配的情绪不必予以理睬，让他们重视符合自己心愿的行动，唯有行动和行动的成果才能体现一个人的价值。“与其想，不如做。”对情绪既来之则安之，不受其控制，要为实现既定的目标去行动。

（4）克服自卑，保持自信。神经质者有极强的追求完美的欲望，做事务求尽善尽美，对自己苛刻。事实上，人无完人，我们每天都可能出现各种意想不到的失误。苛求自己的结果只能使自己感到失望、失败，从而失去信心。对于神经质者来说，当事实与他们的主观愿望背道而驰时，事实就不可避免地成为不完美恐怖，常常夸大自己的不足与弱点，并为此苦恼不堪，自卑自责，低人一等，结果一事无成。

二、家庭疗法

家庭是社会的一个功能单位，组成家庭的每个成员的人格、价值观以及社会适应模式与人际关系，既在家庭的熏陶下形成，又会在彼此之间产生正面或负面的相互影响。但如果家庭功能不良，每个成员必定在不同程度上卷入家庭纠纷，在不良的家庭关系中都占有一角，从而导致不良的人际关系、情感或行为障碍。

家庭疗法又称家庭心理治疗、家庭治疗，是指对家庭成员同时进行治疗，是团体心理治疗或咨询的一种形式和方法，由美国精神病学家迈尔（A. Meyer）首创。家庭治疗是以家庭为对象而实施的心理治疗方法。家庭治疗与以个人为对象而施行的个体心理疗法有所不同，其特点是不太注重成员个人的内在心理构造与状态，而是把焦点放在家庭各成员之间的人际关系上。

一个来访者信任的、有一定威信的、善于进行思想工作的亲友，在心理治疗中的作用并不逊于一位咨询师。家庭治疗，就是基于这种情况而产生的。先是由咨询师进行，来访者在场或不在场时，由咨询师与来访者家属进行会谈，以协调家庭成员之间的关系，建立良好的家庭环境和气氛，帮助来访者合理安排生活、学习与工作，提高社会适应能力。丰富来访者亲属的心理治疗知识，来访者亲属就能起到前面所说的不亚于一位咨询师的作用。

（一）家庭治疗的主要观点

家庭治疗的主要观点是把家庭看成一个私人性的特殊“群体”，因此，咨询师需要从组织结构、沟通、联盟与关系等角度出发来了解此群体，并依据“系统论”的观点来分析此家庭系统内所发生的各种现象，即在家庭系统内，家庭成员的行为是相互影响的，家庭成员的行为影响系统，而系统也影响着家庭成员的行为。这种系统相关的连锁反应，可导致许多所谓病态的家庭现象；因此，单个家庭成员的病态行为常常受家庭内部其他成员的心理需要而被维持。基于此种观念，家庭治疗主张，要改变病态的现象或行为，不能只从单个成员着手，而应以整个家庭系统为其治疗对象。

因此，家庭治疗有三个基本设想：一是针对整个家庭成员，进行团体心理治疗，矫正共有的心理病态；二是“被确诊的病人（即来访者）”所存在的问题，只不过是问题或症状而已，其家庭本身才是“病人”或“病因”；三是咨询师应避免卷入纠纷，而应在家庭内部调节人际关系，促进谅解，使家庭成员了解家庭中的病态情感结构及其发展过程，改善和整合家庭功能，产生治疗性的影响，达到和睦相爱，向正确方向发展。

（二）家庭治疗的目标

家庭治疗的目标，在于协助一个家庭消除异常或病态的情况，以便能执行健全的家庭功能。所谓健全的家庭功能是指适当的领导、组织与权威分配，家庭成员的角色清楚且适当。健康的家庭有良好的沟通，能维护交流的功效，家庭成员之间有情感交流，相互提供情感上的支持；能团结一致对付困难，对内有共同的“家庭认同感”，对外有适当的“家庭界限”。

（三）家庭治疗的适宜问题

家庭治疗的适宜问题如下。

（1）家庭的结构、组织、沟通、情感表现、角色扮演、联盟关系或家庭认同等方面有非功能性的现象。

（2）家庭内部不和谐、父母教育子女有困难、家庭成员难以沟通等。

（3）家庭在经历“家庭发展”各个阶段中出现的问题。

（四）家庭治疗的方法与学派

家庭治疗的方法很多，如婚姻治疗、行为矫正治疗、交往分析、实验和结构家庭治疗、家庭系统治疗等。家庭问题愈严重，家庭成员愈是相互隔绝，咨询师做家庭治疗的主持人，要促使家庭成员彼此进行思想、感情上的交流，互相心平气和地交流，做到家庭成员之间真正了解、理解和谅解，往往会在短期内收到实效。咨询师在使用家庭治疗的方法时，需要遵守以下几点原则：①淡化“理由与道理”，注重“情感与行为”；②从治疗过程来看，注重面对目前所遭遇的问题，关心现在；③忽视缺点，强调优点；④咨询师仅仅起协助、辅导的作用，不代替家庭成员做重大决定。

家庭治疗的学派很多，每种学派都有各自的理论取向与治疗方式，但总体来看大致上可分为三类：第一类的家庭治疗包括结构论观点的结构模式、系统论观点的系统模式、注意信息交流的交流模式、强调逐个解决问题的对策模式和不谈理论只讲实效的经验模式等；第二类是近十余年来发展起来的新理论，认为来访者症状的成因与家庭关系不大，不是家庭的内部因素导致了来访者症状的出现，而是来访者给家庭带来了难以忍受的困惑与挑战，使得家庭成员心理上不堪其扰，行动上不知所措；第三类是采用家庭治疗的方式进行心理分析或行为治疗等。

（五）家庭治疗的模式

家庭治疗在临床运用中所参照的主要理论不同，治疗的模式也不相同。咨询师可根据家庭的具体情况选择合适的治疗模式。

（1）系统家庭治疗。家庭作为一个系统整体，有其固有的相互关系的规则，治疗强调找出家庭内相互关系的格局，通过对整个家庭的干预来改变引起单个成员精神症状的家庭关系。治疗的着眼点在认识和改造家庭内的相互关系的模式，包括：①家庭各个成员本身的内在构想模式及行为模式；②该家庭惯用的意识形态模式；③家庭成员之间的相互关系及相互作用的模式。

（2）结构式家庭治疗。注重家庭的结构，使用各式各样的具体方法，来纠正家庭结构上的问题，完善家庭功能，如果家庭成员之间自我界限划分不清，可用“家庭形象雕塑”的技巧帮助各成员了解各自的角色，把治疗的重心放在建立家庭成员之间应有的界限上。

（3）行为家庭治疗。着眼点放在可观察到的家庭成员之间的行为表现，建立具体的行为改善目标与进度，充分运用学习的原则，给予适当的嘉奖或惩罚，促进家庭行为的改善。

（4）策略性家庭治疗。在对家庭问题的本质有了动态性了解后建立一套有程序的治疗策略，以便着手更改认知上的基本问题，按照策略性计划中的治疗先后步骤，有层次地改变家庭问题。

（5）分析性家庭治疗。从心理分析的角度了解家里各成员的深层心理与行为动机、亲子关系的发展，并主要着手了解情感上的表达，满足与欲望的处理，促进家庭成员的心理成长。

（六）家庭治疗的步骤

无论是哪种治疗模式，在实现家庭治疗时，不同阶段都有不同的工作侧重。

（1）开始阶段。由于大部分接受治疗的来访者对家庭治疗均不大熟悉，有的家庭还可能对“全家参加”有顾虑，担心全家被扣上“病态”的帽子，父母更怕“子女出问题，责任在父母”的结论。因此在治疗开始时应将家庭治疗的性质做简要的解释，并说明要互相遵守的原则，以便使治疗工作顺利进行，有时为便于治疗的开展，避而不用“心理治疗”一词，代之以“咨询”或“座谈”。治疗初期，咨询师应潜心于让家庭成员接纳自己成为他们的“自己人”，并共同寻找问题的所在及改善的方向。

（2）中间阶段。运用各种技巧和要诀，遵照治疗原则，协助家庭成员练习改善个人及彼此之间的关系。操作的具体内容包括两方面：会谈和家庭作业。会谈每天1～1.5小时，每次会谈结束进行简要小结，布置相应的家庭作业，分别或集体完成，以巩固和发展会谈成果。会谈不必过于频繁，间隔期可适当延长，不一定每周一次，也可定为十天、半月或更久等。此阶段要不断注意去处理家庭中行为关系变化时出现的阻力，适当地调整家庭“系统”的平衡变化与进展，以免在有些成员变好时，另一些成员却相应的变坏了。

（3）结束阶段。应使家庭成员形成自行审察的习惯，具有自行改进家庭行为并维持已修正更改的行为的能力。咨询师宜逐渐把一家的领导权归还给家庭成员，恢复家庭的自然秩序，以便在治疗结束后仍能维持良好的功能，并继续发展及成熟。

整个疗程一般包括2～10次会谈。究竟多少次还应视具体情况而定。

三、现实疗法

现实疗法（reality therapy）是由美国精神病学家格拉塞（W. Glasser，1925）所开创的以存在主义和人本主义观点为基础的心理疗法。该疗法认为心理行为问题是由于人不能承担责任所导致，其中心任务是帮助来访者承担起个人的责任，积极解决现实的问题。1965年，格拉塞的《现实疗法》一书问世，标志着现实疗法的正式推出。在这本书中，格拉塞对传统心理治疗的一些基本理念作了批驳，系统阐述了现实疗法的理论和应用。

（一）基本原理

从基本倾向来看，现实疗法属于“认知–行为”的治疗，因而具有这一取向的若干特色。它的理论明白易懂，符合常理；它依赖人的理智和逻辑能力，以问题为中心，以现实合理的途径求得问题的解决；它注意思维和行为，较少直接针对情感和情绪。它强调现在和将来，而不纠缠于过去，重视“怎么办”，而不是“为什么”；它反对以医学的或“疾病”的模式来看待人的心理困难，而是强调人的自主自立，自己对自己负责这些品质的作用；它也重视咨询师和来访者之间的关系，主张咨询师要“卷入”关系，但它不像以人为中心疗法那样让咨询师采取一种被动、支持的姿态，而允许咨询师更积极主动，更多一些指导。

（二）应用范围

由于上述关于现实疗法的一些特点，现实疗法很容易被各种从事与人相关的工作的人士所掌握，而不是局限在少数受过专门训练的咨询师手中。它被广泛地应用于学校、监狱、戒毒中心、社区和其他的社会服务机构。尤其是在学校咨询和辅导中大受欢迎。事实上，格拉塞在学校咨询中做了大量工作。他的《人人成功的学校》一书中提供了各种适用于课堂的现实治疗方法。他还创办了“教育工作者训练中心（ETC）”等培训机构，举办讲习班、研讨会传授“人人成功的学校辅导方案（SWF）”，直到现在，格拉塞每年还在美国和海外举办许多个讲习班。

（三）治疗目标

现实疗法的治疗目标包括三个方面：一是帮助来访者认清什么是他们真正需要的，认清自己为什么需要这些；二是辅助来访者对自己当前的所作所为进行分析评价，看看现有行为是否有益、有效、负责（对满足自己的需要而言）；三是协助来访者选择负责任的行为，制定建设性的行动方案，以便做出改变，达到对自己生活的有效的控制。因此，负责任的行为是现实疗法的核心目标。负责任的行为的含义是“满足自己的需要，而在这样做的时候，其行事方式又不剥夺他人满足他们的需要的可能性”（格拉塞）。

（四）治疗重点

现实疗法认为行为包括四种组成成分，即行动、思维、情感体验和生理反应，根据格拉塞的行为控制理论，从控制的有效性或容易程度来说，比较容易控制的是行动，其次是思维。因此，现实疗法把治疗过程的重点放在"行动-可观察"的行为上。它并非完全不理会情感体验，但它总是从情感与行动和思维的关系、联系的角度来谈论情感。相信随着个人成功地控制其行动，情感体验也会随之改善。格拉塞说，"我们不能够命令自己感到好受些，但我们总能够命令自己做得更好些，而做得更好些会使我们感到好受些"。

更进一步说，现实疗法咨询师关注的外显行为是现在的和将来的行为，而不是过去的行为。他们认为人不能改变他的过去，关注过去的失败是浪费时间，关注现在和将来才是建设性的。因此，现实疗法咨询师总是把主要精力放在帮助来访者分析他当前在做什么，他的所作所为是否能有效地满足个人需要，以及帮助来访者设计新的行为，并随即付诸实践。

四、交互分析疗法

交互分析（transactional analysis，TA），又称交流分析或交往分析，是由美国心理学家伯恩（E. Berne）于20世纪50年代创立的。伯恩认为，大多数心理异常，实质上是日常交往行为中交际态度的异常，因而改变心理异常的良策应来源于人们对交际行为的研究。

该理论虽然是在古典精神分析的基础上发展起来的，但又不像精神分析理论那样复杂、难解，而是一种容易理解、简便易行的心理咨询疗法。

（一）交互分析疗法的基本原理

1. 人格结构

根据伯恩的理论，两人在相互交往时，会采取以下三种被称为自我心态的心理定位中的一种。这些自我心态包括父母式、成人式、儿童式的心理状态，人们可以运用（沟通或行动）其中的任何一种。

（1）父母式自我心态（parent ego state，以下简称P），代表父母的价值观和告诫，它是父母在教导子女时将自己的人生态度和是非善恶标准加在子女身上而形成的子女的标准，表现出保护、控制、呵护、批评或指导倾向。

（2）成人式自我心态（adult ego state，以下简称A）。它反映出对环境要求的客观评价，是儿童有能力区别父母所灌输的观念及自己所体验的观念，并建立思考观念的结果与过程。

（3）儿童式自我心态（child ego state，以下简称C）。它反映了由于童年经历所形成的情感。它可能是本能的、依赖性的、创造性的或逆反性的。

伯恩所讲的三种自我心态都是可以实际观测得到的。伯恩认为人的自我心态是实际观测到的，而精神分析讲到的本我、自我、超我是主观臆断的东西。在健全、成熟的人格结构中，P、A、C三种自我心态应占有相同的分量，三者相互衔接而不重叠。其人格特征为身心发展平衡，有社会认可的是非善恶标准，有独立自主的判断能力，有坦诚的个性和温暖的情感。

2. 心理污染

伯恩认为就一个正常人来说，这三种自我心态是并存的，在不同的情况下有适当的表现，如果一个人在一个适当的情况下不能做出适当的表现，则意味着他出现了心理污染。心理污染的形式包括以下几种。

（1）P污染A。一个人的思想与行为受父母式自我所控制，父母式自我在其成人式自我中毫不动摇地占据着统治地位，P侵犯了A的领域。这种现象也称为"偏见"。其人格特征为：不顾事实及事物的逻辑性，一味地以先入为主的头脑中已有观念为依据，不惜以完全不相干的论据来进行论证，以维护父母式自我的地位，顽固而倔强。

（2）C污染A。这是儿童式自我中形成的情感或旧时的经验不合时宜地表现于当前而造成的成人自我的污染，即C污染A的领域。这是由于过去惨痛的人际交往经验所形成的恐惧至今仍未消除，由此引起排斥他人、不信任他人的态度。感觉则是在极度的压力之下，过去曾经历过的贬斥、失意、批评等重新再现，即使是在“没人”的情况下依然再现，导致忽略现实、做白日梦等，是迫于外界压力而产生的逃避心理。

（3）P污染A而C欠缺。父母式自我污染了成人式自我，并将儿童式自我排斥出去。这种人的典型特征是工作责任心极强，儿童时代深受严厉负责的父母的压制，在其儿童式自我中鲜有幸福的儿童式自我露面。这种人有强烈的成就欲、道德心和责任感，过于冷酷、严肃，不易相处，给人以冷漠之感。

（4）C污染A而P欠缺。儿童式自我污染成人式自我并将父母式自我排挤出去。这种人因父母早亡、离异或缺乏父母的爱，没有人教给他社会生活所容许的行为准则，因而遭遇到许许多多的打击与失败，使他体验到人生的残酷与无情，怀有一种仇恨的心理，没有羞愧感、懊悔感、难堪或内疚，易导致犯罪。

（5）A不起作用。表现为把成人式自我排斥在外。这种人通常是精神疾病患者，他的成人式自我不起作用，因此他脱离现实，其父母式自我和儿童式自我直接出现，喜怒无常，摇摆不定，没有原则，情绪的起伏很大，行为完全受当时的刺激所左右，任性而孤僻。

3. 人格冲突与平衡

人格中的P代表父母的价值观，是其内化的结果，偏向权威化；A是个人对外界环境的客观的反应与评价，它既不情绪化，也不权威化；C是人格中的儿童欲望与冲动的表现，是其本能部分，偏向情绪化。这三种自我状态，构成了人格冲突与平衡的基础。

人皆渴望得到他人，特别是得到生活中重要人物的爱护与肯定。这通常包括父母、师长、领导、朋友、恋人等。个人在人格成长中得到的关爱与肯定越多，则其人格冲突便越少，自信心则越强。正面的P、A、C之间的交互作用，会产生积极、正面的生活脚本。反之，则会导致不良的人格表现，使人在交往中充满焦虑和自卑。

4. 交互分析疗法的目的

交互分析疗法的目的在于使来访者成为一个统合之人，使个人从P、C的交互模式中解脱出来，增强A的效能，而不再受他人的支配。由此，学会与人建立亲密的人际关系，并在交往中学会自我反省，这是交互分析疗法的核心任务之一。

在操作技巧上，交互分析疗法十分强调倾听分析的作用。它旨在推动来访者深刻反省其人格中“父母式自我”与“儿童式自我”的冲突，以“成人式自我”的眼光来审视个人的生活脚本，积极地面对生活的种种挑战，增强自信心。

（二）交互分析疗法的咨询方法

1. 交流分析

以下为常见的四种交流。

（1）平行交流。P-A-C相互影响的方式是互补式的，这种人际交流形式是和谐的、顺畅的，或是意见相投，或是一个愿打一个愿挨，交往能够无限制地进行下去。

（2）交叉交流。在P-A-C相互影响中，刺激与反应呈交叉状态，甲方发出信息后乙方的反应出乎甲方的期待。这种人际交流形式会造成对方情绪不愉快、关系出现紧张或使交往中断。

（3）暧昧交流。表面上传达的是社会可接收的沟通，除此之外，还隐藏着心理层次上的沟通。这种模式常常带来不舒服的感觉。

（4）交往的改善。从交叉型交互作用过渡到平行型交互作用，一是以自身的A激发对方的A

形成AA交往；二是先以平行型交往缓和矛盾（如先以自己的P抚慰对方的C或先以自己的C迎合对方的P等），再以自身的A激发对方的A。

2．脚本分析

脚本分析就是要让来访者表演自童年以来的经历和体验，通过对自己和对他人的剖析，了解自己的人生态度、人生脚本、接受抚爱的方式与内容，进而对症下药，建立起健康的人生态度，让自己生活得快乐、自在。

（三）交互分析疗法评析

1．优点

交互分析疗法的优点包括：一是理论和方法所运用的术语容易理解、定义清晰，技术简单实用，适用于个体咨询和团体咨询；二是能使来访者觉察、了解他们在儿童时期由于听从内化作用而做的早年决定。交互分析理论和方法比较容易与其他咨询理论，如格式塔疗法、行为疗法等结合起来运用，且效果良好。

2．缺点

交互分析疗法由于过分强调认知的作用而受到批评。此外，交互分析疗法虽然也强调咨询师与来访者的对等关系，但与罗杰斯的人本主义理论不同。在实际咨询过程中，来访者依然摆脱不了咨询师的操纵，而且，交互分析理论极少对咨询过程中咨询师的个人品质给予必要的关注，这也是交互分析疗法的欠缺之处。

五、焦点解决短期治疗

焦点解决短期治疗（solution-focused brief therapy，以下简称SFBT）是后现代主义治疗领域中的一种治疗模式，是指以寻找解决问题的方法为核心的短程心理治疗技术，是1980年代初期由夏德（S. D. Shazer）和妻子柏格（I. K. Berg）以及一群有多元训练背景（包括心理、社工、教育、哲学、医学等）的工作小组成员，在美国威斯康星州密尔沃基的短期家庭治疗中心（Bride Family Therapy Center，BFTC）共同发展起来的。这种心理治疗模式基于短程心理治疗和受后现代主义哲学观的影响，将来访者视作健康而充满能力的人，来访者有能力为自己的问题找出解决方式，从而提高生活质量；引导来访者看到自己的能力和优势，帮助来访者认识到同一事件的不同层面。在这40多年的发展中，SFBT已逐步发展成熟，并广泛地应用于家庭服务、心理康复、公众社会服务、儿童福利、监狱、社区治疗中心、学校和医院等领域，并得到积极的肯定。

（一）核心观点

SFBT与传统的心理治疗有所不同，前者更注重的是现在和未来，而不像传统的心理治疗那样注重探讨过去。相较于探讨和问题的成因，咨询师更关注的是问题解决的可能性、问题解决的正确方法，而不是尝试去探讨和理解来访者的问题本身。每个问题都有多种解决的方法，但适用于某一个体的方法并不通用，在SFBT中，来访者将为自己选择希望达成的目标。

1．积极定向

SFBT根植于乐观的假设：人都是健康而充满能力的，人有能力为自己的问题找出解决方法从而提高自己的生活质量。也就是说，在面对困境时，人有能力解决这种困境，但可能时不时会失去方向感，失去对自己能力的认识。基于这种积极的假设，SFBT的本质在于通过创建积极的期望——问题的解决不成问题来帮助来访者树立信心和乐观的态度。对于来访者而言，SFBT强调他们的能力而非其不足，强调其优势而非其弱点。

2．寻找问题例外

来访者寻求帮助时，常常秉持着一种“以问题为定向”的态度，他们会将一系列故事带入治疗当中。在一系列故事之中，来访者可能会利用其中的一些故事来说明自己的生活无法发生改变；有的来访者甚至可能认为生活离自己预期的目标越来越远。SFBT会通过探索这些故事之中的例外情况——那些不令自己那么困扰的偶然经历——来将希望传达给来访者。在治疗中咨询师会帮助来访者探索怎样的行为能够促发这种例外情况的出现，从而帮助来访者运用这种认识去削减其问题出现的频率。

（二）治疗过程

SFBT强调来访者才是自己生活的专家，只有来访者自己知道哪些方法有效、哪些方法无效。治疗过程中强调咨询师与来访者之间的合作关系，而非大部分传统心理治疗中强调的咨询师“教育者”的角色。合作、协作型的咨访关系能够让来访者更有效地投入治疗过程中，提升治疗成功的可能性。

沃尔特和佩勒界定了SFBT的四个基本步骤。

第一，探索来访者的需要，而不是探索来访者不需要什么。

第二，不要将来访者病理化，不要给来访者贴病理化的标签。相反，咨询师应该聚焦于来访者行为中积极的一面，并鼓励他们继续朝这个方向发展。

第三，如果来访者当前的行为并没有任何效果，那么鼓励他们尝试新的行为。

第四，将每次治疗都看作最后一次治疗，尽力使治疗过程高效而简短。

这些看似简单的步骤可以贯穿SFBT治疗的全过程，来促进来访者和咨询师共同寻找解决问题的方法。夏德认为来访者完全可以在不对其问题性质进行任何评估的情况下找到问题的解决方法。后来，柏格等人在这一假设的框架下提出了SFBT治疗步骤的概述。

第一，来访者讲述自己的问题。咨询师会认真倾听来访者对于咨询师“我怎样才能对你有所帮助?”问题的回答。

第二，咨询师要尽快帮助来访者建立起良好的目标。咨询师会询问来访者：“当你的问题得到解决后，你的生活会出现怎样的不同?”

第三，咨询师会要求来访者回忆出一些特定的情况——来访者的问题并未出现或程度较弱的例外情况。咨询师将帮助来访者探索这些例外情况，特别强调让来访者关注自己的哪些行为导致了这些例外情况的发生。

第四，在每次（以问题解决为宗旨的）会谈接近尾声时，咨询师会向来访者提供一个摘要性的反馈、予以来访者鼓励并对来访者在下次治疗前可以观察的内容或做出的行为提出建议。

第五，咨询师会和来访者通过一个评定量表来一起评估来访者问题的解决情况。咨询师会要求来访者思考为解决问题还应做出的努力以及下一步的具体计划。

（三）治疗技术

SFBT的技术十分丰富，这些技术是夏德及其同事在心理治疗实务工作经验和反复的实证研究中总结出来的。SFBT基于社会建构主义背景及受埃里克森系统观的影响，强调语言在治疗过程中的核心地位，因而语言性技巧的运用就显得十分重要。SFBT咨询师将治疗性的会谈看作是一种“语言的游戏”，而这样的一个过程可以使得咨询师和来访者聚焦于例外情况、目标与解决之道。

1．治疗前的改变

只是简单地预约下次会谈，有时也能够给来访者带来积极的改变。在第一次会谈的过程中，咨询师经常会问：“在你预约今天这次咨询之前，你都做了些什么来改变你的问题?”通过这样的问题，咨询师就可以引发、唤起并放大来访者为积极改变而做出的努力。这样的询问可以鼓励来访者降低对咨询师的依赖，更多地关注自身改变带来的帮助而非治疗过程，转而依靠自己的资源去实现治疗目标。

2. 例外问题

来访者的问题有时并未成为真正的问题，这些被称之为例外情况的时刻传达出了有关改变的信息。咨询师会使用例外问题指导来访者找到例外情况——来访者的问题并未出现或是来访者的问题并不像平时那么严重的情况。这些例外情况指的是在来访者的过去经历中出现的偶然事件：来访者的问题本应出现，但是不知出于什么原因，问题最终并未出现。咨询师可以通过询问如“你什么时候觉得这个问题不那么明显？你做了些什么让它不那么明显？”等问题来帮助来访者识别并检验这些例外情况，来访者将更有可能获得解决方法。与此同时，这种探索过程还将提醒来访者自己的问题并不是永不消逝的，让来访者意识到自己拥有的资源、优势可以找出解决问题的方法。

3. 奇迹问题

奇迹问题往往会是这样的，咨询师会问来访者：“假如某天晚上，在你睡着的时候，发生了一个奇迹，这个问题解决了。你如何能够知道它已经解决了？你的生活会有什么不同？”如果来访者将结果导向了更积极的方向，比如他宣称自己感到更加自信而安全，那么咨询师可以继续询问：“想象一下，你离开这里之后变得更加自信而安全了，那么你的行为会有怎样的不同？”通过奇迹问题可以让来访者的关注对象超越问题本身，改变对问题的看法和做法将可以引发问题本身的改变。

4. 评估性问题

评估性问题也称量尺问题，通常用来对那些难以被观察的人类经历（感受、情绪和人际沟通等）的变化进行记录。通常咨询师可以用0代表问题最糟糕的情况，10代表最理想的状况，要求来访者用0～10的数字来对问题或相关议题做出评估。例如，“在一张0到10的量表上，如果0代表你第一次来治疗时的状态，10代表问题奇迹般地消失后的状态，那么你会给你的现状打多少分？”通过量尺问题可以帮助来访者把复杂、模糊的目标简单化，使来访者具体化地辨认出进步的情形。通过小小的变化也可以增强来访者行动的动机和信心。

5. 初次会谈后的任务

初次会谈（即首次会面）后的任务是咨询师让来访者在第一次会面到第二次会面之间完成的家庭作业。咨询师可能会说：“到我们下次见面之前，我希望你能进行一项观察任务——观察家庭（生活、婚姻、人际关系）中发生的事件，哪些是你希望能再次发生的？下次把结果告诉我。”在第二次会面时，咨询师可以询问来访者的观察结果以及他们思考的结果——哪些事件是他们希望未来能继续发生的。这种任务可以将希望传达给来访者——改变必然发生。改变是否发生已经不再是问题了，问题在于它何时发生。这种方式的干预技术可以提高来访者的乐观性，并能提升他们的希望。

6. 治疗中的反馈

在SFBT每次治疗的最后5～10分钟会进行一个短暂的休息过程。在此期间，咨询师要给予来访者反馈。反馈主要包括三个主要内容：鼓励和赞美、桥梁、布置任务。鼓励和赞美是对来访者已经做出的有效行为进行真诚的肯定。咨询师不能以一种机械化或者例行公事的态度来进行这个部分，要以鼓励的方式树立来访者的希望，并将自己的预期，即来访者可以通过自己的能力和成就达成的目标，传达给来访者。桥梁可以将鼓励和赞美与布置任务联系起来，为后续的任务布置提供理论依据。布置任务（家庭作业）分为观察任务和行为任务。观察任务要求来访者关注自己生活的某些方面，帮助来访者找到现有生活与改善后的生活之间的差异，尤其是他们在思考、感受以及行为上的差异；行为任务需要来访者真正地做一些行为，即咨询师认为有助于解决来访者问题的行为。

六、叙事疗法

叙事疗法是受到广泛关注的后现代心理治疗方法，它摆脱了传统上将人看作问题的治疗观念，通过“故事叙说”“问题外化”“由薄到厚”等方法，使人变得更自主、更有动力。通过叙事心理治疗，不仅可以让来访者的心理得以成长，同时还可以让咨询师对自我的角色有新的统整与反思。叙事疗法是应用比较广泛的后现代心理治疗方法，具有操作性强、效果显著等特点，具有较高的推广价值。

叙事疗法的创始人和代表人物为澳大利亚临床心理学家怀特（M. White）及新西兰的艾普斯顿（D. Epston）。他们在20世纪80年代就提出了此理论，到20世纪90年代，他们的书籍得以在北美发行，叙事疗法开始大为流行。怀特和艾普斯顿在其代表作《故事、知识、权力——叙事治疗的力量》一书中，系统阐述了他们有关叙事疗法的观点和方法。

（一）理念

1. 问题才是问题，人本身不是问题

人与问题的关系是叙事疗法极为关注的话题，这也是叙事疗法的精髓之所在。生活中，人们总是将从外界得知的信息构建到个体已有的认知架构当中，当个体构建了不合理的认知架构，问题就会接踵而至。当个体以内化了的不合理的价值观及人生观去看待周围的事物和人时，往往会对积极的事件采用消极的意义诠释，从而对个体的自我成长产生负面的影响。问题与问题的影响力有一种互相依赖的关系，问题的影响力可以视为问题的生存条件，叙事心理治疗所要做的就是将人与问题分开。在实际咨询中不难发现，传统的心理治疗往往通过一些既定的标准将来访者自身存在的问题予以诊断，而这种诊断结果往往会导致来访者将问题内化，给自己贴上问题的标签，使来访者产生人本身是问题的观念，容易使来访者感到筋疲力尽，不利于问题的解决，这也是叙事疗法对传统疗法的批判之处。

2. 问题来自个体主控叙事之间的冲突

叙事疗法认为，生活中的每个人都有自己的主控叙事，主控叙事是诠释我们生活意义的重要依据，也是指导个体选择生活方式的重要“真理”。叙事疗法的创始人之一怀特指出人是因为自己或他人用来说自己经验故事的叙事不足以代表他的生活经验，在这种情形下，自己生活经验的重要部分和主控叙事互相矛盾，才感受到问题。主控叙事产生于个体与社会的互动以及社会历史文化的影响，是个体深深内化了的自我认同的故事，它在个体的生活故事中享有支配性力量的权力。人的生活经验是非常丰富的，主控叙事会有选择性地建构主流文化所允许的部分生活经验，在这一建构的过程中有主动性，也有被动性，然而当个体的主控叙事与自己生活经验的重要部分产生矛盾时，心理问题就会产生。

（二）疗法的关键

怀特认为，个人问题的形成与主流叙事的压制有关。借用福柯的分析，人之所以与主流叙事之间不断产生龃龉，原因在于人对自己所认同的“意义”常常由主流叙事代表的“真理”所决定，这些真理的论述通过权力运作，使人接受其“指定的人格与关系的规范”。于是，人必须接受自身的生活是不断处于外界对个体的权力操作中，从而才能找到反抗的机制，进而脱开主流叙事设下的单一真理，找到实践个人意义的可能。

怀特认为，对于自己或他人经验故事的叙述，不足以代表他们的生活经验，个人重要的生活部分与主流叙事相矛盾，因而无法实现自己的故事是关键。以这样的角度来看，可能帮助人的叙事心理治疗也就在于如何让人“产生或辨识了不同的故事，让他实行新的意义，带给他想要的可能性”。叙事心理治疗的重点，就是要帮助来访者如何重新检视自身的生活，重新定义生活的意义，进而回到正常的生活。

叙事疗法与过去心理治疗最大的不同就是，叙事疗法相信来访者才是自己的专家，咨询师只是陪伴的角色，来访者应该对自己充满自信，相信自己有能力并且更清楚解决自己困难的方法。

（三）主要方法

叙事心理治疗涉及的方法和策略有很多，主要包括故事叙说、问题外化和由薄到厚。

1. 故事叙说

叙事心理治疗主要是让来访者先讲出自己的生命故事，以此为主轴，再通过咨询师的重写，丰富故事内容。对一般人来说，说故事是为了向他人传达一件自身经历或听来的、阅读来的事情。不过，心理学家认为，说故事可以改变自己。因为，来访者可以在重新叙述自己的故事甚至只是重新叙述一个不是自己的故事中，发现新的角度，产生新的态度，从而产生新的重建力量。

好的故事不仅可以治疗心理疾病和精神扭曲，而且可以从中寻找自信和认同，通过令人愉悦、感动的隐喻故事，我们可以重新找到面对烦恼的现实状况的方法，正视我们的过去，并且找到一个继续努力、正向发展未来的深层动机和强大动力。“为了创造生活的意义，人就面对了一项任务，那就是他必须安排自身事件经验的时间顺序，建立自己和周遭世界前后一致的一份记录。他必须把过去、现在，以及未来预期会发生的事件经验连成线性顺序，才能够建立这一份记录。这一份记录可以称故事或自我叙事。这个叙事如果成功，人对生活就会有连续感，觉得生活有意义。”简单地说：“若要创造生活的意义，表达我们自己，经验就必须‘成为故事’。”

叙事心理治疗的故事所引发的不是封闭的结论，而是开放的感想。有时在故事中还需要加入“重要他人”的角色，从中寻找新的意义与方向，让来访者能够清楚地看到自己的生命过程。

2. 问题外化

叙事心理治疗的另一个特点是“外化”，也就是将问题与人分开，把贴上标签的人还原，让问题是问题，人是人。如果问题被看成是和人一体的，要想改变相当困难，改变者与被改变者都会感到相当棘手。问题外化之后，问题和人分家，人的内在本质会被重新看见与认可，转而有能力与能量去解决自己的问题。

3. 由薄到厚

一般来说，人的经验有上有下。上层的经验大多是成功的经验，形成正向积极的自我认同，下层的经验大多是挫折的经验，形成负面消极的自我认同。叙事心理治疗的辅导方法，是在消极的自我认同中，寻找隐藏在其中的积极的自我认同。

叙事心理治疗的策略，有点像我国古老的太极图：在黑色的区域里隐藏着一个白点，这个白点不仔细看还看不到。其实白点和黑面是共生的。如果在人的内心，当白点由点被扩大到一个面的程度，整个情形就会由量变到质变。找到白点之后，如何让白点扩大呢？叙事心理治疗采用的是“由单薄到丰厚”的策略。

叙事疗法认为，来访者积极的自我认同有时会被自己压缩成薄片，甚至视而不见。如果将薄片还原，在意识层面加深自己的觉察，这样由薄而厚，就能形成积极有力的自我观念。

七、沙盘疗法

沙盘疗法呈现为一种心理治疗的创造和象征形式，在所营造的“自由和保护的空间”气氛中，把沙子、水和模具运用在富有创意的意象中，便是箱庭之心理治疗的创造和象征模式。一个系列的各种沙盘意象，反映了来访者内心深处意识和无意识之间的沟通与对话，以及由此而激发的治愈过程、身心健康发展以及人格的发展与完善。

八、绘画疗法

绘画疗法是心理艺术治疗的方法之一，是让来访者通过绘画的创作过程，利用非言语工具，将潜意识内压抑的感情与冲突呈现出来，并且在绘画的过程中获得疏解与满足，从而达到诊断与治疗的良好效果。无论是成人和儿童都可在方寸之间呈现完整的表现，又可以在“欣赏自己”的过程中满足心理需求。

九、音乐疗法

音乐疗法是通过生理和心理两个方面的途径来治疗疾病的一种方法。因为音乐的频率、节奏和有规律的声波振动，是一种物理能量，适度的物理能量会引起人体组织细胞发生共振现象，而颅腔、胸腔或某一个组织产生的共振现象，会直接影响人的脑电波、心率、呼吸节奏等。

十、心理剧疗法

心理剧疗法不是以谈话为主，而是让来访者重新表演生活事件中的相关内容，通过特殊情境下的自发表演，使参演主角即来访者的人格特征、人际关系、心理冲突和情绪在表演过程中逐渐呈现在舞台上，在咨询师的间接干预和其他人的帮助下，使来访者的心理问题得到解决的过程。

思考·探究

1. 在心理咨询实践中，如何识别裹着心理疗法外衣的歪理邪说？
2. 在心理咨询实践中，如何综合运用各种心理疗法？
3. 如何发掘并创新适合我国国情的本土化疗法？

参考文献

[1] 钱铭怡．心理咨询与心理治疗 [M]．北京：北京大学出版社，1994.
[2] 樊富珉．大学生心理咨询案例集 [M]．北京：清华大学出版社，1994.
[3] 江光荣．心理咨询与治疗 [M]．合肥：安徽人民出版社，1995.
[4] 吕武平，金善国，唐晶，等．心理门诊 [M]．天津：天津人民出版社，1997.
[5] 贾民谊．诊断学 [M]．北京：人民卫生出版社，1998.
[6] 何艳茹．心理卫生与心理辅导 [M]．沈阳：辽宁大学出版社，1999.
[7] 唐柏林．心理咨询学 [M]．成都：四川教育出版社，1999.
[8] 张同延．揭开你人格的秘密：房树人绘图心理测验 [M]．北京：民族出版社，2000.
[9] 雷蒙·米尔腾伯格尔．行为矫正的原理与方法 [M]．北京：中国轻工业出版社，2000.
[10] 查尔斯·布伦纳．精神分析入门 [M]．杨华渝，等，译．北京：北京出版社，2000.
[11] 拉克．心理诊断 [M]．陈会昌，译．北京：华文出版社，2000.
[12] 朱建军．我是谁 [M]．北京：中国城市出版社，2001.
[13] 乐国安．咨询心理学 [M]．天津：南开大学出版社，2002.
[14] 郭念锋．心理咨询师 [M]．北京：民族出版社，2002.
[15] 陈智．心理咨询：实用咨询技巧与心理个案分析 [M]．成都：四川大学出版社，2002.
[16] 中国人民解放军总后勤部卫生部．传染性非典型肺炎防治培训教材 [M]．北京：人民军医出版社，2003.
[17] 朱建军．你有几个灵魂 [M]．北京：中国城市出版社，2003.
[18] 吕路线，李克勤．医学心理与精神病学 [M]．北京：人民军医出版社，2004.
[19] 卡尔·R．罗杰斯，等．当事人中心治疗：实践、运用和理论 [M]．李孟潮，李迎潮，译．北京：中国人民大学出版社，2004.
[20] 江光荣．心理咨询的理论与实务 [M]．北京：高等教育出版社，2005.
[21] 艾伦·E．艾维，玛丽·布莱福德·艾维．心理咨询的技巧和策略：竞向性会谈和咨询 [M]．时志宏，高秀苹，译．上海：上海社会科学出版社，2005.
[22] 约翰·麦克里奥德．心理咨询师手册：发展个人方法 [M]．周杨，李金龙，译．上海：上海社会科学出版社，2005.
[23] 郭念锋．心理咨询师（二级）[M]．北京：民族出版社，2005.
[24] 郭念锋．心理咨询师（三级）[M]．北京：民族出版社，2005.
[25] 张仲明，李世泽．心理诊断学 [M]．重庆：西南师范大学出版社，2005.
[26] 亚伯·艾里斯，凯瑟琳·麦克赖瑞．理情行为疗法 [M]．刘小菁，译．成都：四川大学出版社，2005.
[27] 迈克尔·尼克尔斯，理查德·C．施瓦茨．家庭治疗基础 [M]．林丹华，等，译．北京：中国轻工业出版社，2005.
[28] 张日昇．箱庭疗法 [M]．北京：人民教育出版社，2006.
[29] 谢尔登·卡什丹．客体关系心理治疗：理论、实务与案例 [M]．鲁小华，等，译．北京：中国水利水电出版社，2006.
[30] 法伯，布林克，拉斯金．罗杰斯心理治疗：经典个案及专家点评 [M]．郑钢，等，译．北京：中

国轻工业出版社，2006.
[31] 陈素坤，周英. 临床护理心理学教程［M］. 北京：人民军医出版社，2007.
[32] 孔维民. 心理咨询与治疗新论［M］. 北京：人民军医出版社，2007.
[33] 郗浩丽. 客体关系理论的转向：温尼科特研究［M］. 福州：福建教育出版社，2008.
[34] 侯在恩，贾树华，吴月兰，等. 美容实用心理学［M］. 北京：人民军医出版社，2008.
[35] 马文元. 社区医学心理学［M］. 北京：人民军医出版社，2008.
[36] 张日昇. 咨询心理学［M］. 北京：人民教育出版社，2009.
[37] 徐光兴. 临床心理学：心理咨询的理论与技术［M］. 2版. 上海：上海教育出版社，2009.
[38] 杨韶刚. 人性的彰显：人本主义心理学［M］. 济南：山东教育出版社，2009.
[39] 科米尔，纽瑞尔斯，奥斯本. 心理咨询师的问诊策略（第六版）［M］. 张建新，等，译. 北京：中国轻工业出版社，2009.
[40] 吉尔・萨夫，大卫・萨夫. 客体关系入门（第二版）［M］. 邬晓艳，余萍，施琪嘉，译. 北京：世界图书出版社，2009.
[41] 理查德・S. 沙夫. 心理治疗与咨询理论：概念与案例［M］. 董建中，译. 北京：中国人民大学出版社，2009.
[42] 李心天，岳文浩. 医学心理学［M］. 北京：人民军医出版社，2009.
[43] 杰拉德・科里. 心理咨询与治疗的理论及实践（第十版）［M］. 朱智佩，陆璐，李莹，等，译. 北京：中国轻工业出版社，2010.
[44] 杰拉德・科里. 心理咨询与治疗经典案例（第七版）［M］. 谭晨，译. 北京：中国轻工业出版社，2010.
[45] 刘华山，江光荣. 咨询心理学［M］. 上海：华东师范大学出版社，2010.
[46] 徐汉明，盛晓春. 家庭治疗：理论与实践［M］. 北京：人民卫生出版社，2010.
[47] 朱金富，周军. 医学心理与医患沟通［M］. 北京：人民军医出版社，2010.
[48] 傅安球. 实用心理异常诊断矫治手册［M］. 上海：上海教育出版社，2011.
[49] 吉沅洪. 树木：人格投射测试［M］. 重庆：重庆出版社，2011.
[50] 金铉春. 心灵晤谈［M］. 北京：人民军医出版社，2011.
[51] 牛勇. 人本主义疗法［M］. 北京：开明出版社，2012.
[52] 大卫・凯恩. 以人为中心心理治疗［M］. 高剑婷，郭本禹，译. 合肥：安徽人民出版社，2012.
[53] 艾美・凡・德意珍. 存在主义心理咨询［M］. 卢玲，译. 北京：中国轻工业出版社，2012.
[54] 茹思・安曼. 沙盘游戏中的治愈与转化［M］. 张敏，等，译. 北京：中国人民大学出版社，2012.
[55] 马丁・佩恩. 叙事疗法［M］. 曾立芳，译. 北京：中国轻工业出版社，2012.
[56] 王长虹，丛中. 临床心理治疗学［M］. 北京：人民军医出版社，2012.
[57] 张理义，王一牛. 老年心理保健［M］. 北京：人民军医出版社，2012.
[58] 中国就业培训技术指导中心，中国心理卫生协会. 心理咨询师（三级）［M］. 北京：民族出版社，2012.
[59] 安东尼・斯托尔. 弗洛伊德与精神分析［M］. 尹莉，译. 北京：外语教学与研究出版社，2013.
[60] 贝克. 认知疗法基础与应用［M］. 张怡，孙凌，王辰怡，译. 北京：中国轻工业出版社，2013.
[61] 约翰・萨默斯-弗拉纳根，丽塔・萨默斯-弗拉纳根. 心理咨询面谈技术（第四版）［M］. 陈祉妍，江兰，黄峥，译. 北京：中国轻工业出版社，2014.
[62] 刘华清，姚洁. 中法精神分析培训实务教程Ⅱ：性・分裂［M］. 北京：军事医学科学出版社，2014.

[63] 连山．心理学一本通 [M]．北京：北京联合出版公司，2015.
[64] 刘严．精神病学与临床心理学 [M]．长春：吉林科学技术出版社，2016.
[65] 罗伯特·伍伯丁．现实疗法 [M]．郑世彦，译．重庆：重庆大学出版社，2016.
[66] 仲稳山．房树人（HTP）投射诊断技术 [M]．南京：南京出版社，2017.
[67] 王海滨，鲁晶，夏晗，等．现代临床康复医学 [M]．长春：吉林科学技术出版社，2017.
[68] 杨凤池．咨询心理学 [M]．北京：人民卫生出版社，2018.
[69] 赵静波．心理咨询与治疗学 [M]．广州：中山大学出版社，2018.
[70] 崔正华，王伶俐，李爽．大学生心理健康与心理素质培养 [M]．北京：航空工业出版社，2018.
[71] 赵大昌．基于Web的部队官兵在线心理咨询系统设计与实现 [D]．昆明：昆明理工大学，2008.
[72] 刘志燕．团体咨询中领导风格分析 [J]．社会心理科学，2002,（4）：49-52.
[73] 蓝冬玉，郑春燕，钟加殿．团体心理辅导对高职新生适应能力的影响研究 [J]．河北农业大学学报（农林教育版），2012，14（6）：86-89.
[74] 权江红．师生沟通团体辅导的研究与设计 [J].北京教育（德育），2014（5）：62-64.
[75] 李亚妹，郭燕，金春，等．团体心理辅导对高原驻训官兵情绪调整的影响 [J].西北国防医学杂志，2017，38（7）：424-427.
[76] 成巧梅，刘东苗，吴赟，卢金晶．员工援助计划在护理管理应用中的有效性分析 [J]．护士进修杂志，2015（8）：688-690.
[77] 童泽容．基层电信企业实施员工心理援助计划探索 [J]．才智，2015,（15）：305.
[78] 于玲，曹广汉．试述心理咨询工作的重要性 [J]．知音励志，2016（13）：215.
[79] 倪子君．中国心理咨询行业分析报告 [D]．北京：清华大学，2004.
[80] 王恒．部队思想政治工作中心理咨询应用研究 [D]．保定：河北大学，2009.
[81] 田茂泉，张军．从东西文化比较看我国心理咨询的本土化 [J]．鲁东大学学报（哲学社会科学版），2008（5）：86-89.
[82] 杜娟，刘兰芬．中国领导科学研究综述 [J]．理论探讨，2009（2）：158-161.
[83] 张忠华，贡勋．教育学“中国化”、“本土化”和“中国特色”的价值取向辨析 [J]．高校教育管理，2015，9（6）：46-53.
[84] 李姗姗，于伟．他者教育理论本土化的前提性问题初探 [J]．教育理论与实践，2010，30（6）：12-15.
[85] 李黎，俞锦宾．试论心理咨询的理论和方法的本土化 [J]．绍兴师专学报，1994（1）：55-59.
[86] 宋蕾，丛解有，徐亚洲．对国人心理疾患的研究及辅导对策 [J]．理论界，2001（2）：62-63.
[87] 李强．试析我国心理疾病患者的若干应对行为 [J]．南开大学法政学院学术论丛，2001（00）：673-682.
[88] 上官子木．心理疾患的社会文化根源 [J]．北京社会科学，1994（2）：132-139.
[89] 刘昭雯．心理治疗中国化研究的思考 [D]．长沙：湖南师范大学，2008.
[90] 曹硕．中国本土化心理治疗方法的当代史研究 [D]．哈尔滨：黑龙江中医药大学，2010.
[91] 倪洪兰．转型期的社会心理困境与心理调适 [J]．江海纵横，2011（5）：25-27.
[92] 杨鑫辉．中国传统心理治疗探讨 [J]．南京师大学报（社会科学版），1995（4）：50-55.
[93] 寇妮．我的专业成长路，从本土中医心理学开始 [J]．心理技术与应用，2013（4）：60-64.
[94] 段青青．意象对话技术在大学生心理咨询中的运用 [J]．考试周刊，2012（37）：164-165.
[95] 牟冬莲．浅谈西方心理咨询理论的本土化问题 [J]．新西部（下半月），2009（5）：258-259.
[96] 罗新红．略论本土化心理咨询 [J]．中小学心理健康教育，2007（3）：4-6.
[97] 郝志军．我国教学理论“实践乏力”现象剖析 [J]．教育理论与实践，2002（4）：44-48.

[98] 崔景贵．解读心理教育：多学科的视野［D］．南京：南京师范大学，2003.
[99] 傅建中．论中国化心理咨询［J］．健康心理学，1996（4）：229-230.
[100] 何昭红．心理咨询本土化问题初探［J］．健康心理学杂志，2001（3）：222-223.
[101] 曾智．我国传统心理治疗思想本土化研究的回顾与思考［J］．医学与哲学（人文社会医学版），2008（6）：49-50.
[102] 中华人民共和国精神卫生法［N］．中华人民共和国全国人民代表大会常务委员会公报，2012-11-15.
[103] 江苏省精神卫生条例［N］．新华日报，2022-06-09.
[104] 鞠慧卿．浅议心理健康教育课中心理测验的使用［J］．大众心理学，2009（7）：36-39.
[105] 宋尚桂．我国大学心理服务认证体系构建问题探析［J］．济南大学学报（社会科学版），2010，20（1）：75-80.
[106] 中国心理学会临床与咨询心理学专业机构与专业人员伦理守则制定工作组．中国心理学会临床与咨询心理学工作伦理守则［J］．心理学报，2007，39（5）：947-950.
[107] 龙君君．论基于高职院校内涵建设要求的专业人才职业岗位能力基本范畴与培养原则［J］．青年与社会，2018（11）：79-80.
[108] 王坚．试论心理咨询的整合性［J］．江西教育学院学报（社会科学），2000（2）：66-70.
[109] 刘鹏志．对心理辅导课“价值中立”原则的思考［J］．中小学心理健康教育，2006（10）：12-14.
[110] 蔡佳．同辈三角循环团体督导模式的理念构建及实践探索［D］．南昌：江西师范大学，2013.
[111] 丁太一．高校朋辈心理辅导的实践路径探索［J］．科教文汇（上旬刊），2020（13）：157-158.
[112] 张荣伟，高俊．风险治理视域下应急心理干预体系建设［J］．宁波大学学报（教育科学版），2023，45（3）：124-132.
[113] 李亭．面对心理咨询热浪你准备好了吗［J］．健康博览，2003（3）：56-57.
[114] 李晓驷．心理治疗设置的作用及其意义［J］．科学大观园，2006（5）：48-50.
[115] 严卫林．让学校心理咨询室不再成“摆设”［J］．生活教育，2008（9）：58-59.
[116] 邢邦志．论心理咨询关系及其建立［J］．上海铁道大学学报，1997（2）：80-84.
[117] 杨珍．高校心理咨询中如何建立良好的咨询关系［J］．山东农业工程学院学报，2014，31（6）：188-189.
[118] 李永慧．积极心理治疗对心理咨询工作的启示［J］．思想理论教育，2010（1）：78-81.
[119] 毛丰勤．主要心理治疗流派的咨访关系比较［J］．黄冈师范学院学报，2002（2）：75-77.
[120] 张松．心理咨询的良好咨访关系［J］．许昌学院学报，2004，23（6）：121-123.
[121] 韦耀阳，张璇．大学生心理咨询应抓住“人际关系”这条主线［J］．继续教育研究，2008（10）：130-132.
[122] 韦耀阳．自我觉察在心理咨询师成长中的作用［J］．中小学心理健康教育，2012（18）：10-12.
[123] 孙启武，江光荣，冯玉．工作同盟：概念、测量及实证研究［J］．中国临床心理学杂志，2009，17（3）：383-386.
[124] 王文鹏．“来访者中心疗法”对人本德育的启发［J］．河南科技学院学报，2009，37（3）：112-115.
[125] 林倩倩．“共情”在教育教学中的运用［J］．福建教育，2017（Z1）：114-115.
[126] 李程．浅谈合理情绪疗法在高中心理咨询中的运用［J］．学周刊，2015（5）：81.
[127] 仲稳山．医学诊断与心理诊断的交叉与分野［J］．神经疾病与精神卫生，2009（1）：62-64.

[128] 钟友彬. 心理咨询工作中的医学诊断和心理诊断 [J]. 中国临床心理学杂志，1995，3（1）：53-55.
[129] 洪炜，汤艳清，郭蓄芳. 心理治疗中诊断的概念与意义 [J]. 中国心理卫生杂志，2004，18（8）：595-598.
[130] 王建平，蔺秀云，陈海勇. 心理诊断：贯穿于心理咨询与治疗的动态过程 [J]. 中国心理卫生杂志，2004，18（9）：668-669.
[131] 刘志宏，滑停. 正确使用心理测验 [J]. 解放军健康，2011（5）：17.
[132] 陈晓荆. 心理健康与心理健康检测 [J]. 福州师专学报，1998（2）：74-77.
[133] 周莉，姜潮，贾树华，等. 科学观察在临床心理评估中应用的辩证分析 [J]. 医学与哲学，2002（5）：47-48.
[134] 贺星. 中小学教师情绪调节自我效能感、人格特质与职业倦怠的关系研究 [D]. 深圳：深圳大学，2018.
[135] 张红霞. 多学科角度的大学生心理健康影响因素研究 [J]. 校园心理，2015，13（1）：65-67.
[136] 蒋少容. 咨询方法在大学生教育与管理中的应用研究 [D]. 武汉：武汉科技大学，2008.
[137] 马建青. 再论学校心理咨询与思想政治教育关系 [J]. 浙江大学学报（社会科学版）：1997（2）：47-51.
[138] 邓建明. 浅谈心理咨询原理对教学的启示 [J]. 课程教材教学研究（教育研究），2012（6）：80-81.
[139] 于鲁文. 论有效的心理咨询者 [J]. 心理学动态，1997（4）：42-46.
[140] 杨玉兰. 高等职业院校学生因技能大赛失败导致一般心理问题咨询一例 [J]. 校园心理，2012，10（6）：423-426.
[141] 于鲁文. 如何有效地结束心理咨询的关系 [J]. 心理学动态，1999（3）：70-75.
[142] 李华忠，张君国. 如何克服心理咨询障碍 [J]. 政工导刊，2015（1）：53-54.
[143] 谢利苹. 罪犯心理咨询过程中的阻抗与应对 [J]. 犯罪与改造研究，2012（3）：48-51.
[144] 薛亮，陆杨. 学生心理咨询中阻抗的识别与应对 [J]. 中国职业技术教育，2007（35）：38-40.
[145] 齐力，牟玉荣. 心理咨询过程中的阻抗与应对 [J]. 北京农学院学报，2008，23（S1）：94-96.
[146] 马建青，段建中，田欣. 论心理治疗的有效性 [J]. 健康心理学，1995（1）：58-61.
[147] 刘玲. 浅谈心理疏导在信访工作中的实际运用 [J]. 工会理论研究（上海工会管理职业学院学报），2016（6）：30-32.
[148] 于光. 倾听技术在心理咨询中的应用 [J]. 科普童话，2017（6）：96.
[149] 张志刚. 心理咨询中的提问 [J]. 中小学心理健康教育，2009（1）：24-25.
[150] 郜炜. 问询技术在大学生心理咨询中的应用研究 [J]. 中国外资，2012（20）：259.
[151] 李春红. 心理咨询技术在辅导员开展学生服务工作中的运用刍议 [J]. 四川文理学院学报，2015，25（3）：156-160.
[152] 段联峥. 浅析具体化技术在大学生心理咨询中的运用 [J]. 云南农业大学学报（社会科学版），2008，2（5）：81-84.
[153] 孙丽荣，陈德名. 具体化技能在班主任谈话中的应用 [J]. 教育革新，2013（1）：21.
[154] 吴巍. 发挥辅导员在学生心理健康教育中的作用 [J]. 产业与科技论坛，2013，12（10）：171-173.
[155] 李艳平，傅安球. 心理咨询中自我揭示技巧的理论及应用 [J]. 上海师范大学学报（哲学社会科学. 教育版），2002，31（3）：71-75.
[156] 郑琰. 心理会谈技术在高校三观教育中的应用 [J]. 武汉纺织大学学报，2015，28（2）：85-87.

[157] 许维素．焦点解决晤谈中的积极倾听与形塑技巧［J］．心理技术与应用，2014（11）：45-48.
[158] 宋贤国．心理咨询中非言语行为的观察与运用［J］．中小学心理健康教育，2004（8）：32-33.
[159] 钱铭怡．心理咨询中的即时化技术［J］．心理与健康，2005（3）：46-47.
[160] 东宇．特殊时期，如何避免过度共情？［J］．健康之家，2020（2）：44-47.
[161] 田莹．最强的肌肉是我的心脏——以存在主义心理学论心理自愈机制［J］．神州，2012（5）：35-36.
[162] 吴小媛．城市双职工家庭亲子情感表达的社会工作介入实践［D］．长春：吉林农业大学，2017.
[163] 许建阳，袁红，吴剑浩．行为治疗与行为心理学［J］．医学与哲学（人文社会医学版），2008（4）：45-47.
[164] 王晓丽，刘永兴．青少年犯罪社区矫治的心理学阐释［J］．长春工业大学学报（社会科学版），2010，22（3）：64-66.
[165] 于立娜，于艳玲．牌类游戏的特点及其对学校教学的启示［J］．学周刊，2014（23）：21.
[166] 申伟强．心理学原理在吉他学习与演奏过程中的应用初探［J］．中国文艺家，2022（3）：82-85.
[167] 钟志农．行为矫正技术在学校教育中的运用［J］．心理技术与应用，2013（1）：53-57.
[168] 钟力平．斯金纳的强化理论及其应用［J］．企业改革与管理，2008（2）：70-71.
[169] 王晓燕．音乐及放松训练对乳腺肿瘤患者快速冰冻期间焦虑情绪的影响［J］．中国医药指南，2013，11（36）：491-492.
[170] 彭超．战胜消极情绪，做自己的主人［J］．中国研究生，2012（6）：19-20.
[171] 陈嘉豪．大学生孤独感、自我控制与手机依赖的关系及干预研究［D］．桂林：广西师范大学，2019.
[172] 贾菲．疫情应激状态下大众心理调适策略——浅析积极情绪的培养与保持［J］．天津职业院校联合学报，2022，24（9）：124-128.
[173] 孟晓辉．梦境式交互体验中的用户身心重构和压力消解［D］．哈尔滨：哈尔滨工业大学，2011.
[174] 苏会萍，吴江玲，胡忠亚．肌电生物反馈疗法在康复治疗中的应用［J］．实用妇科内分泌杂志，2017，4（23）：74-75.
[175] 王晓庆．解开心结，重塑心灵［J］．中小学心理健康教育，2009（4）：28-29.
[176] 左连跃．系统脱敏疗法的理论研究分析［J］．黑龙江科技信息，2010（14）：162.
[177] 金星明，王红丽．晕倒在考场的孩子［J］．大众心理学，2014（6）：9-11.
[178] 徐福山．心理疗法对癔症的疗效分析［J］．齐齐哈尔医学院学报，2015，36（18）：2707-2708.
[179] 赵志新．解郁汤配合心理干预治疗郁病的临床观察［J］．世界中西医结合杂志，2012，7（5）：423-424.
[180] 宋新宇．青少年网络成瘾的原因及对策［J］．中国校外教育，2009（5）：19-20.
[181] 陈静．因就业压力引发心理问题的个案报告［J］．湖北经济学院学报（人文社会科学版），2013，10（2）：9-11.
[182] 王少明．音乐：从快感到幸福感——兼评广东音乐［J］．粤海风，2013（05）：7-13.
[183] 覃聪聪．大学生抑郁症患者咨询与治疗［J］．成功（教育），2010（8）：168.
[184] 石丹丹．儒家与中医认知疗法的思想与方法的研究［D］．广州：广州中医药大学，2009.
[185] 杨德森，张亚林，肖水源，等．中国道家认知疗法介绍［J］．中国神经精神疾病杂志，2002，28（2）：152-154.
[186] 陈俊波．浅谈认知疗法［J］．新乡教育学院学报，2009，22（4）：23-24.

[187] 杨莹. 浅谈认知疗法在学校心理辅导中的应用 [J]. 大众心理学，2004 (5)：18-19.
[188] 谭兰萍. 认知疗法在罪犯功能思维障碍中的运用初探 [J]. 社会心理科学，2009 (5)：110-114.
[189] 陈小央，任文，邱艳，等. 认知行为疗法的临床应用现状 [J]. 中华全科医学，2022，20 (10)：1755-1759.
[190] 辛涛. 儿童多动症的矫治模式 [J]. 心理发展与教育，1994 (1)：5.
[191] 李世杰. 海关关员心理健康状况及其影响因素研究 [D]. 广州：第一军医大学，2006.
[192] 曹渝. 学校支持对流动青少年心理健康影响研究 [D]. 重庆：重庆大学，2016.
[193] 朱若霞. 理性情绪疗法在高校职业咨询中的应用 [J]. 中国大学生就业，2009 (16)：60-62.
[194] 金小丽. 理性情绪疗法对产后抑郁的作用观察 [J]. 浙江创伤外科，2013，18 (4)：591-592.
[195] 杨海兵. 信息鸿沟及信息素养教育 [D]. 武汉：华中师范大学，2004.
[196] 冯锐. 心理应激系统模式指导下认知——行为疗法在心理咨询与治疗中的运用 [D]. 杭州：浙江大学，2007.
[197] 陆斯琦. 理性情绪疗法技术治疗大学生新生入学适应不良咨询一例 [J]. 校园心理，2017，15 (2)：150-153.
[198] 俞平. 用贝克认知疗法纠正学生不合理信念 [J]. 思想理论教育，2010 (6)：62-66.
[199] 李诗雨. 贝克认知疗法在纠正航海类大学生不合理信念中的运用 [J]. 航海，2018 (1)：76-79.
[200] 姚双雁. 认知行为疗法在大学生心理咨询中应用：个案报告 [J]. 中国健康心理学杂志，2010，18 (9)：1148-1150.
[201] 张定必，张灵聪. 贝克认知行为疗法在校园中的运用前景 [J]. 甘肃科技纵横，2012，41 (6)：162-164.
[202] 李舒. 心理干预合并中药治疗抑郁症的临床对照研究 [D]. 济南：山东中医药大学，2010.
[203] 王东明，姜燕琴. 抗抑郁药合并梅肯鲍姆认知行为疗法治疗抑郁症的对照研究 [J]. 中华行为医学与脑科学杂志，2009，18 (5)：434-435.
[204] 张维. 降低复读生心理应激强度机制的干预研究——压力接种技术 [D]. 西安：陕西师范大学，2010.
[205] 吴素梅，张雪艳，王东明. 梅肯鲍姆认知行为干预对抑郁症患者社会功能的影响 [J]. 齐鲁护理杂志，2013，19 (11)：90-91.
[206] 田茂泉，吴少怡. 走向关系：试析罗杰斯心理治疗理念的本质 [J]. 医学与哲学 (人文社会医学版)，2009，30 (1)：56-58.
[207] 孙立新. 学校呼唤心理咨询 [J]. 农业部北京农垦管理干部学院学报，1999 (4)：68-72.
[208] 程世英. 施奈德存在主义心理学及其心理治疗观 [D]. 南京：南京师范大学，2006.
[209] 魏美静，霍雨佳. 关于改进部队心理服务工作技术的思考 [J]. 政工学刊，2023 (4)：68-69.
[210] 迟翔. 浅谈"情境教育法"的妙用 [J]. 教育艺术，2011 (6)：72.
[211] 宫彩霞. 空椅子技术在学校心理咨询中的运用 [J]. 教育艺术，2010 (1)：69-70.
[212] 岑月婷. 空椅技术的理论和应用探究 [J]. 中小学心理健康教育，2017 (23)：38-41.
[213] 徐凯. 存在主义疗法的释梦观 [J]. 宜春学院学报，2014，36 (4)：9-11.
[214] 张建青. 战胜自己——顺其自然的森田疗法 [D]. 海口：海南大学，2018.
[215] 王有为. 大学生常见的心理健康问题及心理调适分析 [J]. 学子 (教育新理念)，2014 (12)：

68-70.
[216] 李成齐．走出死亡阴影［J］．大众心理学，2003（2）：21-22.
[217] 高俊峰．森田疗法在职高个别心理辅导中的应用与探索［J］．中国科教创新导刊，2008（20）：117.
[218] 傅文青，岳文浩．系统式家庭治疗过程中的若干观察和思考［J］．中国心理卫生杂志，2000，14（5）：353-355.
[219] 王瑜，王玉玮，王贵菊，等．家庭环境与学习障碍儿童行为、自我意识、个性的相关性［J］．中国心理卫生杂志，2003，17（7）：441-444.
[220] 司佳林．隔代教养家庭青少年不良行为的个案社会工作介入［D］．保定：河北大学，2022.
[221] 余祖伟．现实疗法探微［J］．广西民族学院学报（自然科学版），2001（3）：211-214.
[222] 马晨珂．佛学心理架构——十二因缘对现代心理咨询理论的整合［D］．曲阜：曲阜师范大学，2010.
[223] 韩大旭，郑云凤，杨世昌．现实疗法理论及技术介绍［J］．湘南学院学报（医学版），2011，13（2）：72-74.
[224] 刘欣．沟通分析理论在大学生心理健康教育中的应用［D］．上海：华东师范大学，2004.
[225] 刘黎．焦点解决短期心理咨询技术在学生企业实习指导中的应用［J］．中国校外教育，2015（1）：136.
[226] 肖来付．家庭叙事疗法及其启示［J］．医学与社会，2009，22（2）：57-59.
[227] 沈之菲．叙事心理治疗——一种后现代的心理咨询方法［J］．中小学心理健康教育，2004（6）：4-7.
[228] 杨世欣．叙事疗法：话语下绽放的叙事自我［J］．漳州师范学院学报（哲学社会科学版），2013，27（4）：134-137.
[229] 王淑华，戴玉磊．叙事心理治疗法的理论建构［J］．通化师范学院学报，2009，30（1）：71-73.
[230] 胡金凤．是时候和你说再见了——新生适应问题辅导案例［J］．中小学心理健康教育，2019（7）：47-49.
[231] 张青．箱庭疗法在独立院校心理健康中的应用［J］．心理月刊，2020，15（17）：110-111.